Daniel Anker
Jacques Maubé

Languedoc Roussillon

50 ausgewählte Wanderungen im Hinterland und an der Küste

BERGVERLAG ROTHER GMBH • MÜNCHEN

ROTHER WANDERFÜHRER

Abruzzen
Achensee
Adlerweg
Ahrsteig
Albsteig
Algarve
Allgäu 1, 2, 3, 4
Allgäuer Alpen
AlpeAdriaTrail

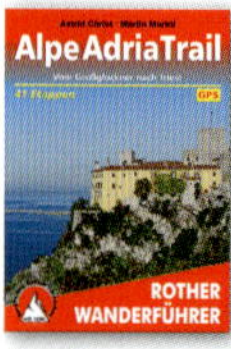

Altmühltal
Altmühltal-Panoramaweg
Andalusien Süd
Annapurna Treks
Antholz - Gsies
Aostatal
Appenzellerland
Apulien
Ardennen
Arlberg - Paznaun
Arnoweg
Asturien
Augsburg
Außerfern
Australien
Auvergne
Azoren
Baskenland
Bayerische Alpen Trekking
Bayerischer Wald
Berchtesgaden -Lienz
Berchtesgadener Land
Bergisches Land
Berlin
Bern
Berner Oberland Ost
Berner Oberland West
Bodensee Nord, Süd
Bodensee - Rätikon
Böhmerwald
Bolivien
Bozen - Kaltern
Brandnertal
Bregenzerwald
Bremen - Oldenburg
Brenta
Bretagne
Bulgarien
Burgund
Cevennen
Chalkidiki - Thassos
Champagne - Ardennen
Chiemgau
Chiemsee
Chur - Hinterrhein
Cilento
Cinque Terre
Comer See
Cornwall-Devon
Costa Blanca
Costa Brava
Costa Daurada
Côte d'Azur
Dachstein-Tauern Ost
Dachstein-Tauern West
Dänemark-Jütland
Dalmatien
Dauphiné Ost, West
Davos
Dolomiten 1, 2, 3, 4, 5, 6, 7, 8
Dolomiten-Höhenwege 1-3, 4-7, 8-10
Donausteig
E5 Konstanz - Verona
Ecuador
Eifel
Eifelsteig
Eisenwurzen
El Hierro
Elba
Elbsandsteingebirge
Elsass
Emmental
Ober-, Unterengadin
England Mitte, Nord, Ost, Süd
Erzgebirge
Fichtelgebirge
Fränkische Schweiz
Fränkischer Gebirgsweg
Frankfurt
Franziskusweg
Freiburg
Friaul-Julisch Venetien
Fuerteventura
Galicien
Gardaseeberge
Garhwal - Ladakh
Garmisch - Brixen
Gasteinertal
Genfer See
Georgien
Gesäuse
Glarnerland
Glockner-Region
Goldsteig
La Gomera
Gotthardweg
Gran Canaria
Grazer Hausberge
Grenzgänger-Weg
Gruyère - Diablerets
GTA
Hamburg
Harz
Haute Route
Hawaii
Hochkönig
Hochschwab
Hohenlohe
Hunsrück
Ibiza
Innsbruck
Irland
Isarwinkel
Island
Israel
Istrien
Jakobsweg - Camino Primitivo
Jakobsweg - Caminho Português
Jakobsweg - Camino del Norte
Französischer Jakobsweg Le Puy - Pyrenäen, Straßburg - Le Puy
Jakobsweg Marburg - Vézelay
Jakobswege Österreich
Jakobswege Schweiz
Spanischer Jakobsweg
Südfranzösischer Jakobsweg - Via Tolosana
Südwestdeutsche Jakobswege
Julische Alpen
Jura, Französischer
Jura, Schweizer
Kärntner Seen
Kalabrien
Kanadische Rocky Mountains
Karawanken
Karnischer Höhenweg
Karwendel
Kaunertal
Kitzbüheler Alpen
Kleinwalsertal
Korfu
Korsika
Korsika - GR 20

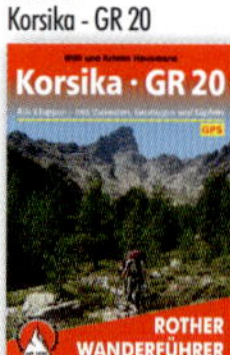

Korsika - Mare e Monti
Kraichgau
Kreta
Kurhessen
La Palma
La Réunion
Lahnwanderweg
Lago Maggiore
Languedoc-Roussillon
Lanzarote
Lappland
Lechweg
Lesbos - Chios
Limesweg
Lofoten
Lothringen
Lungau
Luxemburg - Saarland
Madeira
Mallorca
Malta - Gozo
Marken - Adriaküste
Marokko
Masuren
Maximiliansweg
Mecklenburgische Seenplatte
Menorca
Meran
Mont Blanc
Montafon
Montenegro
Mosel
Moselhöhenweg
Moselsteig
Mühlviertel
München
München - Venedig
Münsterland
Neanderlandsteig
Golf von Neapel
Neckarweg
Neuseeland
Neusiedler See
Niedere Tauern Ost
Niederlande
Niederrhein
Nockberge
Normandie
Norwegen Mitte, Süd, Jotunheimen
Nürnberg
Oberlausitz
Oberpfälzer Wald
Oberschwaben
Odenwald
Ötscher
Ötztal
Ötztal - Pitztal Trekking
Ossola-Täler
Ostfriesland
Ostseeküste
Ost-Steiermark
Osttirol Nord, Süd
Patagonien
Peaks of the Balkans
Peloponnes
Peru
Pfälzer Weinsteig
Pfälzerwald
Pfaffenwinkel
Picardie
Picos de Europa
Piemont Nord, Süd
Pinzgau
Pitztal
Portugal Nord
Provence
Pyrenäen 1, 2, 3, 4
Pyrenäen - GR 11
Regensburg
Rheinhessen
Rheinsteig
Rhodos
Rhön
Riesengebirge
Rom - Latium
Route de Ländle
Rügen

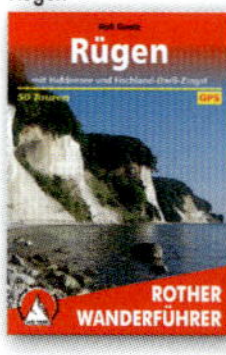

Ruhrgebiet
Rumänien - Südkarpaten
Saar-Hunsrück-Steig
Salzalpensteig
Salzburg
Salzburg - Triest
Salzkammergut Ost, West
Sardinien
Sauerland
Savoyen
Schaffhausen
Schottland
Schwabenkinder-Wege Oberschwaben, Schweiz - Liechtenstein, Vorarlberg
Schwäbische Alb Ost
Schwäbische Alb West
Schwarzwald Fernwanderwege
Schwarzwald Mehrtagestouren Mitte/Nord, Süd/Mitte
Schwarzwald Nord, Süd
Schweden Mitte, Süd
Seealpen
Seefeld
Sierra de Gredos
Sierra de Guadarrama
Sizilien
Spessart
Steigerwald
Steirisches Weinland
Sterzing
Stubai - Wipptal
Trekking im Stubai
Stuttgart
Südafrika West
Surselva
Sylt, Amrum, Föhr
Tannheimer Tal
Tasmanien
Hohe Tatra
Tauern-Höhenweg
Hohe Tauern Nord
Tauferer Ahrntal
Taunus
Tegernsee
Teneriffa
Tessin
Teutoburger Wald
Thüringen Mitte/Nord
Thüringer Wald
Tiroler Höhenweg
Toskana Nord, Süd
Türkische Riviera
Uckermark
Umbrien
Ungarn West
Usedom
Vanoise
Veltlin
Vía de la Plata
Via Francigena
Via Gebennensis
Vierwaldstätter See
Vinschgau
Vizentiner Alpen
Vogelsberg
Vogesen
Vogesen Mehrtagestouren
Vogesen-Durchquerung
Vogtland
Wachau
Waldviertel
Wales
Oberwallis
Unterwallis
Walliser Alpen
Weinviertel
Welterbesteig Wachau
Weserbergland
Westerwald
Westerwald-Steig
Wien
Wien - Lago Maggiore
Wiener Alpenbogen
Wiener Hausberge Nord, Süd
Wilder Kaiser
Zillertal
Trekking im Zillertal
Zürichsee
Zugspitze
Zypern

Vorwort

Languedoc–Roussillon, dieses Land tief unten in Südfrankreich zwischen den südlichen Cevennen und den östlichen Pyrenäen: Dort werden wir durch die Schluchten von Minerve und Carança tauchen, die Rebberge von Saint-Chinian und der Corbières genießen, auf dem Pic Saint-Loup und dem Pic du Canigou einen Gipfelwein entkorken, zu den erhabenen Katharerburgen und zu einsamen Kathedralen und Kapellen pilgern, entlang dem Canal du Midi und der Côte Vermeille schlendern, in den eisigen Bergseen der Pyrénées-Orientales und im salzigen Etang du Doul am Mittelmeer baden. Ginster und Pinien, schmale Saumwege und breite Chausseen, die rote Erde am Lac du Salagou und der blaue Himmel über dem Granitparadies des Caroux: tout est là. Ganz einfach draußen sein im Dreieck der Städte Montpellier, Carcassonne und Perpignan: Das bieten die 50 folgenden sanften bis würzigen Touren.
Languedoc–Roussillon: Der südlichste Zipfel Frankreichs besitzt einen ganz eigenen Charakter, der gegen die Pyrenäen hin immer stärker wird. Denn dort liegt das französische Katalonien, auch Nordkatalonien genannt, mit eigenen Bräuchen und eigener Sprache. Das Katalanische wird nämlich auch nördlich der spanischen Grenze von rund 200.000 Menschen gesprochen. Das Okzitanische hingegen, die »langue d'oc«, ist im Alltag verschwunden, nicht aber als politischer Begriff. Denn seit dem 1. Oktober 2016 ist Okzitanien eine der 13 Regionen Frankreichs (in Europa). L'Occitanie entstand aus bisherigen Regionen Languedoc-Roussillon und Midi-Pyrénées.
Languedoc–Roussillon. Berge, Meer und das flache Land zwischen den Ausläufern der Cevennen und der Pyrenäen, durch das die Aude und der Canal du Midi fließen. Die Kontraste sind groß: Vom Pic du Canigou bis hinunter zu den Betonburgen an der Küste, die vielerorts zwischen der Camarque und der Côte Vermeille, diesem zauberhaften, lichtdurchfluteten Absturz der Pyrenäen ins Mittelmeer, hochgezogen wurden. Starke, spannende Kontraste, genauso wie in der Region des Capcir, wo das Städtchen Mont-Louis mit 3000 Stunden jährlich den Sonnenrekord in Frankreich hält, während die benachbarten Pics Péric für ihre hagelreichen Gewitter berüchtigt sind. Und manchmal wird zwischen Béziers und Perpignan noch ein Wind blasen, der von den Surfern auf den Etangs, diesen Lagunen hinter der Küstenlinie, heiß geliebt wird, während die Wanderer mit hochgezogener Kapuze durch die Garrigue, die stachelige Mittelmeervegetation, stiefeln. Doch wenn man Anfang Mai nach der vielstündigen Tour über den Roc de France müde durch Céret geht, wo Picasso und seine Kubistenfreunde eine andere Sicht auf die Wirklichkeit fanden, und auf der Straße die ersten dort geernteten Kirschen kauft, dann ist man im Himmel über Südfrankreich angelangt.

Bern / Leucate Plage, Sommer 2018 Daniel Anker und Jacques Maubé

Inhaltsverzeichnis

Durch die östlichen Pyrenäen

Am Mittelmeer von der Côte Vermeille bis Montpellier

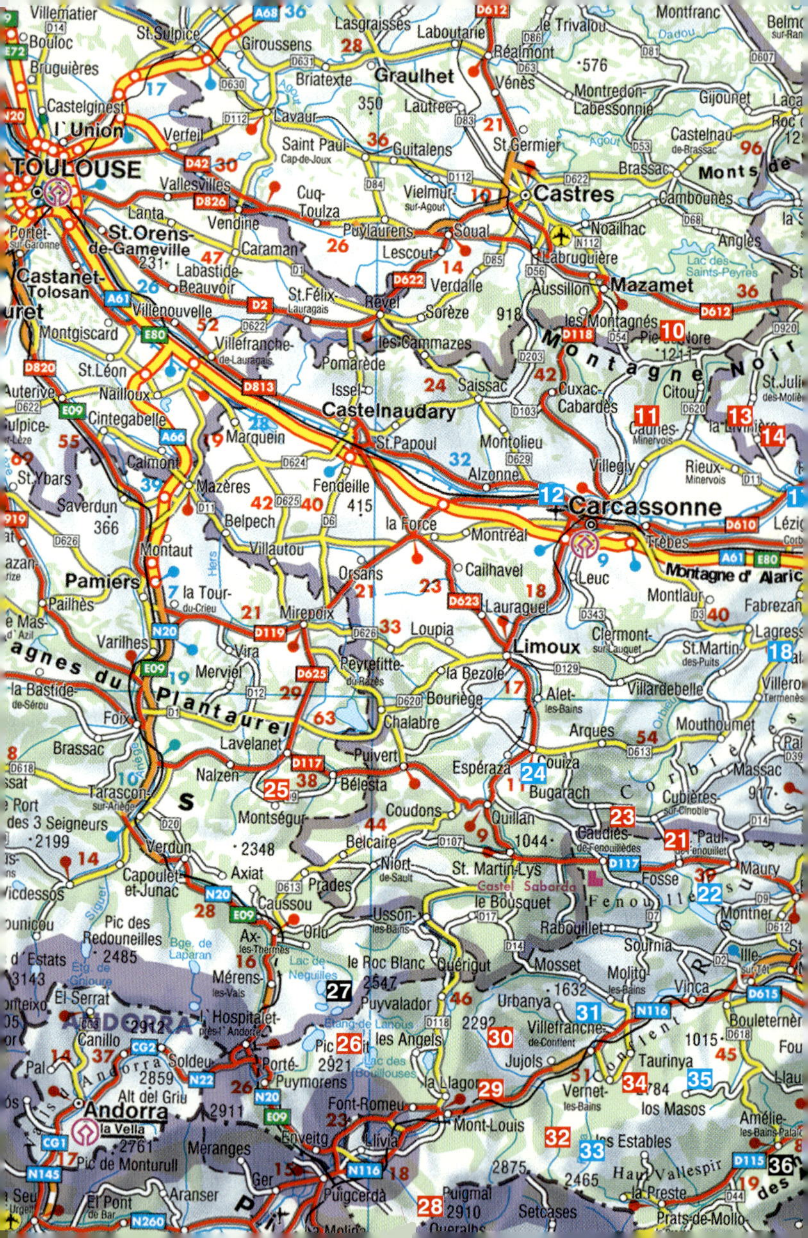

Villematier
Bouloc
Bruguières
Castelginest
l'Union
TOULOUSE
Portet-sur-Garonne
Castanet-Tolosan
St.Orens-de-Gameville
Labastide-Beauvoir
Lanta
Vallesvilles
Vendine
Caraman
Verfeil
Lavaur
St.Sulpice
Giroussens
Briatexte
Graulhet
Lasgraïsses
Laboutarie
Réalmont
Vénès
Lautrec
Saint Paul-Cap-de-Joux
Guitalens
St.Germier
Vielmur-sur-Agout
Castres
Cuq-Toulza
Puylaurens
Soual
Lescout
Verdalle
Labruguière
Noailhac
Aussillon
Mazamet
Montredon-Labessonnié
Gijounet
Castelnau-de-Brassac
Brassac
Monts de
Cambounès
Anglès
Lac des Saints-Peyres
le Trivalou
Montfranc
St.Félix-Lauragais
Revel
Sorèze
les Cammazes
les Montagnés
Pic de Nore
Montagne Noire
Villenouvelle
Villefranche-de-Lauragais
Montgiscard
St.Léon
Nailloux
Auterive
Cintegabelle
Calmont
Mazères
Saverdun
St.Ybars
Pomarède
Issel
Castelnaudary
St.Papoul
Saissac
Cuxac-Cabardès
Caunes-Minervois
Citou
la Livinière
St.Julien-des-Molières
Marquein
Fendeille
la Force
Montolieu
Alzonne
Villegly
Rieux-Minervois
Carcassonne
Trèbes
Montréal
Leuc
Montagne d'Alaric
Montlaur
Fabrezan
Lagrasse
Belpech
Villautou
Orsans
Cailhavel
Lauraguel
Montaut
Pamiers
la Tour-du-Crieu
Pailhès
Varilhes
Mirepoix
Loupia
Limoux
Clermont-sur-Lauquet
St.Martin-des-Puits
Vira
Merviel
Peyrefitte-du-Razès
la Bezole
Alet-les-Bains
Villardebelle
Villerouge-Termenès
Bouriège
Chalabre
Arques
Mouthoumet
Monts du Plantaurel
la Bastide-de-Sérou
Foix
Brassac
Lavelanet
Nalzen
Bélesta
Puivert
Espéraza
Couiza
Bugarach
Massac
Corbières
Cubières-sur-Cinoble
Tarascon-sur-Ariège
Montségur
Coudons
Quillan
Caudiès-de-Fenouillèdes
St.Paul-de-Fenouillet
Maury
Pic des 3 Seigneurs
Verdun
Belcaire
Axiat
Capoulet-et-Junac
Vicdessos
Niort-de-Sault
Prades
St.Martin-Lys
Castel Sabarda
le Bousquet
Fenouillèdes
Fosse
Caussou
Orlu
Usson-les-Bains
Rabouillet
Montner
Sournia
Pic des Redouneilles
Bge. de Laparan
Ax-les-Thermes
Lac de Naguilles
le Roc Blanc
Quérigut
Mosset
Molitg-les-Bains
Ille-sur-Têt
Mérens-les-Vals
Puyvalador
Urbanya
Vinça
l'Hospitalet-près-l'Andorre
Étang de Lanoux
les Angels
Villefranche-de-Conflent
Bouleternère
El Serrat
ANDORRA
Canillo
Soldeu
Porté-Puymorens
Pic Carlit
Lac des Bouillouses
Jujols
Taurinya
Alt del Griu
Andorra la Vella
la Llagonne
Vernet-les-Bains
los Masos
Font-Romeu
Mont-Louis
Amélie-les-Bains-Palalda
Enveitg
Llivia
Meranges
les Estables
Haut Vallespir
Pic de Monturull
Ger
Aranser
Puigcerdà
Puigmal
la Preste
Prats-de-Mollo
El Pont de Bar
Setcases
Queralbs

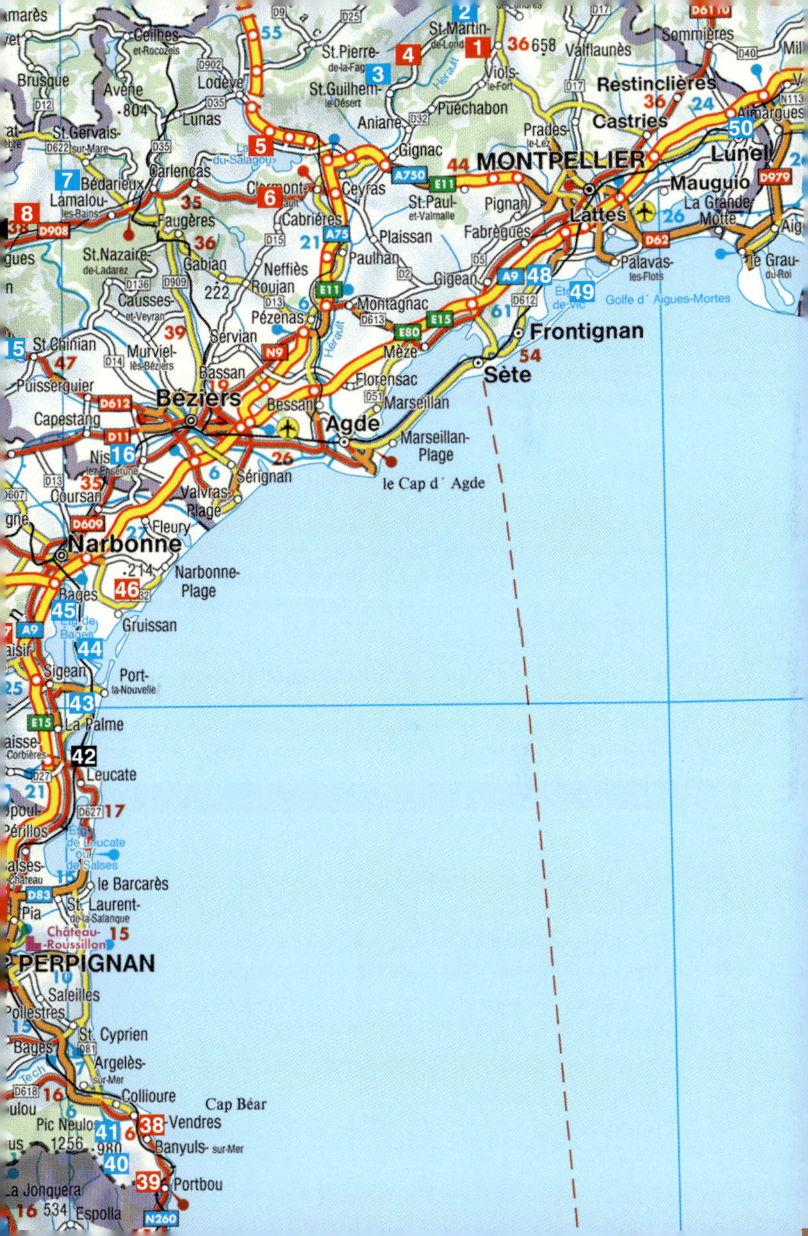

MONTPELLIER
Lodève
Lunas
Avène
Ceilhes-et-Rocozels
St.Pierre-de-la-Fage
St.Martin-de-Londres
St.Guilhem-le-Désert
Aniane
Puéchabon
Viols-le-Fort
Valflaunès
Sommières
Restinclières
Castries
Prades-le-Lez
Aimargues
Lunel
Mauguio
La Grande-Motte
Le Grau-du-Roi
Palavas-les-Flots
Golfe d' Aigues-Mortes
Lattes
Pignan
Fabrègues
St.Paul-et-Valmalle
Gignac
Ceyras
Clermont-l'Hérault
Bédarieux
Carlencas
Lamalou-les-Bains
St.Gervais-sur-Mare
Brusque
Faugères
St.Nazaire-de-Ladarez
Cabrières
Plaissan
Paulhan
Gigean
Neffiès
Roujan
Gabian
Causses-et-Veyran
Pézenas
Montagnac
Servian
Murviel-lès-Béziers
St.Chinian
Puisserguier
Bassan
Béziers
Bessan
Florensac
Mèze
Frontignan
Sète
Marseillan
Agde
Marseillan-Plage
le Cap d' Agde
Capestang
Nissan-lez-Enserune
Sérignan
Valras-Plage
Coursan
Fleury
Narbonne
Narbonne-Plage
Bages
Gruissan
Sigean
Port-la-Nouvelle
La Palme
Leucate
Etg de Leucate ou de Salses
le Barcarès
St. Laurent-de-la-Salanque
Pia
Château-Roussillon
PERPIGNAN
Saleilles
Pollestres
St. Cyprien
Argelès-sur-Mer
Collioure
Cap Béar
Port-Vendres
Banyuls-sur-Mer
Portbou
Pic Neulos
La Jonquera
Espolla
A9
A75
A750
E11
E15
E80
N9
N260
D612
D609
D62
D979

Touristische Hinweise

Tagestouren in fünf Regionen

Die Wandervorschläge im Languedoc–Roussillon sind nach fünf Gebieten gegliedert: beginnend auf der Höhe von Montpellier am hügeligen Südrand der Cevennen, weiterführend über die Senke von Carcassonne und dem Canal du Midi zu den Hügeln der Corbières und zu den östlichen Pyrenäen an der Grenze zu Spanien, entlang der Küste zurückkommend nach Montpellier. Anders gesagt: eine Rundfahrt im Gegenuhrzeigersinn durch die drei Départements Hérault (No. 34), Aude (No. 11) und Pyrénées-Orientales (No. 66). Der Nordteil des Languedoc mit den Départements Lozère (Parc National des Cévennes) sowie Gard (Nîmes und Pont du Gard) ist hier nicht enthalten und wird von den Rother Wanderführern Cevennen bzw. Provence abgedeckt.

Die meisten Touren sind Rundwanderungen. Bewusst werden manchmal an einem besonders schönen Ort und in seiner Nähe mehrere Wanderungen vorgestellt, sodass sich lange Anreisen zum Start erübrigen. Wo die Benutzung öffentlicher Verkehrsmittel möglich ist, wird sie in die Tourenplanung miteinbezogen. Zudem werden auch immer Unterkünfte angegeben, sodass eine Wanderreise durchs Languedoc–Roussillon durchgeführt werden kann. Bon voyage à pied!

Anforderungen: Gipfeltour bis Strandspaziergang

Viele der hier vorgestellten Wanderungen im Languedoc–Roussillon verlaufen auf markierten Wegen und Pfaden: als rot-weißer »Sentier de Grande Randonnée« (GR), als gelb markierter »Petit Sentier« (kleiner Weg); auch der Küsten-

Symbole

mit Bahn/Bus erreichbar	Picknickplatz
Einkehrmöglichkeit unterwegs	Höhle
für Kinder geeignet	Klettersteig
Ort mit Einkehrmöglichkeit	Schloss, Festung, Ruine
bewirtschaftete Hütte, Gasthaus	Aussichtsturm
Schutzhaus, Unterstand	archäologische Stätte
Bushaltestelle / Bahnhof	Abzweigung
Gipfel / Pass, Sattel	Windmühle / Leuchtturm
Kirche, Kapelle, Kloster	Wassermühle
Aussichtspunkt	Bademöglichkeit / Quelle

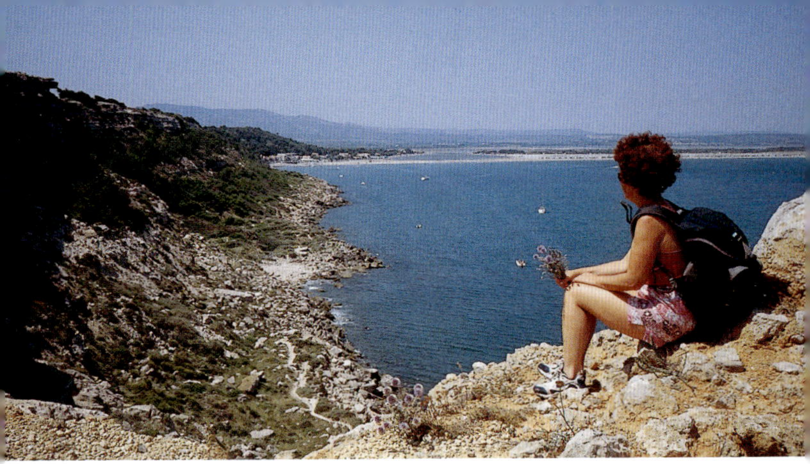

Eher selten: Klippen, wie zwischen Cap Leucate und La Franqui (Tour 42).

weg, der »Sentier littoral«, ist, wenn vorhanden, meistens gelb markiert. Sowohl im Hinterland als auch an der Küste sind vielfach Trittsicherheit und Schwindelfreiheit erforderlich. Länge und Höhenunterschiede vieler Wanderungen setzen eine entsprechende Kondition voraus. Orientierungssinn kann zuweilen gar auf markierten Routen nötig sein. Um die jeweiligen Anforderungen auf den ersten Blick besser einschätzen zu können, werden die Wandervorschläge mit verschiedenen Farben bezeichnet. Ihre Bedeutung:

Leicht Diese Wanderwege sind meistens ausreichend breit, kaum ausgesetzt und im Normalfall nur mäßig steil; sie sind oft markiert, aber nicht immer, wie zum Beispiel in Carcassonne (Tour 12) oder auf dem langen Küstenabschnitt zwischen Frontignan und Palavas-les-Flots (Tour 49); auf solchen Touren kann also etwas Orientierungssinn nicht schaden. Die blau klassifizierten Wanderungen erfordern keine Bergerfahrung und können oft auch bei Schlechtwetter oder in der kalten Jahreszeit verhältnismäßig gefahrlos begangen werden. Diese Wanderungen dauern normalerweise nicht länger als vier Stunden. Kurz: Für diese Touren gilt – allez-y! Auf Deutsch: nur zu, nur los! T1 auf der Wanderschwierigkeitsskala des Schweizer Alpen-Clubs SAC.

Mittel Diese Wanderwege sind meistens ausreichend markiert (manchmal aber auch gar nicht!), teilweise schmal und ausgesetzt; einzelne Stellen können versichert sein. Eine Portion Trittsicherheit, eine Portion Schwindelfreiheit, eine Portion Kondition, eine Portion Orientierungsvermögen sowie eine passende Ausrüstung (z. B. festes Schuhwerk) sind nötig. Die Gehzeit kann bis zu 8 Stunden betragen. T2 bis T3 auf der SAC-Wanderskala.

Schwierig Diese Wege und Steige – manchmal markiert, manchmal aber auch weglose Routen – sind wirklich trittsicheren, schwindelfreien, konditionsstarken und orientierungserfahrenen Bergwanderern vorbehalten. Der Gebrauch der Hände zur Fortbewegung im steilen, felsigen Gelände kann manchmal nötig sein. Gletschertouren gibt es in den französichen Ostpyrenäen nicht; am Pic Carlit (2921 m), dem höchsten Gipfel in diesem Wanderführer (Tour 26), muss man allerdings bis in den Frühsommer hinein mit Schneeresten rechnen. Vier Touren wurden jedoch schwarz eingestuft; der Carlit ist nicht dabei, dafür der Roc du Caroux mit der schwierigsten vorgestellten Route (Tour 9). T4 bis T6 auf der SAC-Wanderskala.

Gehzeit: auf eine Viertelstunde genau

Die Gehzeiten beziehen sich auf ein durchschnittliches Tempo von etwa 4 km im flachen bzw. etwa 300 Höhenmeter (Aufstieg) im geneigten Gelände, pro Stunde und bei normalen Verhältnissen. Bade- und andere Pausen sind nicht einberechnet. Die Gehzeiten wurden auf 15 Minuten gerundet.

Höhenunterschied: auch der Abstieg zählt

Aufstieg und Abstieg sind angegeben, wenn sie verschieden sind. Nicht allein das Höhersteigen braucht Kraft und Ausdauer, sondern ebenfalls (und vielleicht noch mehr) das Hinabbremsen – und manchmal auch das Geradeausgehen über kilometerlange Sandstrände. Die Höhenangaben stammen aus der IGN-Karte 1:25.000.

Frühling im Roussillon: blühende Kirschbäume in Céret vor dem wolkenverhangenen Pic du Canigou (Touren 34, 36, 37).

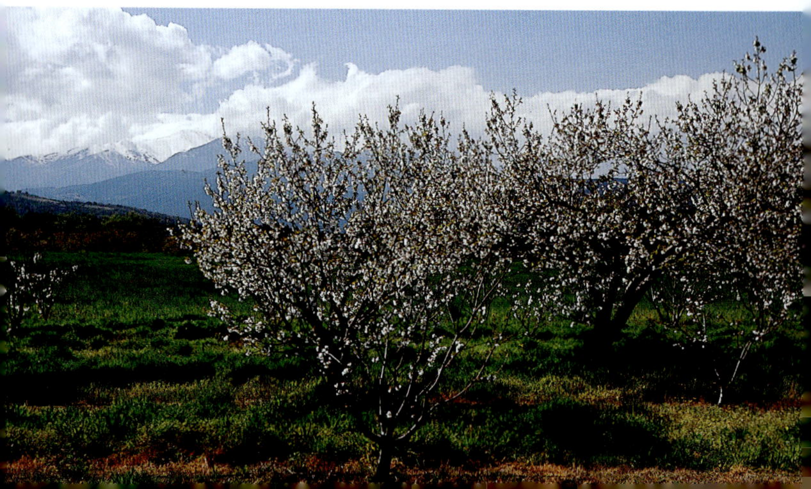

Top-Touren im Languedoc-Roussillon

Pic du Canigou

Früher für den höchsten Berg der Pyrenäen gehalten, heute immer noch als der heiligste verehrt: der Olymp von Katalonien (Tour 34, 7 Std.).

Le Caroux – Vire de Roque Rouge

Das größte und abwechslungsreichste Wandergebiet im Languedoc: der Caroux, ein kleines Tessin am Südrand der Cevennen (Tour 8, 7 Std.).

Côte Vermeille

Die schönste Küste in Südfrankreich: la Côte Vermeille zwischen Cerbère und Argelès Plage (Tour 38, 9.45 Std.).

Minerve und seine Schluchten

Minerve ist allein eine (Wander-)Reise wert. Wer sich dann noch in die Gorges de la Cesse und die Gorges du Briant wagt, wird reich belohnt (Touren 13 und 14, 3.15 bzw. 2 Std.).

Château de Quéribus

Mindestens eine Katharerburg muss erwandert werden (Tour 21, 3.45 Std.).

Etang du Doul – Roc de Berrière

Salzhaltige Lagunenlandschaft zwischen Festland und Mittelmeer: übers Wasser und Gipfel gehen (Tour 45, 2 Std.).

St-Guilhem-le-Désert

Auch wer nicht wandert, sollte dieses Bilderbuchdorf besuchen. Noch eindrücklicher wird's mit der Tour durchs Ende der Welt (Tour 3, 3.30 Std.).

Gorges de la Carança

So schaurig-schön, aber auch so sicher kann Schluchtwandern sein (Tour 29, 4.15 Std.).

Canal du Midi

Languedoc–Roussillon ohne Canal du Midi? Das wäre wie Carcassonne ohne seine mittelalterliche Altstadt! (Touren 16 und 17, 3.45 Std. bzw. 1.30 Std.).

Pic Carlit

Ganz einfach Top of Languedoc–Roussillon: 2921 m – und so viele Bergseen zum Baden der Füße (Tour 26, 5.45 Std.).

Orientierung: Links ist nicht gleich links

Die Richtungsangaben links/rechts erfolgen im Sinne von Auf- und Abstieg; es heißt jedoch auf der rechten Talseite, am rechten Ufer – und das ist genau definiert (nämlich in der Fließrichtung). Die Namensgebung erfolgt nach den Blättern der IGN-Karte 1:25.000 sowie nach ergänzenden Wander- und Reiseführern.

Trekking: GR 10 und Sentier Cathare

Zwei berühmte Weitwanderwege führen durchs Languedoc–Roussillon: einerseits der GR 10, die Grande Randonnée Nr. 10 durch die ganzen Pyrenäen vom Atlantik bis nach Banyuls am Mittelmeer (zum Beispiel Tour 40), andererseits der Sentier Cathare, der in 12 Etappen von Port-la-Nouvelle vorbei an den berühmten Katharerburgen wie Peyrepertuse und Montségur nach Foix führt; ein paar Touren wie Nr. 21 und 44 benützen kurze Abschnitte des Sentier Cathare. Wer ihn in seiner ganzen Länge begehen möchte, braucht den gleichnamigen Führer von Rando Editions.

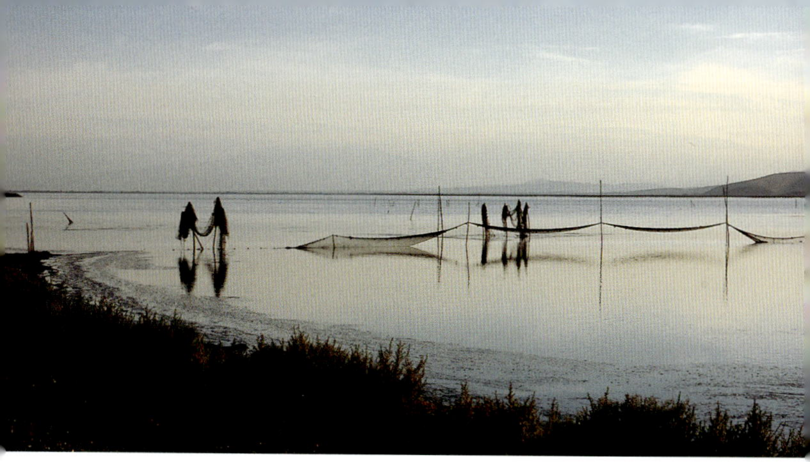

Typisch Küste: der Etang de Leucate zwischen Meer und Festland (Tour 42).

Daneben gibt es noch weitere mehrtägige Wanderungen wie die Traversée du Haut-Languedoc, die Tour du Carlit oder die Tour du Canigou. Infos zu den GR unter www.gr-infos.com.

Ausrüstung: Sandalen und Skistöcke

Für den Mauerweg in Carcasonne (Tour 12) oder den Treidelpfad am Canal du Midi (Tour 16) reichen Sandalen durchaus, aber sonst empfehlen sich stabile Wanderschuhe. Sonnenschutzartikel und Regenbekleidung (trotz allem) gehören ebenfalls in den Rucksack sowie genügend Flüssigkeit. Im verbuschten Gelände der Garrigue wie beim Pic du Pied du Poul, dem »Hühnerhorn« (Tour 47) und auf schwierigeren Touren wie den Pics Péric (Tour 27) sind lange Hosen und Stöcke von Vorteil.

Beste Jahreszeit und Wetter: toujours!

Languedoc–Roussillon ist ein Ganzjahres-Wanderziel, mit Ausnahme der Pyrenées orientales, wo im Winter und Frühling Ski gefahren wird. Aber auch dort gibt es nicht allzu hoch gelegene Touren, die jederzeit unternommen werden können, sogar wenn es bis in die Niederungen geschneit hat; das Château de Montségur (1200 m) besuchten wir im April mitten im Schneesturm (Tour 25). Der Hochsommer ist natürlich ideal zum Wandern in den Pyrenäen, doch dann ist eben auch Hochsaison mit vollen Stränden, Campings, Hotels, Hütten, Straßen und Läden, insbesondere von Mitte Juli bis Mitte August. Für Ziele in der Garrigue, der wuchernden Mittelmeervegetation, ist es im Hochsommer ohnehin zu heiß. Noch ein Grund, warum diese Zeit zum Wandern in tiefen Regionen nicht ideal ist: Bei Waldbrandgefahr können Wege gesperrt

werden. Feuer machen ist verboten, das Rauchen auf den Wanderwegen häufig auch. Aber wer packt schon Gauloises in den Rucksack? Zur Jagdzeit im September empfiehlt es sich zudem, farbige Kleidung zu tragen.
Also, für welche Monate planen wir die Wanderfahrt ins Languedoc–Roussillon? Mai bis Juni sind natürlich perfekt, das meiste ist offen, Auberges, Restaurants – und die Blumen am Wegesrand. Trotzdem muss auch dann mit heftigen Winden gerechnet werden, vor allem dort, wo Windkraftwerke stehen wie bei Port-la-Nouvelle (Tour 44). Dass im Nachbardorf alljährlich im April der Mondial du Vent stattfindet, ist ja nicht zufällig; allerdings stört der Tramontane die Badenden stärker als die »randonneurs«.
Wettervorhersage am einfachsten unter www.meteofrance.com.

Karten: TOP 25 ist wirklich top

Die besten Karten sind die TOP 25-Blätter des Institut Géographique National (IGN) im Maßstab 1:25.000 mit eingezeichneten (wander)touristischen Informationen. Sie sind fast für das ganze Languedoc–Roussillon erhältlich; wenn nicht, muss man sich halt mit den alten 1:25.000ern begnügen (sie decken ein kleineres Gebiet ab und enthalten keine Zusatzinfos). Eine Übersicht über die Kartenblätter findet man unter www.ign.fr (auch in Deutsch). Auf www.geoportail.gouv.fr findet man ganz Frankreich als Karte und Luftbild. Mit vielen Zusatzfunktionen – eine geniale Site.
Für die Pyrenäen empfehlenswert ist die »carte de randonnées« von Rando Editions im Maßstab 1:50.000 mit folgenden Blättern: 8 Cerdagne – Capcir, 9 Montségur – Pyrénées audoises, 10 Canigou – Vallespir – Fenouillèdes, 11 Roussillon – Massif des Albères – Côte Vermeille, 20 Puigmal – Costabona.
Für die drei Wanderungen im Caroux empfiehlt sich unbedingt die Spezialkarte des Club Alpin Béziers-Caroux im Maßstab 1:15.000.

Diese weiten Kämme sind zu bewandern: auf der Cime de Pomarole (Tour 33).

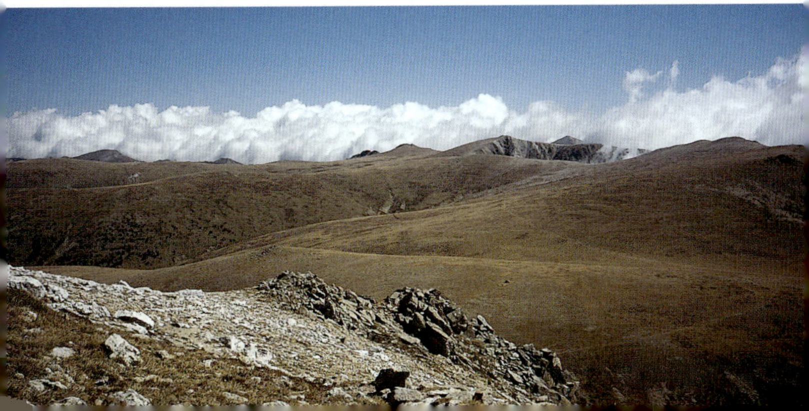

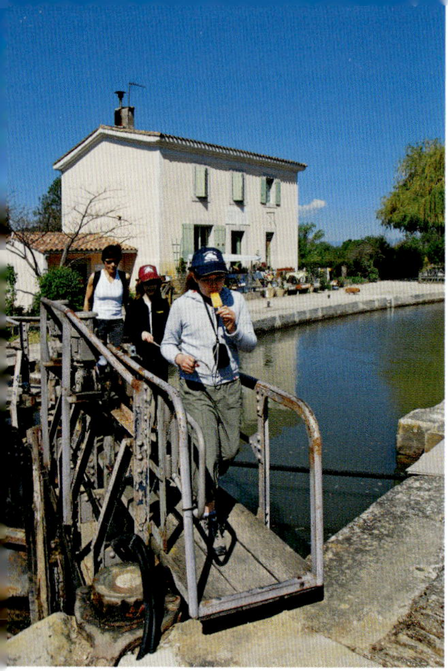

Lebensader im Languedoc: Canal du Midi, hier in Pech Laurier (Tour 17).

Die Karten können normalerweise unterwegs gekauft werden: in den Maisons de la Presse, Buchhandlungen, großen Supermärkten (sehr gut bestückt ist das Einkaufszentrum Géant in Carcassonne Est), kleinen Läden und sogar in Bars.

Wanderführer: ein Rucksack voll

Deutsch

Roger Büdeler: Costa Brava. Vom Cap de Creus bis Montserrat, Rother Wanderführer 2013.

Roger Büdeler: Pyrenäen 3. Spanische Ostpyrenäen: Val d'Aran bis Núria, Rother Wanderführer 2014.

Bettina Forst: Cevennen, Rother Wanderführer 2013.

François Meienberg: Zu Fuß durch die Pyrenäen. Der Osten, Rotpunktverlag 2005.

Wolfgang P. Nieder: verschiedene Wanderführer zur Region, Books on Demand.

Maria Weinhold, Thomas Schmitt: Ardèche und Cevennen. Wege durch eine alte Kulturlandschaft Südfrankreichs, Verlag Hans Schiler 2009.

GPS-Tracks und Koordinaten der Ausgangspunkte

Zu diesem Wanderführer stehen auf der Internetseite des Bergverlag Rother (www.rother.de) GPS-Daten und Koordinaten der Ausgangspunkte zum kostenlosen Download bereit – Benutzername: **gast** / Passwort: **wfLaRou04kg544**
Sämtliche GPS-Daten wurden auf digitalen Karten erfasst. Verlag und Autoren haben die Tracks und Wegpunkte nach bestem Wissen und Gewissen überprüft. Dennoch können wir Fehler oder Abweichungen nicht ausschließen, außerdem können sich die Gegebenheiten vor Ort zwischenzeitlich verändert haben. GPS-Daten sind zwar eine hervorragende Planungs- und Navigationshilfe, erfordern aber nach wie vor sorgfältige Vorbereitung, eigene Orientierungsfähigkeit sowie Sachverstand in der Beurteilung der jeweiligen (Gelände-)Situation. Man sollte sich für die Orientierung auch niemals ausschließlich auf GPS-Gerät und -Daten verlassen.

Französisch

Die Fédération Française de la Randonnée Pédestre mit ihrer Reihe Topo-Guide: Languedoc-Roussillon à pied; Traversée du Haut-Languedoc; Pyrénées Orientales (Tours du Capcir, du Carlit et de Cerdagne); L'Hérault à pied; L'Aude et Pays Cathare à pied; Montpellier à pied. www.ffrandonnee.fr.

Rando Editions mit folgenden Reihen und Werken: Les Sentiers d'Emilie (zum Beispiel Autour de Montpellier, Pays Cathare); Le Guide Rando (z.B. Cerdagne-Capcir von Georges Véron); Rando Découvertes en famille de Corbières en Minervois; Randonnées en Pays Cathare von Jacques Jolfre (sehr gut); Le Sentier Cathare (ein Muss für alle, die auf diesem Weg wandeln). www.editions-sudouest.com, www.rando-editions.com.

Les »Petits« Guides Rando Pyrénées Roussillon von Sideco, beispielsweise für das Haut-Conflent und das Bas Vallespir.

Pyrénées Magazine, eine monatlich erscheinende Zeitschrift, in der immer auch Wanderungen vorgestellt werden; zudem gibt es gute Sonderhefte (»hors-séries«) mit tollen Touren. www.pyreneesmagazine.com.

Einzelne Werke: Balades nature sur le littoral du Languedoc–Roussillon, Dakota Éditions 2009; Balades en Terres d'Orb; L'échappée belle en Minervois; Randonnées au Caroux (herausgegeben vom Club Alpin Béziers-Caroux); Alain Godon: En Pays Cathare à la découverte des châteaux (Libris).

Im Land der Katharer: Peyrepertuse, die großartigste Burganlage (Tour 21).

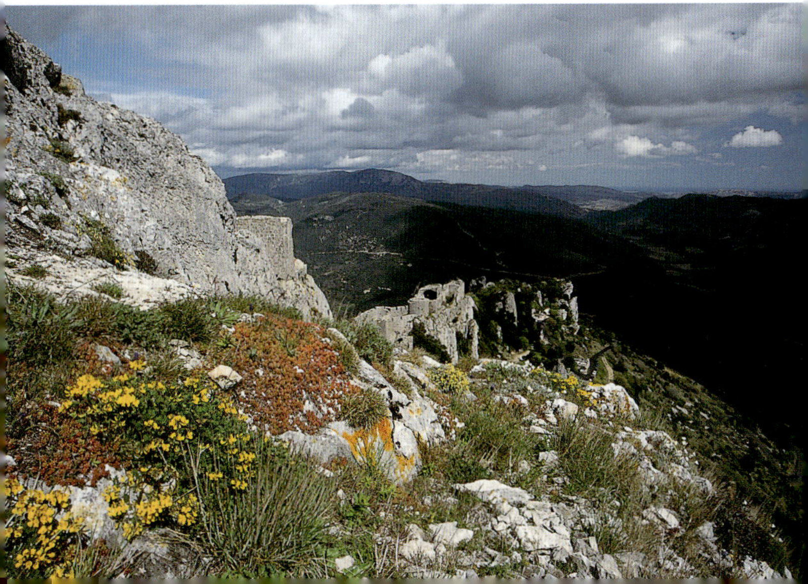

Informationen und Adressen

An- und Weiterreise: La Languedocienne, le TGV und der Bus

Mit dem Auto: Die Autobahn A 9 zwischen Orange im Rhônetal und der Grenze zu Spanien, genannt La Languedocienne bzw. La Catalane (im Roussillon), sowie die Abzweigung der Autoroute des deux mers in Narbonne Richtung Carcassonne, Toulouse und Atlantik bilden die Hauptverkehrsadern. Das übrige Straßennetz ist unterschiedlich dicht geknüpft. Wenn's hügelig wird, wird's meistens sehr kurvig und pittoresk.

Mit Bahn und Bus: Die fünf großen Städte des Languedoc–Roussillon, nämlich Montpellier, Béziers, Narbonne, Carcassonne und Perpignan, sind per Bahn vom Norden bequem und rasch erreichbar, häufig mit dem TGV. Auf der Hauptlinie entlang der Küste von Montpellier nach Perpignan und von Narbonne nach Carcassonne verkehren recht häufig Regionalzüge. Daneben gibt es noch ein paar Nebenlinien wie Béziers – Bédarieux (Tour 6), Carcassonne – Quillan und Perpignan – Villefranche-de-Conflent (Tour 31). Eine Besonderheit und touristische Attraktion ist der Petit Train Jaune von Villefranche nach Latour-de-Carol. Die Fahrpläne findet man unter www.voyages-sncf.com oder unter www.oebb.at oder www.sbb.ch! .

Die Feinverteilung und teilweise Erschließung auch kleinerer Orte erfolgt per Bus. Folgende Sites helfen weiter: www.herault.fr/routes-transports/herault-transport, www.aude.fr/461-audelignes.htm, www.cg66.fr/252-les-bus-departementaux.htm (Département Pyrénées-Orientales), www.transbus.org. Meistens fahren die Busse vom Gare routière ab; auch da liegen manchmal Fahrpläne aus. An Sonn- und Feiertagen ist der Bahn- und Busverkehr ziemlich ausgedünnt, wenn nicht gar eingestellt.

Der Reiseführer von Ralf Nestmeyer im Michael Müller Verlag enthält viele Angaben zur Benutzung von öffentlichen Verkehrsmitteln.

Auskunft

Zentrale Informationsstellen der Departements:

- Conseil Général de l'Aude, Allée Raymond Courrière, F-11855 Carcassonne Cedex 9, Tel. 04 68 11 68 11, courrier@cg11.fr, www.aude.fr
- Conseil Général de l'Hérault, Hôtel du Département, 1000 rue d'Alco, F-34087 Montpellier Cedex 4, Tel. 04 67 67 67 67, courrier@cg34.fr, www.herault.fr
- Conseil Général des Pyrenées Orientales, 24 quai Sadi Carnot, F-66009 Perpignan Cedex, Tel. 04 68 85 85 85, courrier@cg66.fr, www.cg66.fr

Französische Fremdenverkehrsämter im deutschsprachigen Raum:
Deutschland: http://de.france.fr, info.de@atout-france.fr
Schweiz: http://ch.france.fr, info.ch@atout-france.fr
Österreich: http://at.france.fr, info.at@atout-france.fr

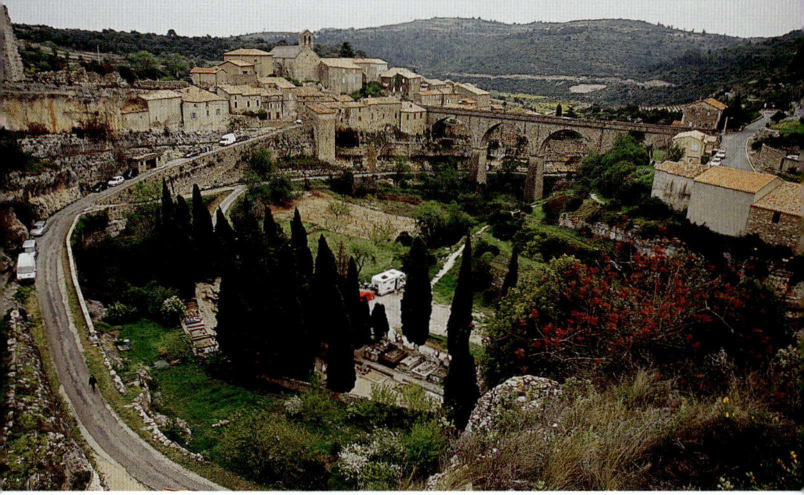

Mittelalterlicher Aufenthaltsort: Minerve im Minervois (Touren 13, 14).

Allgemeine Informationen im Internet: http://de.france.fr, www. tourisme.fr, www.languedoc.visite.org, www.france-voyage.com/tourisme/languedoc-roussillon-region.htm, www.destinationsuddefrance.com, http://pyreneescatalanes.free.
Oft geht die Suche am schnellsten und einfachsten mit Google, am besten über die französische Website www.google.fr.
Spezielle Internetseiten zum Wandern: www.ffrandonnee.fr (die offizielle Website der Fédération Française de la Randonnée Pédestre mit zahlreichen Wandervorschlägen); www.cimes-catalanes.org (viele, kurz beschriebene Wanderungen), www.pyrenees-pireneus.com, www.hikr.org.

Einkehr: Baguette und Banyuls

Verpflegungsmöglichkeiten bestehen in vielen Dörfern des Languedoc-Roussillon (außer manchmal tief in der Nebensaison), in den größeren Orten auch sonntags; häufig ist die Boulangerie geöffnet, wo man ein Stangenbrot (baguette), ein Hörnchen (croissant) oder ein Schokobrötchen (pain au chocolat) kauft. Unterwegs allerdings muss man sich aus dem Rucksack ernähren – und vor allem genügend Flüssigkeit mitnehmen. Die Feldflasche (gourde) lässt sich nur selten an einem Dorfbrunnen oder einer Quelle wieder auffüllen. Wer zur Notre-Dame de Nazareth bei Saint-Chinian (Tour 15) oder zur Chapelle Notre-Dame de la Salette oberhalb von Banyuls-sur-Mer (Tour 40) pilgert, tut gut daran, im Maison du Vin noch eine Flasche von denjenigen Rebbergen zu kaufen, durch die man gleich wandern wird.

Literatur: Katharer im Vormarsch

Michèle Aué: Land der Katharer, MSM Edition: guter Überblick mit Farbfotos aller Burgen, Kirchen und Dörfer; vor Ort erhältlich.
Lothar Baier: Die große Ketzerei. Verfolgung und Ausrottung der Katharer durch Kirche und Wissenschaft, Wagenbach 2002
Hans-Georg Deggau: Kleine Geschichte der Katharer, Herder 2005
Lisa Fittko: Mein Weg über die Pyrenäen, Hanser Verlag, 1985
Philippe Georget: Dreimal schwarzer Kater; Wetterleuchten im Roussillon; Rabenschwarzer Winter, jeweils Ullstein, 2014 bis 2016. Unbedingt empfehlenswerte Krimis um Inspecteur Gilles Sebag.
Robert Hültner: Lazare und der tote Mann am Strand, btb 2017. Standlektüre für Sète.
Liaty Pisani: Der Spion und der Bankier, Diogenes 2001
Joseph Ribas: Canigou, montagne sacrée des Pyrénées, Editions Loubatières 1996
Joseph Ribas: Canigou, magie d'une montagne, Objectif Sud 2002
Yann Sola: Tödlicher Tramontane; Gefährliche Ernte; Letzte Fahrt, jeweils Kiepenheuer & Witsch, 2016 – 2018. Die Krimis spielen an der Côte Vermeille.
Henri Russell-Killough: Les grandes ascensions des Pyrénées d'une mer à l'autre – guide spécial du piéton, 1866 (Neuausgabe bei der Librairie des Pyrénées et de Gascogne, 2001)
Kurt Tucholsky: Ein Pyrenäenbuch, Verlag Die Schmiede, Berlin 1927
Silke Ziegler: Im Schatten des Sommers – Spurensuche im Roussillon, Grafit 2016.

Notruf: Au secours!

- Europaweiter Notruf (gebührenfrei): 112
- Polizei/Police: Tel. 17
- Feuerwehr/Pompiers: Tel. 18

Fast in jedem Dorf gibt es eine Station oder Poste de Police. Bergwacht heißt auf französisch »secours en montagne«.

Umweltschutz und Privatbesitz: Rauchen und Betreten verboten!

1. Bitte keinen Müll zurücklassen, Tiere und Pflanzen schonen.
2. Auf den Wanderwegen nicht rauchen oder Feuer machen (sehr große Waldbrandgefahr!).
3. Respekt zeigen vor den Einheimischen und ihrem Eigentum. Propriété privée ist weitverbreitet: Was auf der Karte wie ein Pfad, ein Weg oder gar ein Sträßchen aussieht und eigentlich begehbar wäre, ist es in Wirklichkeit nicht: privat, gesperrt, kein Durchkommen. Schilder und Ähnliches weisen oft unmissverständlich auf das Betretungsverbot hin. Wer sich an die offiziellen Wanderwege (GR, Sentier littoral etc.) hält, wird keine bösen Überraschungen und Hunde erleben. Allerdings können mehr Wege als die auf den tou-

ristischen Wanderkarten eingezeichneten Wege benützt werden.

Unterkunft: Hotelsterne und Sternenhimmel

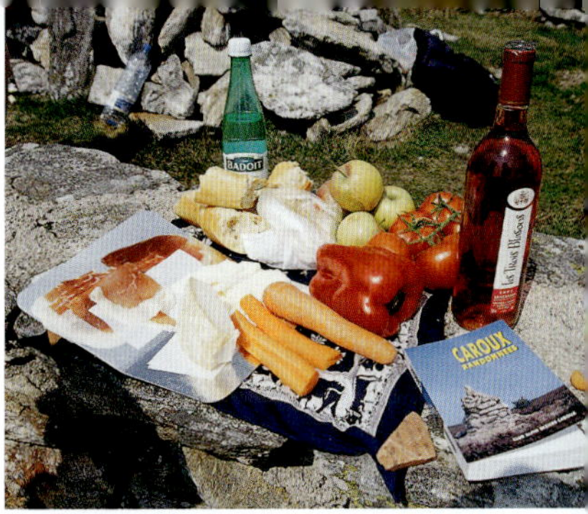

Picknick auf dem Mont Caroux: Für seine steilen Pfade empfiehlt sich eher das Eau minérale als der Rosé (Touren 7 bis 9).

Wenn möglich, werden die Unterkunftsmöglichkeiten mit Telefonnummern einzeln angegeben. In den meisten Unterkünften kann auch eingekehrt werden; das Umgekehrte gilt jedoch nicht. Nützlich ist das Hotel-Camping-Verzeichnis für die ganze Region Languedoc–Roussillon. Die drei Départements Hérault, Aude und Pyrénées-Orientales geben zudem eigene Verzeichnisse heraus. Mit den bekannten Websites für Unterkünfte wie booking.com oder tripadvisor.de fällt die Suche nach einer Unterkunft leichter. Folgende Seiten sind es ebenfalls wert, angeschaut zu werden: www.logishotels.com, www.relaischateaux.com, www.pyrenees-pireneus.com, www.chambres-hotes.fr, www.gites-refuges.com.

Fürs Zelten erweist sich der Michelin »Camping Caravaning France« sowie der entsprechende ADAC-Führer als hilfreich. Auf den meisten Zeltplätzen können auch Campingbusse und Wohnmobile hingestellt werden. Es gibt Luxuszeltplätze mit Schwimmbad etc.; wer's bescheidener mag, wählt ein Camping à la ferme (Zelten auf dem Bauernhof). In der Vorsaison hat man keine Mühe, einen Platz zu finden, auch wenn noch nicht alle Campingplätze offen sind.

Als sehr vorteilhaft haben sich Wanderferien mit dem Wohnmobil gezeigt, weil man so oft in der Nähe der Touren nächtigen kann. Denn in der Zwischensaison darf man das Gefährt auch abseits von Zeltplätzen über Nacht parkieren – an geeigneten Orten selbstverständlich. Ralf Greus »Mit dem Wohnmobil durch Languedoc und Roussillon. Südfrankreich zwischen Rhône und Pyrenäen«, Der Wohnmobilverlag, Mitteldorf/Rhön 2014.

Zigzag: Sprechen Sie französisch?

»Zigzag« heißt »Zickzack«, »zigzaguer« bedeutet »hin und her taumeln«. Das wünschen wir den Benutzern dieses Wanderführers nicht, weder auf dem Pic Saint-Loup noch auf der benachbarten Via Domitia. Wer im Französischen mehr versteht als »midi, mer et soleil«, hat es zwischen Montpellier, Carcassonne und Perpignan eine Spur leichter. So oder so: une belle balade!

Bild S. 20/21: Kulturwandern am Canal du Midi zwischen Ventenac-en-Minervois und Paraza: auf dem Pont-canal de Répudre, der ersten, 1676 erbauten Kanalbrücke Frankreichs.

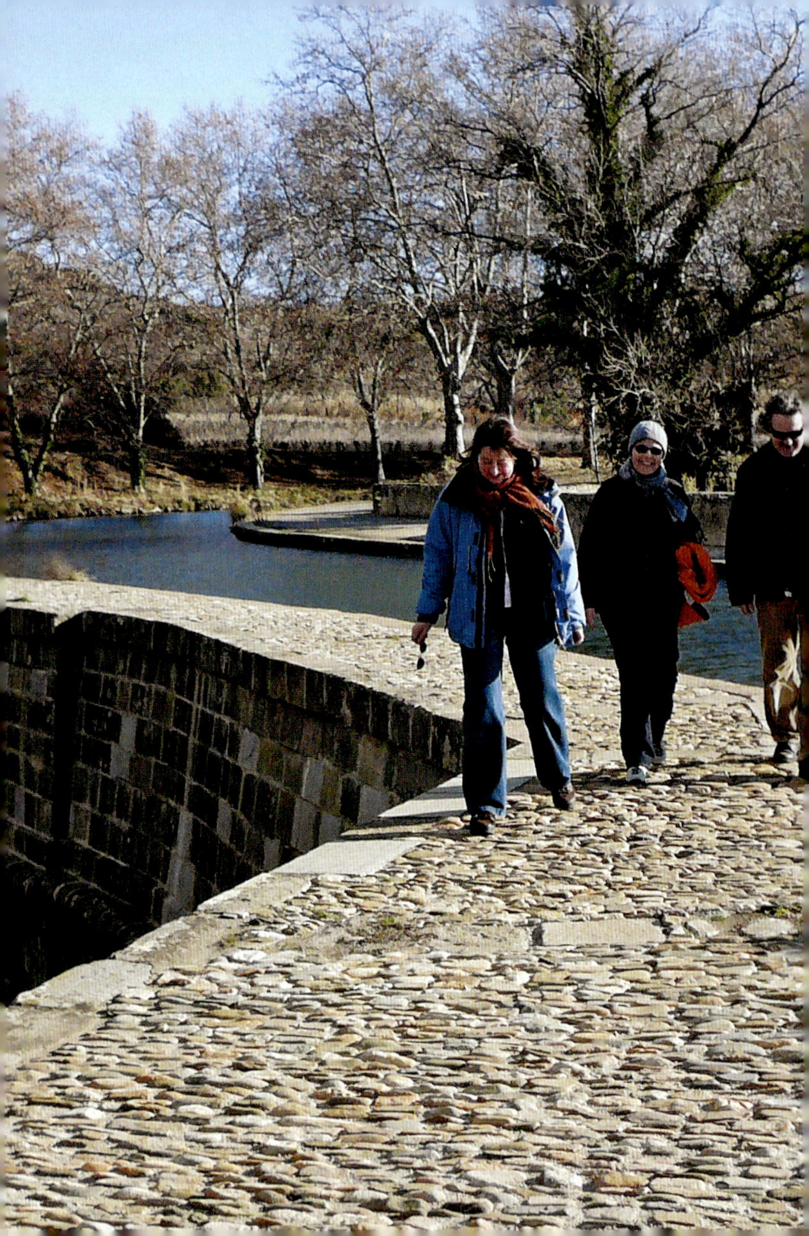

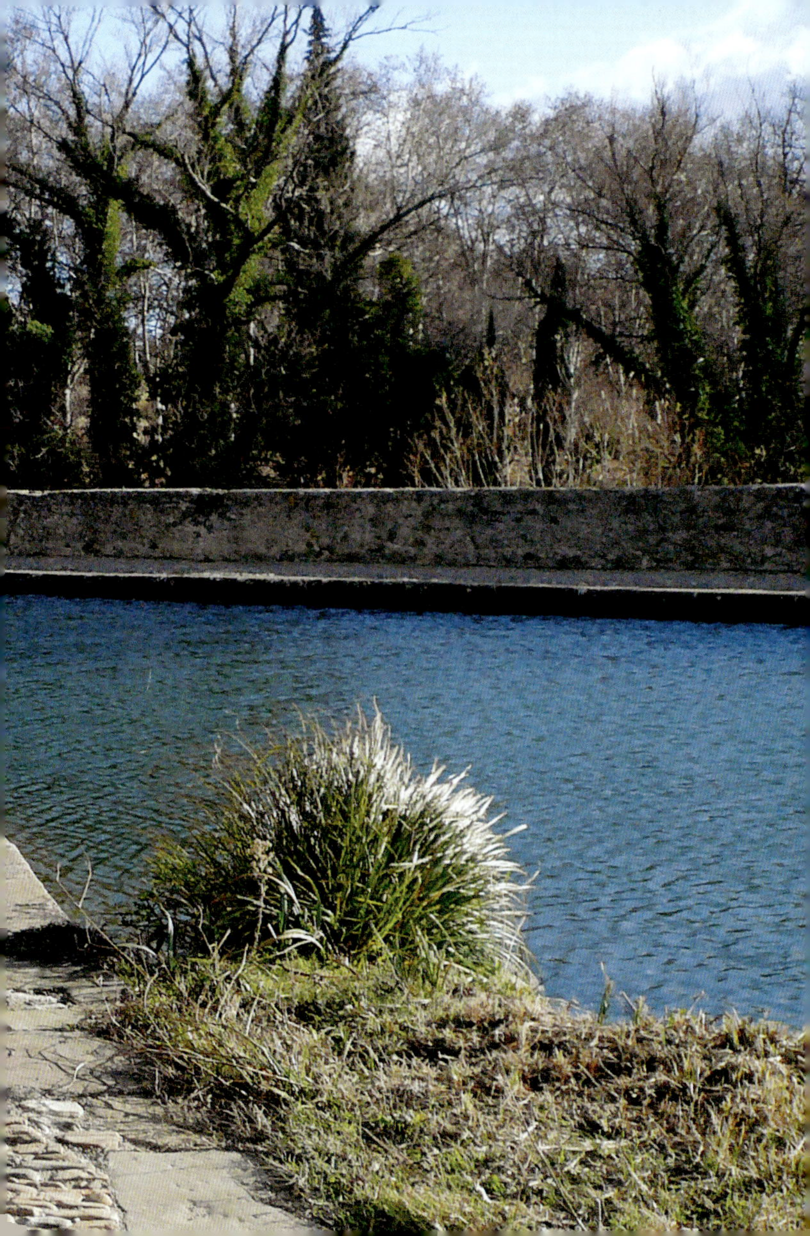

1 Pic Saint-Loup, 658 m

2.15 Std.

Der erste Gipfel des Languedoc

Voilà! Die erste Wanderung. Der erste Gipfel. Es kann nur der Pic Saint-Loup sein. Hier fängt, bei der Anreise von Norden, das Departement Hérault an, beginnt das Languedoc so richtig (das Departement Gard mit Nîmes, Alès und Ardèche gehört touristisch zwar auch dazu). Aber bei Montpellier, der Hauptstadt, sind wir wirklich im Languedoc drin. Nördlich von ihr und ihrer Ebene erhebt sich der Pic Saint-Loup, unverkennbar, unübersehbar, auch von der Autobahn La Languedocienne aus. Hausberg, Heimatberg, Weinberg, Sonntagnachmittagsberg. Sogar der grüne Reise- (nicht Wanderführer!) Guide Michelin hat dem Pic Saint-Loup wie auch Montpellier zwei Sterne verliehen; beide verdienen also einen Umweg. Als Wanderziel ist der Berg drei Sterne, also unbedingt eine Reise, wert. Ins Tourenbuch notierte Daniel Anker am 15. April 2002: »Blick auf Montpellier, seine Hochhäuser, die Etangs, das Meer. Hinten die Cevennen. Gewaltig.«

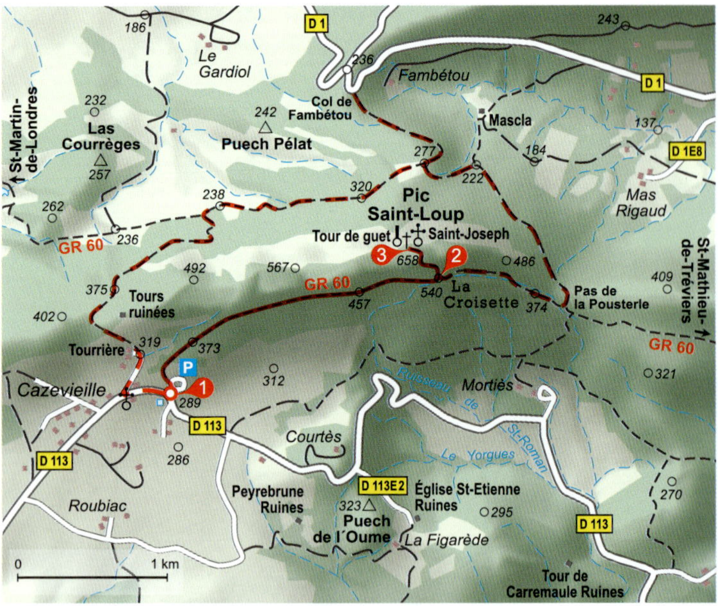

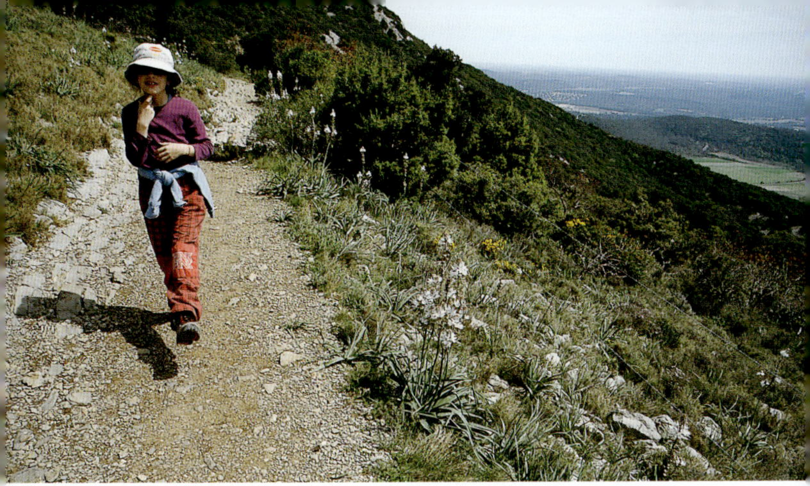

Kurzweilig für Kinder, aber nicht kinderleicht: die Wanderung auf den Pic St-Loup.

Talort: St-Martin-de-Londres, 188 m, an der D 986 Montpellier – Ganges.
Ausgangspunkt: Cazevieille, 289 m, östlich von St-Martin-de-Londres; Abzweigung von der D 986 auf die D 113 (oder D 113E1) und durch Cazevieille hindurch zum Parkplatz.
Höhenunterschied: 370 m.
Anforderungen: Etwas Trittsicherheit kann nicht schaden. Markierter Weg. Alte und junge Turn-, Halb-, Kletter- und Wanderschuhtouristen begegnen sich am Hausberg von Montpellier.
Beste Jahreszeit: Immer. Die Südseite liegt oft im Schatten des kalten Nordwindes. Umso heftiger ist dann die Begegnung mit ihm auf dem Gipfel.
Einkehr und Unterkunft: In St-Martin-de-Londres: Camping du Pic St-Loup (sehr schön), Tel. 04 67 55 00 53.
In Le Frouzet westlich von St-Martin-de-Londres: Bergerie du Bayle, Tel. 04 67 55 72 16, www.bergeriedubayle.com.
In Mas-de-Londres am GR 60: Gites Les Arbousiers, Tel. 04 67 55 00 35; Auberge Mas Compress Gilles Heissat, Gabriac (nördl. von Cazevieille), Tel. 04 99 62 00 59.
In Lauret nordöstlich des Pic: Auberge du Cèdre (mit Schwimmbad), Tel. 04 67 59 02 02. Siehe auch Tour 2.
Varianten: 1. Tour du Pic Saint-Loup: Vom Gipfel zurück zur Croisette, dann aber ostwärts auf dem GR 60 absteigen bis ca. 330 m; dort nach links weg vom GR und hinauf in den Pas de la Pousterle, ca. 350 m. Auf der Nordseite, zuerst steil, links haltend hinab zu einer Wegkreuzung, 222 m; wieder links und hinauf zur nächsten Wegverzweigung, 277 m; von hier führt ein Weg zur Passstraße über den Col de Fambétou, ca. 245 m. Wir folgen aber westwärts dem rot markierten Weg und den Kletterwänden des Pic Saint-Loup auf- und absteigend bis zur Einmündung, ca. 240 m, in den GR 60. Dieser bringt uns über einen Pass,

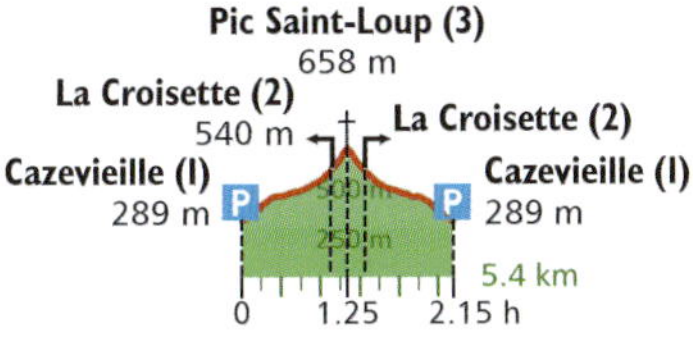

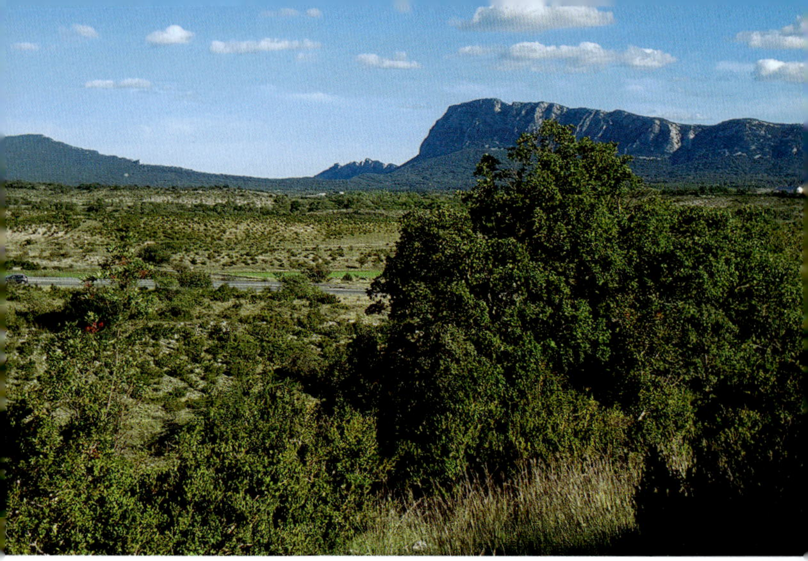

Blick über die Plaine de Londres auf den Pic St-Loup.

375 m, im Westgrat des Pic Saint-Loup nach Cazevieille zurück. Insgesamt 3.45 Std., 630 Höhenmeter, 9 km.
2. Abstieg vom Gipfel über den Ostgrat in den Pas de la Pousterle, auf einer blau markierten Route; Schwierigkeit schwarz.
Tipp: Montagne d'Hortus, 512 m: Von der Haarnadelkurve, 236 m etwas westlich unterhalb des Col de Fambétou auf der Route des Camps noch 200 m fahren, dann parken; ostwärts auf dem blau markierten Weg zum Hortus-Berg, an den Ruinen des Château de Viviourès vorbei, 2 Std. hin und zurück. – Eglise St-Martin-de-Londres: ein romanisches Kleinod aus dem 11. Jahrhundert. – Village préhistorique de Cambous 3 km südlich von St-Martin-de-Londres: So lebte man vor 4000 Jahren in der Nähe des Pic Saint-Loup. Und: Der Pic Saint-Loup ist auch ein Wein, seine Silhouette ziert manches Etikett.
Karte: IGN Top 25: 2742 ET Ganges – St-Martin-de-Londres – Pic St-Loup.

Vom Parklatz in **Cazevieille (1)** geht es auf dem rot-weiß markierten GR 60 zuerst nordwärts, dann stetig ostwärts im Schräganstieg durch die Südflanke des Pic Saint-Loup bis zur Verzweigung **La Croisette (2)**, ca. 540 m, wo der GR 60 nach St-Mathieu-de-Tréviers hinunterzieht. Dort links abbiegen; der rot-gelb markierte Weg verläuft im Zickzack durch nun steileres Gelände zwischen Felsen, Eichen und Bildstöcken auf den Gipfelkamm des **Pic Saint-Loup (3)**, 658 m, hinauf. Etwas unterhalb davon duckt sich die bis in die 1960er-Jahre bewohnte Einsiedlerklause mit der Kapelle Saint-Joseph, auf dem Grat selbst befinden sich ein Feuerausguck, ein Metallkreuz und Totentafeln. Abstieg wie Aufstieg nach zurück nach **Cazevieille (1)**.

1.30 Std.

Ravin des Arcs 2

Loutre – Londres – Lamalou

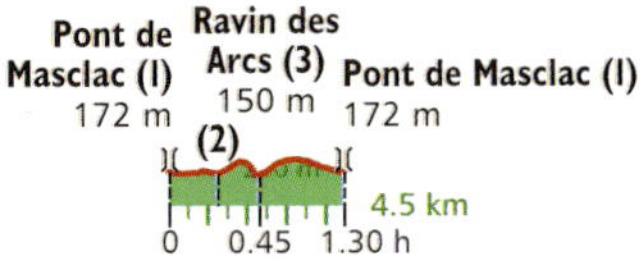

Das muss man laut vor sich hinsagen: Loutre – Londres – Lamalou. Hört sich fast an wie ein Abzählvers. Ist es aber nicht, sondern teilweise eine Erklärung zum Namen Londres. Nein, nicht die Weltstadt an der Themse, die auf Französisch eben Londres heisst. Sondern das hübsche Landstädtchen Saint-Martin-de-Londres, das in der Plaine de Londres liegt, die wiederum vom Pic Saint-Loup überragt wird. Die Etymologie liefert für »Londres« zwei Erklärungen. Erstens stamme Londres ab vom keltischen Wort Loundra, was Sumpf, Moor, Ried bedeutet. Oder zweitens von Loutre, und das ist das französische Wort für Fischotter. Verständlich ist beides, denn durch die Ebene mäandriert der Lamalou, bevor er in eine Schlucht hinunterstürzt, die wir besuchen wollen. Die Quelle dieses Flusses versteckt sich ein Kilometer östlich des Dorfes Notre-Dame-de-Londres. Irgendwie auch ein heiliger Landstrich. Und wer das Buch «Histoire de Saint-Martin-de-Londres» von Émile Bougette zur Hand nimmt, wird auch erfahren warum – es hat mit dem Benediktinerkloster von St-Guilhem-le-Désert zu tun. Alles weitere liest man bei Wikipedia, in rund 30 Sprachen. So auch auf Italienisch. Dort heißt der Fischotter Lontra.

Bild S. 27: Eher unwegsame Landschaft: die Schlucht des Lamalou.
Unten: Nur bei tiefem Wasserstand ein Wanderziel: der Ravin des Arcs.

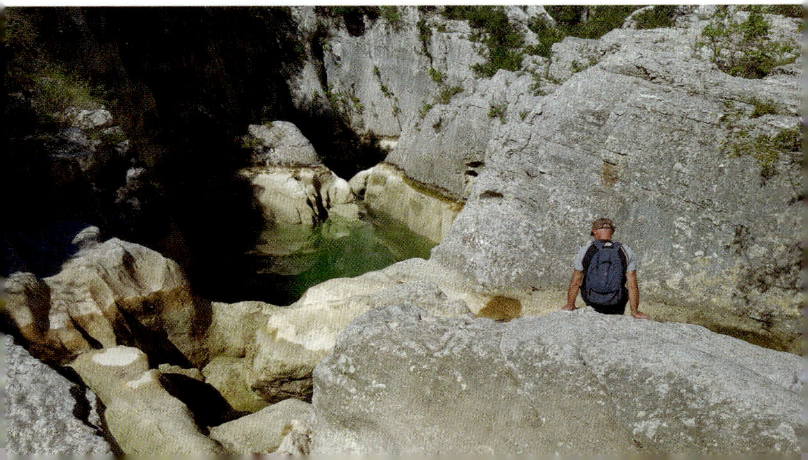

Ausgangspunkt: Le Pont de Masclac, 172 m, 2 km nördlich von St-Martin-de-Londres auf der D 986 (siehe Tour 1). Parkplätze links oder rechts der Straße. Vorsicht, die Straße ist wegen einer unübersichtlichen Kurve gefährlich. Wenden verboten!
Höhenunterschied: 160 m.
Schwierigkeit: Leichte Wanderung, doch die Felsen können feucht und glitschig sein. Alles hängt vom Wasserstand ab; bei hohem befahren gar Kajakfahrer den Fluss, umgekehrt kann der Lamelou an einigen Orten gar verschwinden. Bei zu hohem Wasserstand empfiehlt es ich, auf dem Hinweg zurückzugehen.
Beste Jahreszeit: Im Sommer, aber nicht bei oder nach starkem Regen.
Einkehr und Unterkunft: Übernachtungsmöglichkeit mitten auf dem Land und in der Garrigue, z. B. Mas du Grand Bosc, 6 km nördlich des Pont de Masclac unweit der D 986, Wegweiser auf der linken Straßenseite, dann einem Fahrweg folgen, Tel. 06 82 24 13 79. Weitere Unterkünfte siehe Tour 1.
Variante: Man kann eine längere Runde machen und den GR 60 mindestens bis zum P. 265 begehen, eine Kanzel, die eine interessante Sicht auf die Schlucht bietet; ca. 30 Min. zusätzlich.
Tipps: Kanufahrt auf dem Hérault (Bootsmiete in Saint-Bausille-de-Putois, 14 km von St-Martin); Besuch der Grottes des Demoiselles am gleichen Ort; nach Granges die Route des Gorges de la Vis befahren und den Cirque de Navacelle von oben bewundern. Weinkenner besuchen den Domaine de Daumas Gassac in Aniane, 20 km von St-Martin.
Karte: IGN Top 25: 2742 ET Ganges – St-Martin-de-Londres – Pic St-Loup.

Nordwärts über den **Pont de Masclac (1)** und linkerhand den GR 60A einschlagen. Er begleitet mehr oder weniger den Lamelou, zuerst in nördlicher, dann westlicher Richtung. Nach einem **Bachbett (2)**, 165 m, steigt der Weg in einer zunehmend dichteren Vegetation an. Bei einer Verzweigung links halten; der Weg sinkt steil ab und gelangt ganz hinab zum **Ravin des Arcs (3)**, ca. 150 m. Eine außergewöhnliche Schluchtlandschaft – man stelle sich nur vor, wie bei hohem Wasser die Kajakfahrer über und durch die ausgewaschenen Felsen schießen. Löcher, Felsbögen und Höhlen lassen sich mit genügender Vorsicht erkunden. Später die Schlucht ganz überqueren und auf dem GR 60 steil das linke Ufer erklimmen. Nach rund 20 Min. wird der Weg flacher und leichter, und nach der dichten Vegetation in der Schlucht nimmt wieder diejenige der Garrigue überhand. Durch diese zurück zum **Pont de Masclac (1)**.

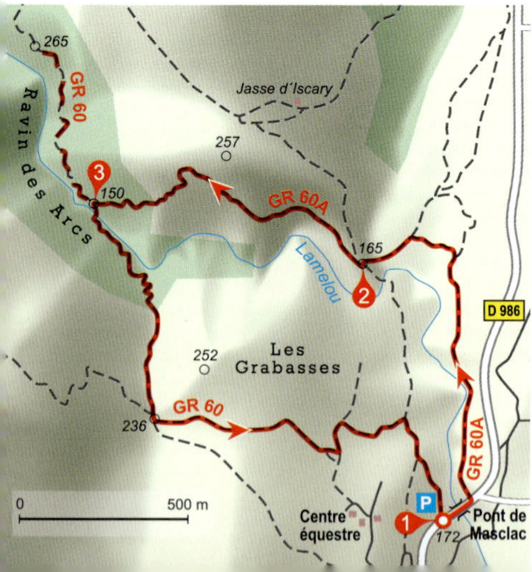

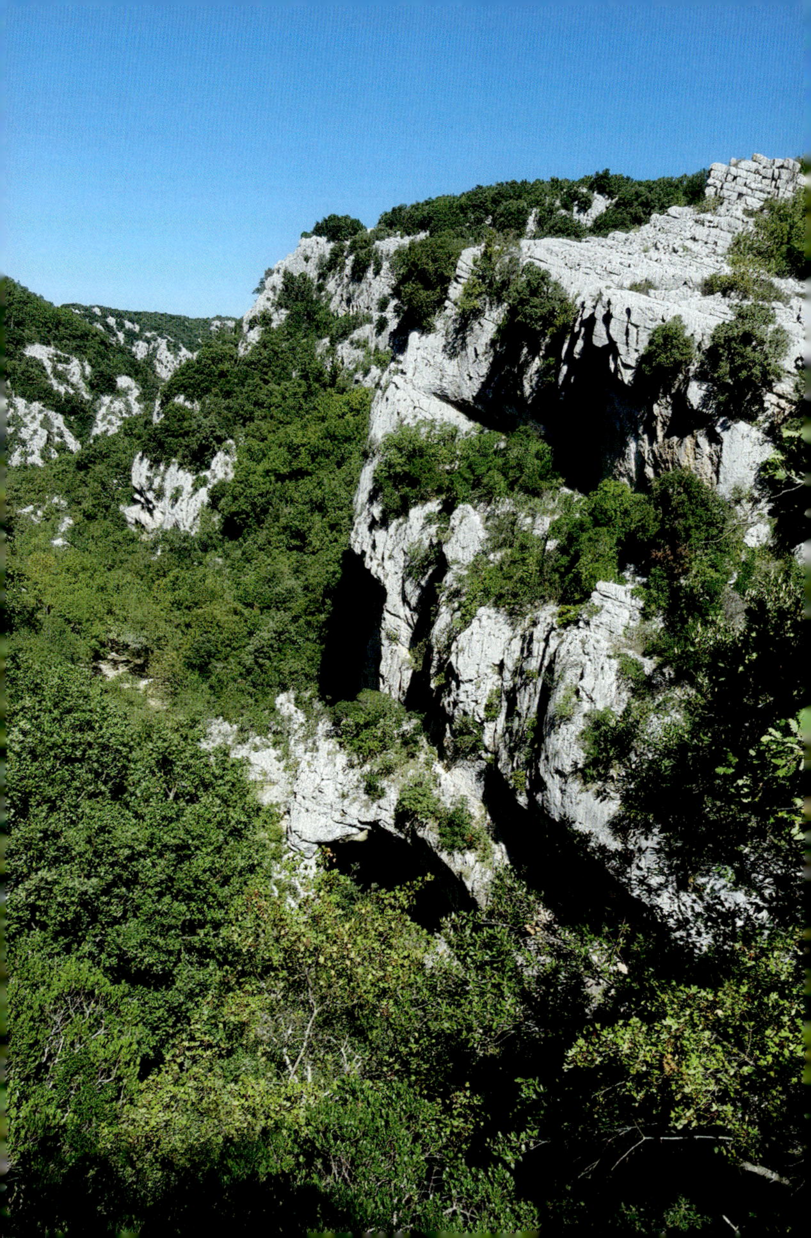

TOP

3 Cirque de l'Infernet

3.30 Std.

Eine perfekte Wanderung ans Ende der Welt und darüber hinaus

Ein Bilderbuchdorf, das sich am Südostrand der Cevennen, gleich neben dem wichtigen Fluss Hérault, ins Seitental des Verdus schmiegt: St-Guilhem-le-Désert – allein der Name ein Versprechen. Um 800 gegründet von Wilhelm von Aquitanien, einem Kampfgefährten Karls des Großen, später wichtige Pilgerstation auf dem Jakobsweg, heute Wallfahrtsort von Touristen in Sandalen, Wanderschuhen oder »Kletterfinken«. Unter der großen Platane auf dem Platz vor der Klosterkirche trifft man sich und schwärmt von der Sonne, von den Oliven, die es da zu kaufen gibt, und vom Mittelalter, das es hier hautnah zu erleben gibt. Im Dorf selbst in der Abteikirche aus dem 11. Jahrhundert (ein Teil des Kreuzganges wurde allerdings ins Cloister-Museum nach New York verfrachtet) sowie natürlich auf dem gleichzeitig bequemen wie spektakulären, von Mönchen erbauten Weg durch den Cirque de l'Infernet.

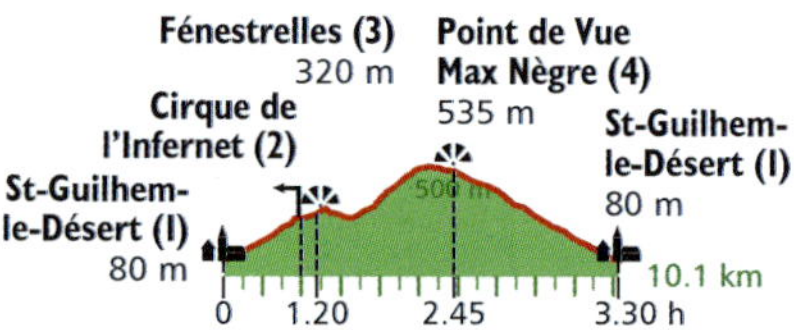

Ausgangspunkt: St-Guilhem-le-Désert, 80 m; von Montpellier über die N 109 nach Gignac und über die D 32, D 27 und D 4 in die Gorges de l'Hérault. Großer Parkplatz hinten im Dorf, mit Übersicht über die Wanderwege. Bus von Montpellier über Gignac.

Höhenunterschied: 500 m.

Anforderungen: Meist breite Wege, die gut markiert sind und häufig begangen

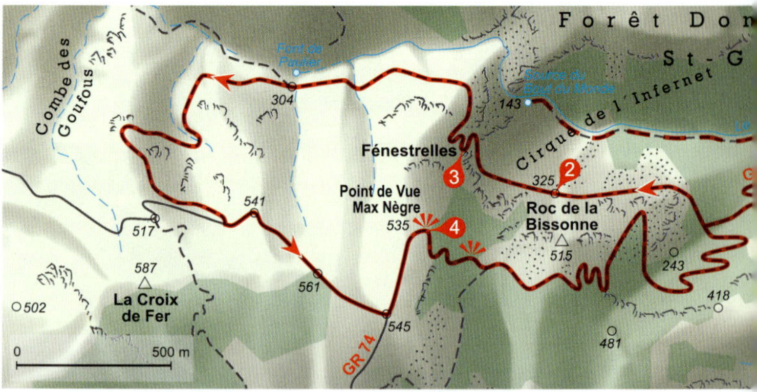

werden; ein paar Stellen, wo man nicht stolpern sollte.
Beste Jahreszeit: Immer, im Hochsommer (zu) heiß.
Einkehr: Im Dorf.
Unterkunft: In St-Guilhem-le-Désert: Hôtel la Taverne de l'Escuelle, Tel. 04 67 57 72 05; Gîte d'étape de la Tour, Tel. 04 67 57 34 00; Refuge du Club Alpin Français, ganzjährig offen, Tel. 04 67 57 72 11.
Variante: Am Verdus entlang zu seiner Quelle (»Source du Bout du Monde« genannt), ganz unten und zuhinterst im Cirque de l'Infernet; 1 Std. hin und zurück.
Tipp: Grotte de Clamouse am Ausgang der Hérault-Schlucht, täglich offen, in der Hochsaison 10–19 Uhr, in der Nebensaison 12–17 Uhr, Tel. 04 67 57 71 05.
Karte: IGN Top 25: 2642 ET St-Guilhem-le-Désert.
Kombinationsmöglichkeit: Mit Tour 4.

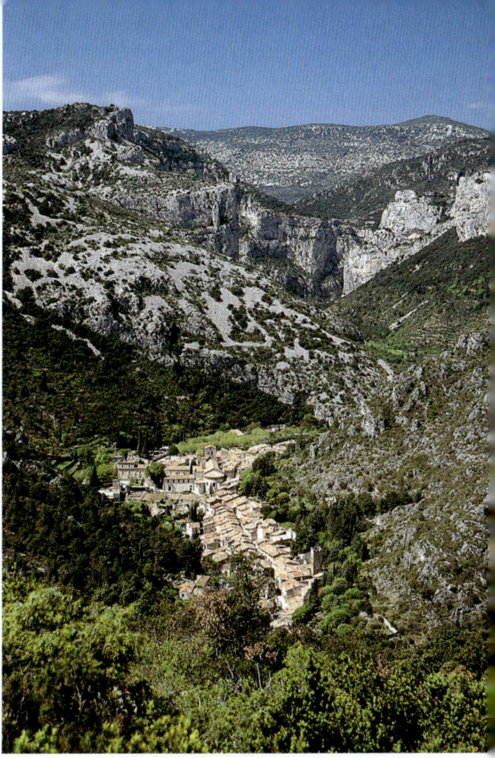

Tiefblick auf St-Guilhem-le-Désert: ein einsames Dorf aus dieser Perspektive.

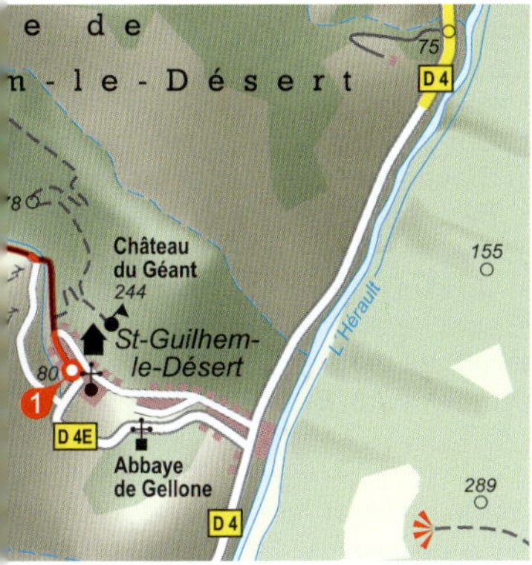

Von **St-Guilhem-le-Désert (1)** taleinwärts auf dem östlichen Ufer des Verdus. Vor dem Fußballplatz auf die westliche Seite wechseln und durch Pinienwald im Zickzack ansteigen bis zu einer Wegverzweigung; der rot-weiß markierte GR 74 zweigt nach links ab (auf ihm kommen wir zurück), wir gehen weiter auf einem Hangweg taleinwärts, unterhalb der Felswände des Roc de la Bissonne. Im Talschluss hinten, dem **Cirque de l'Infernet (2)**, ermöglichen die mit hohen Mauern gestützten Serpentinen der **Fénestrelles**

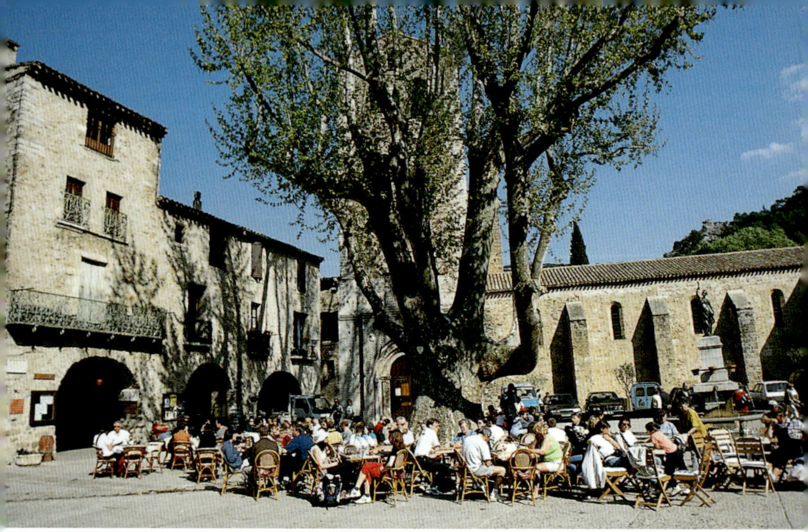

Da ist gut zu rasten: Dorfplatz in St-Guilhem-le-Désert.

(3) ein Höherkommen im schier senkrechten Gelände. Danach leicht absteigend hinein ins obere, grüne Verdus-Tal; bei der Wegverzweigung P. 304 m nach links. Durch Buschwald gelangen wir in weiten Kehren hinauf zu einem Forststräßchen, auf das wir links einschwenken. Wir folgen ihm über P. 561 m hinaus bis zu der Stelle, wo es eine Rechtskurve beschreibt. Nach links und flach nach vorne an den Rand des Abgrundes; laut IGN-Karte liegt dort der **Point de Vue Max Nègre (4)**, 535 m. Im Gelände steigen wir aber noch ostwärts ab zu einem ersten Geländer und dann weiter zum zweiten Geländer bei einem großen Steinmann; von hier hat man den besten Blick auf den »Höllenkessel« und das »Ende der Welt«. Dann steigen wir wieder auf dem GR 74 oberhalb des Roc de la Bissonne ab und kehren durch den Pinienwald auf der schon bald bekannten Route zurück nach **St-Guilhem-le-Désert (1)**.

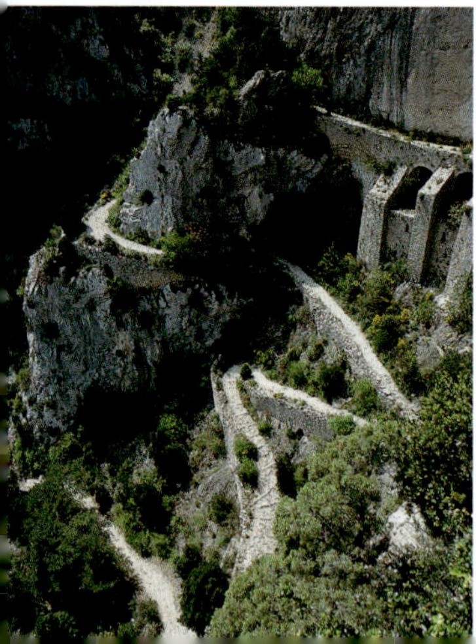

Von Mönchen erbaut: der atemberaubende Weg der Fénestrelles.

3.00 Std.

Beaume de l'Olivier

4

Einsiedelei abseits der viel begangenen Wanderwege des Pilgerdorfes

Was für ein Platz! Am Ende eines Seitentals des Hérault versteckt sich unter einer Felswand eine Wohnhöhle, eine ehemalige Einsiedelei. Drinnen am Eingang die Feuerstelle und hinten der trockene Schlafplatz. Draußen Terrassen mit Steinmauern, Schatten spendenden Bäumen und blühenden Lilien im Frühling. Das Rauschen des Windes, das Summen der Bienen, das Brummen der Käfer, die vorbeizischenden Mauersegler. Am Horizont die Hügel südlich von Montpellier und dahinter das Meer. An diesem heiligen Ort dürfen wir schon eine Weile sitzen bleiben.

Ausgangspunkt: St-Guilhem-le-Désert, 80 m; vgl. Tour 3. Der eigentliche Ausgangspunkt befindet sich 1,5 km nördlich des Dorfes an der D 4 entlang dem Hérault (Parkmöglichkeit).

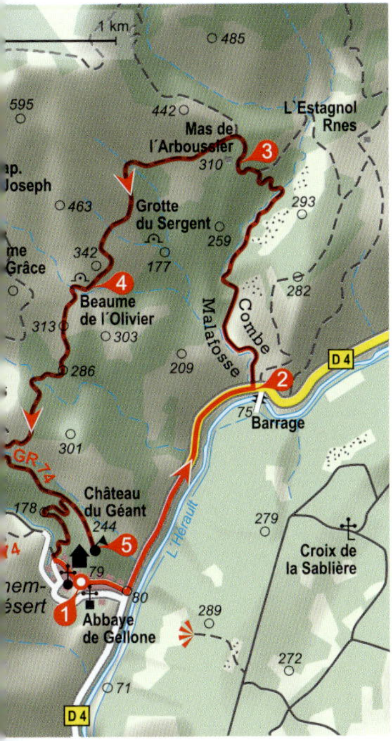

Höhenunterschied: Rund 400 m.
Anforderungen: Guter Orientierungssinn; Weg nur am Schluss markiert.
Beste Jahreszeit: Immer.
Einkehr und Unterkunft: Vgl. Tour 3.
Variante: Vom Dorf zur Burg hinauf; 1 Std. hin und zurück.
Tipp: Wer die Tour in der Gegenrichtung machen will, verlässt den GR 74 dort, wo er in einer lang gezogenen Mulde die Seite wechselt (bei P. 262 m) und in Serpentinen ansteigt; gleich ein paar Meter nach der ersten Kehre zweigt rechts der Weg zur Beaume de l'Olivier ab.
Karte: IGN Top 25: 2642 ET St-Guilhem-le-Désert.
Kombinationsmöglichkeit: Mit Tour 3.

Vom Ostrand von **St-Guilhem-le-Désert (1)** folgen wir der Straße D 4 flussaufwärts bis zur **Brücke (2)**, 70 m, westlich der Staumauer. Rechts der Brücke hinein ins Seitental Combe Malafosse, auf einem Schottersträßchen, das zuweilen auch betoniert ist. Rechts haltend an einer Einzäunung vorbei geht es nun auf einem gerölligen Weg weiter. Er wird besser, steigt ein paar

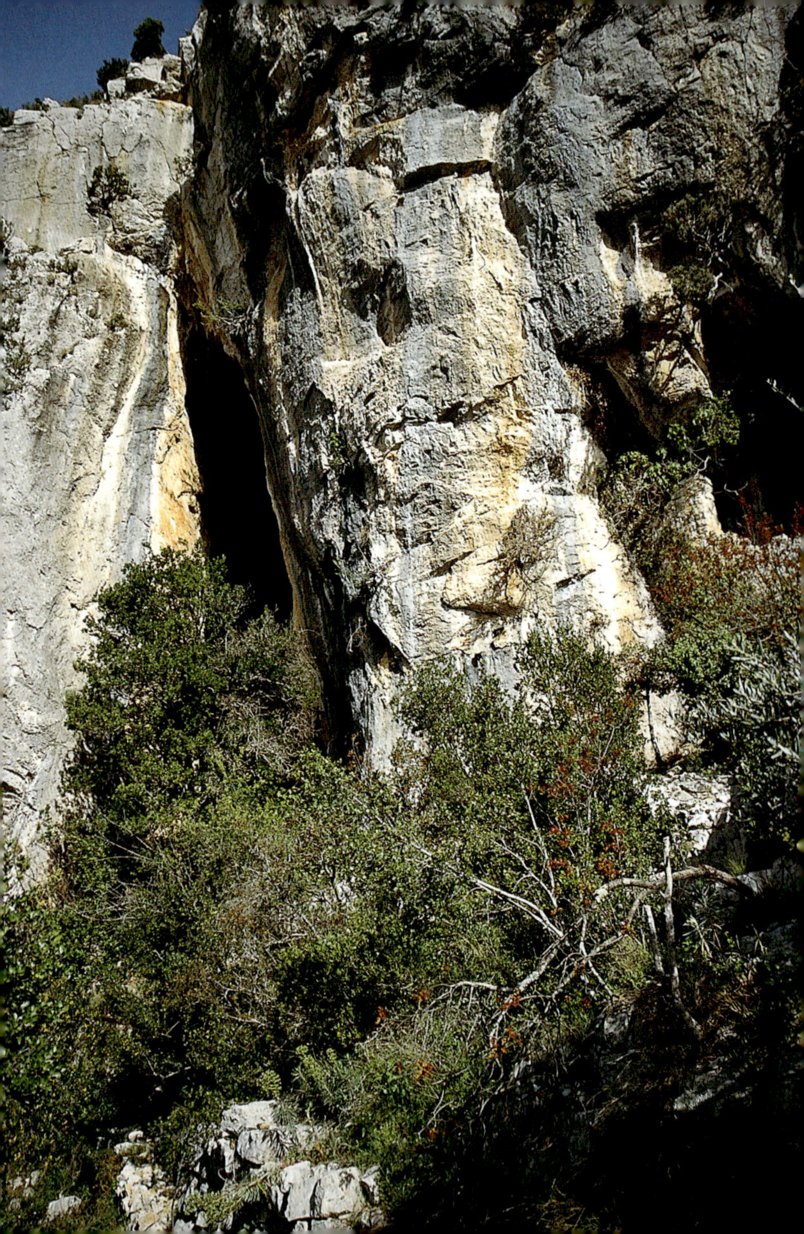

gemauerte Serpentinen hoch, zieht hinein ins grüne Tal, quert die Talachse und steigt im Zickzack am anderen Hang hoch zu den Ruinen des **Mas de l'Arboussier (3)**, ca. 310 m. Dort auf breitem Weg kurz ost-, dann nordwärts zu einem Steinmann mitten auf dem Weg – nicht geradeaus weiter, sondern links abzweigen. Der Weg führt Höhe haltend über Vorsprünge und Einbuch-

Links: Ein gutes Versteck: Felswand mit Beaume de l'Olivier.
Unten: Höhlenwohnung: Im Wort Beaume, auch Baume geschrieben, versteckt sich das lateinische »balma« – »geschützter Raum unter Felsen«.

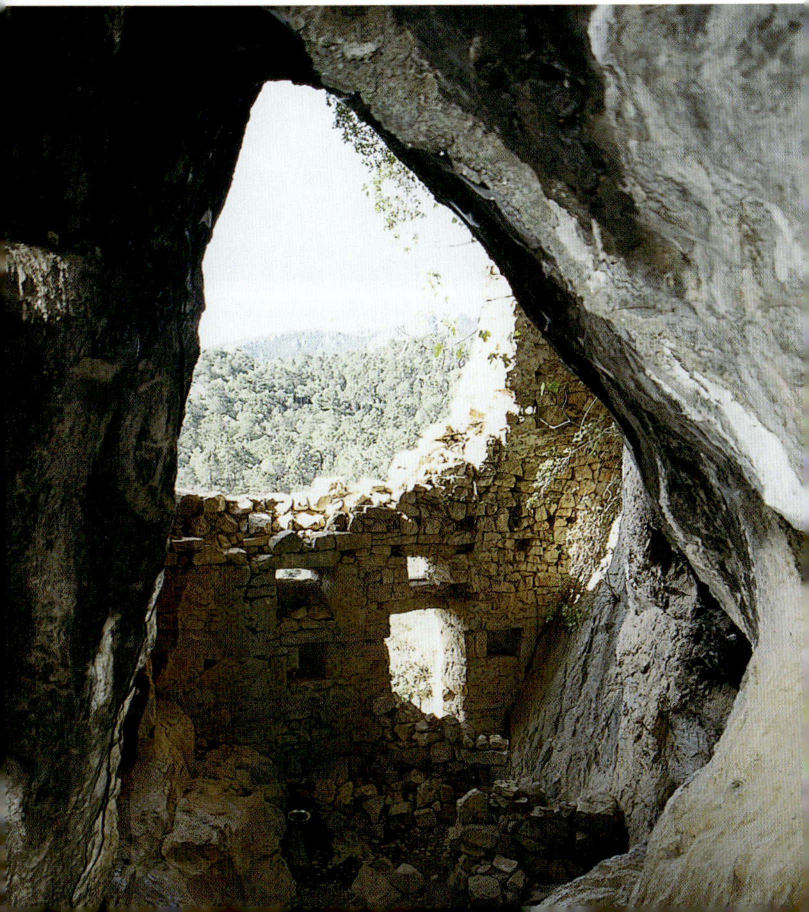

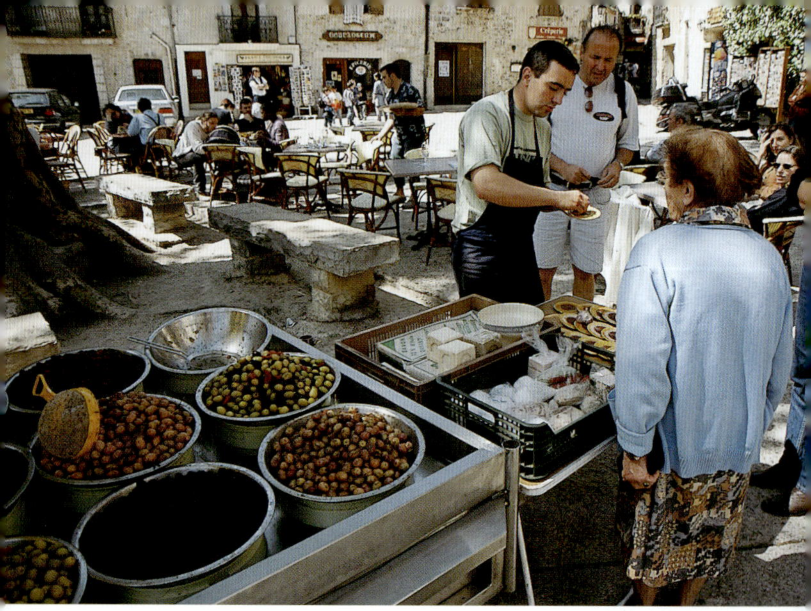

Passt perfekt: Nach der Tour zur Ölbaum-Einsiedelei die Früchte selbst auf dem Dorfplatz von St-Guilhem-le-Désert kosten und kaufen.

tungen, zuletzt auf einem breiten Band zwischen Felswänden im Cirque de la Balaïssade zur **Beaume de l'Olivier (4)**, ca. 300 m. Die »Einsiedelei des Ölbaums« befindet sich in der oberen Wand, und in eine danebenliegende, rissartige Höhle kann man hineinklettern. Anschließend setzen wir unsere Tour in südlicher Richtung fort – eine schöne Höhenwanderung mit kleineren und größeren Zwischenabstiegen. Der Weg mündet in den GR 74, der von der Ermitage Notre-Dame de Belle-Grâce herabkommt. Auf ihm in den Sattel nordwestlich der Burg; auf einem Weg, der unterhalb der Gratschneide in der Ostflanke verläuft, zum **Château du Géant (5)**, 244 m. Es kann sein, dass der eigentliche Zugang in die Burg wegen Steinschlaggefahr gesperrt ist. Zurück zum Sattel und GR 74; auf dem breiten gepflasterten Weg in Serpentinen hinab, durch den Torbogen und hinab nach **St-Guilhem-le-Désert (1)** auf den Platz vor der Kirche mit der riesigen Platane.

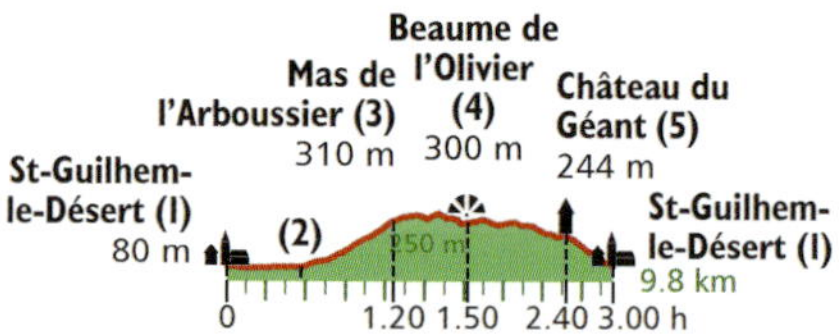

2.45 Std.

Lac du Salagou 5

Unmarkiertes Wandervergnügen auf schmalen Pfaden in roter Erde

Rote Erde, grüne Pflanzen, gelber Ginster, blauer Himmel. Und ihr schimmerndes Spiegelbild im See. In einem »guten« Stausee: weniger Überschwemmungen, mehr Bewässerung, größere Vielfalt der Landschaft, und vor allem ein touristischer Anziehungspunkt mit Hunderten motorisierten Ausflüglern am Wochenende. Aber zwei Schritte neben dem Parkplatz und den Bikerouten beginnt das Wanderabenteuer, am farbigsten auf den Umrundungen der beiden westlichen Halbinseln im 1968 angelegten Lac du Salagou.

Talort: Clermont-l'Hérault, 114 m, westlich von Montpellier, im Schnittpunkt der A 75, N 9, D 139 und D 908.
Ausgangspunkt: Lac du Salagou an der D 156 westlich von Clermont-l'Hérault; 2 km westlich des Dorfes Liausson rechts auf Sträßchen hinab zum westlichen Parkplatz, 137 m, in der Bucht les Plos zwischen den beiden kegelförmigen Halbinseln Pioch de la Sure und Rouens.
Höhenunterschied: Pioch de la Sure rund 100 m; Rouens rund 50 m.
Anforderungen: Für die Umrundung des Pioch de la Sure ist etwas Orientierungssinn und Trittsicherheit nötig. Die Rouens-Runde ist leicht; Schwierigkeit blau.

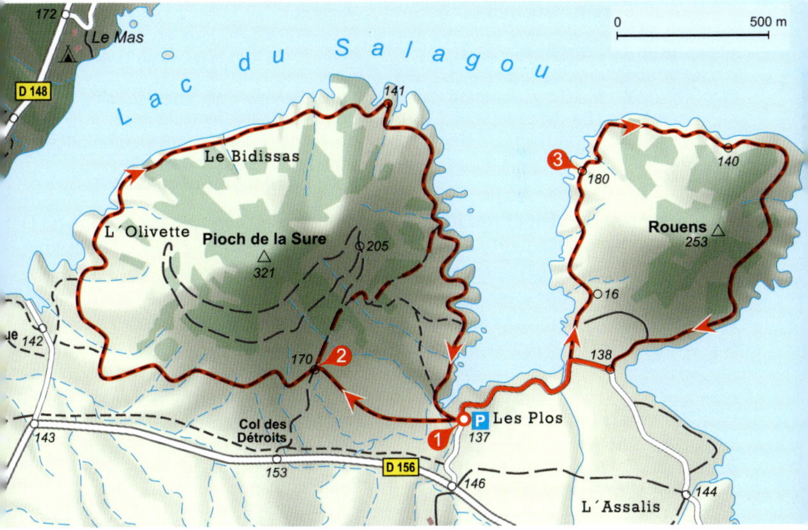

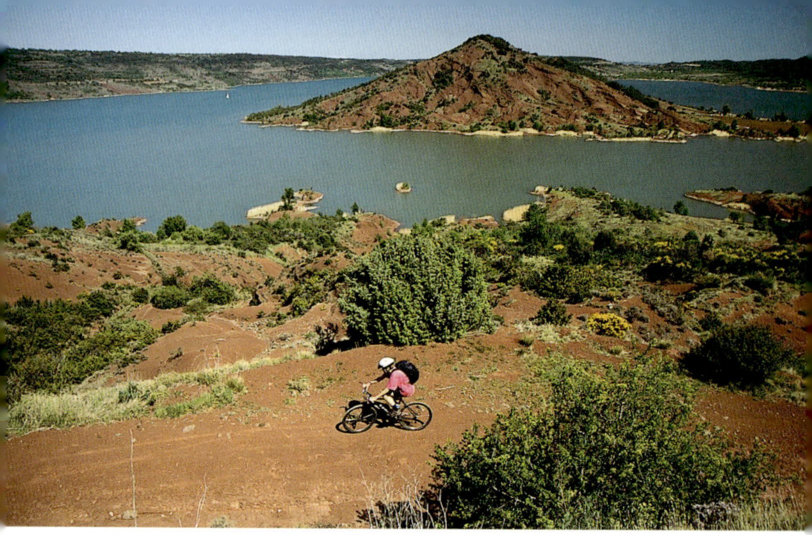

Auch bei Bikern beliebt: der Lac du Salagou, hier mit der vulkanähnlichen Rouens-Halbinsel.

Beste Jahreszeit: Immer, im Hochsommer (zu) heiß.
Einkehr und Unterkunft: In Salasc: Auberge campagnarde de la vallée du Salagou, Tel. 04 67 88 13 39. Camping municipal le Salagou, Tel. 04 67 44 25 98. Tolle freie Stellplätze in der Bucht. In Mourèze: vgl. Tour 6. Verschiedene Hotels in Clermont-l'Hérault.
Variante: Die Kegel la Sure, 321 m, und Rouens, 253 m, können bestiegen werden – lohnt sich aber wegen der Aussicht nicht.
Tipp: Beliebter als Wandern sind Surfen und Biken.
Karte: IGN Top 25: 2643 OT Lodève – Bédarieux – Lac du Salagou.
Kombinationsmöglichkeit: Mit Tour 6.

Rundtour um den Pioch de la Sure: Vom Parkplatz am **Lac de Salagou (1)** wenden wir uns westwärts in ein breites, rotsandiges Bachbett. Darin kurz aufwärts, bis rechts ein Fahrweg abzweigt. Auf ihm ansteigen; kurz vor Erreichen eines Schottersträßchens (gestrichelt auf Karte) hört er auf. Dieses queren und durch einen Hohlweg weiter. Er geht in eine Wegspur über, die ab- und aufsteigend ein rötliches Bachbett quert. Wir halten uns immer noch westwärts, zuerst flach, dann absteigend. Nochmals eine Rinne queren und zu einem Platz mit Trockenmauer. Von hier wandern wir auf einem Weg abwärts, dann biegen wir spitzwinklig in einen anderen Pfad ein. Bei der nächsten Ver-

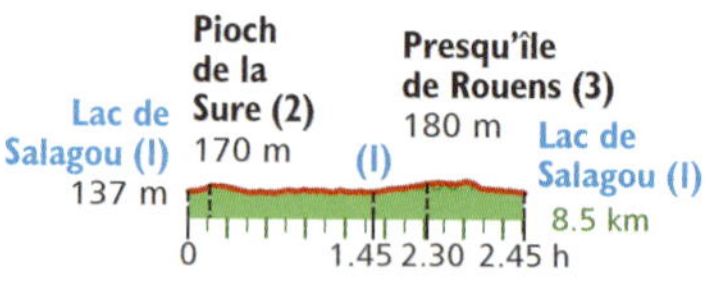

zweigung nochmals rechts Richtung Ufer, wo man – nördlich von La Roque, einem kreuzbewehrten Felsen – auf den breiten Uferweg trifft; dort nach rechts. Er wird bald schmäler und zieht sich im Uhrzeigersinn um den **Pioch de la Sure (2)** herum, auf- und absteigend sowie mehrere Wasserläufe querend. Auf der Ostseite, in der Nähe der längsten Landzunge der Halbinsel, teilen sich die Wege: Die Hauptroute führt aufwärts zu einem breiten Weg, der später ins oben erwähnte Schottersträßchen mündet. Wir wählen jedoch die Seeroute, die mehr oder weniger direkt am Ufer entlang verläuft, durch diverse kleine Buchten, manchmal etwas ausgesetzt (eine Stelle ist umgehbar), auf- und absteigend und am Schluss direkt ins rotsandige Bachbett mündet.

Rundtour um die Presqu'île de Rouens: Vom Parkplatz am **Lac du Salagou (1)** auf dem gewundenen Teersträßchen ostwärts wandern. Sobald als möglich links vor einer Straßenkurve auf einen Fußweg einbiegen (nicht zu früh, da immer wieder Schilfabschnitte das Weiterkommen verhindern). Am Wasser entlang, wobei es zu Beginn verschiedene Wege gibt. Auf der Nordseite der **Presqu'île de Rouens (3)** entfernt sich der Rundweg etwas vom Ufer und mündet schließlich auf der Ostseite in einen Fahrweg. Rechts am Rebberg, der sich an den Rouens-Gipfel lehnt, vorbei und wie beim Hinweg zurück zum Start am Parkplatz des **Lac du Salagou (1)**.

Rastplatz für Badenixen und Wohnmobile: der Lac du Salagou als Wochenend- und Feriendestination.

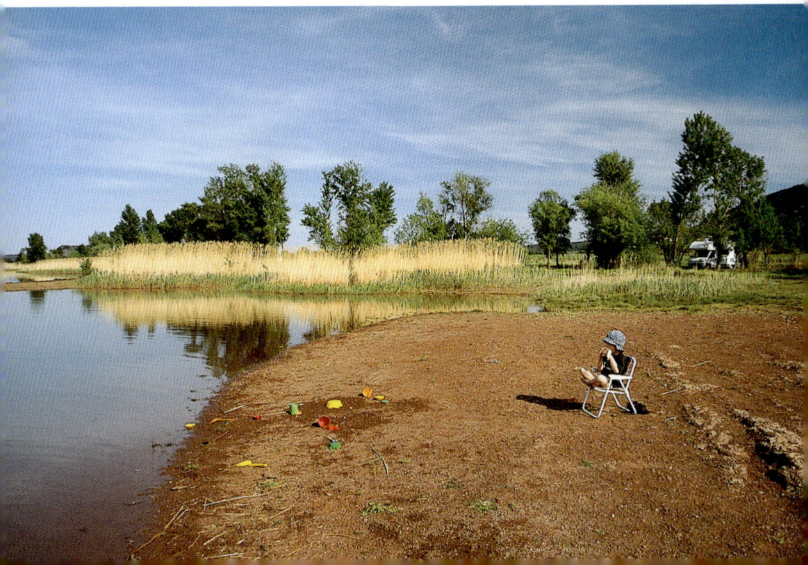

6 Cirque de Mourèze – Montagne de Liausson, 535 m

2.45 Std.

Zauberwald aus Dolomitgestein am Fuße eines großen Aussichtsgipfels

Von Menschenhand hätten die verwitterten Kalksteintürme im Cirque de Mourèze nicht verrückter und verwirrender erschaffen werden können. Wer sich zwischen diese bleichen, teilweise von dichter Vegetation umwucherten Säulen, Pfeiler, Türme, Pilze, Obelisken, Brücken und Höcker begibt, gerät in Gefahr, vor lauter Staunen den (Aus)weg nicht mehr zu finden. Auf dem lang gezogenen Kamm der Montagne de Liausson hingegen genießt man den Überblick ins steinerne Labyrinth einerseits und auf den blauen Lac du Salagou inmitten roter Erosionslandschaft andererseits.

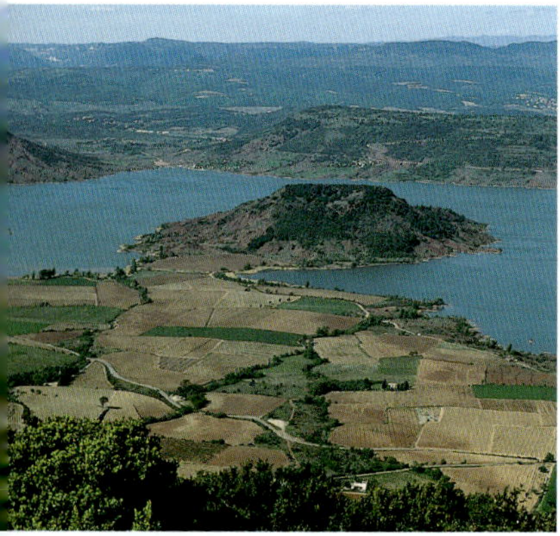

Blau-rot-grün: Ausblick von der Montagne de Liausson zum Lac du Salagou.

Talort: Clermont-l'Hérault, 114 m; vgl. Tour 5.
Ausgangspunkt: Mourèze, 201 m, westlich von Clermont-l'Hérault; Abzweigung von der D 908. Parkplatz am östlichen Dorfeingang mit Übersichtskarte des Cirque de Mourèze. Bus von Clermont.
Höhenunterschied: 350 m.
Anforderungen: Etwas Trittsicherheit erforderlich. Markiert (aber in der Gegenrichtung).
Beste Jahreszeit: Immer, im Hochsommer (zu) heiß. Rundtour von Liausson aus jedoch meist schön schattig.
Einkehr und Unterkunft: In Mourèze: Auberge Val Mourèze, Tel. 04 67 96 06 26; Les Hauts de Mourèze, Tel. 04 67 96 04 84. In Villeneuvette: Hôtel La Source, Tel. 04 67 96 05 07. Am Lac du Salagou; vgl. Tour 5.
Variante: Überschreitung der Montagne de Liausson von West nach Ost, vom Dorf Liausson, 220 m, aus; als Petit Sentier gut und gelb markiert; 3 Std.
Tipp: Königliche Leinenmanufaktur von Villeneuvette.
Karte: IGN Top 25: 2643 OT Lodève – Bédarieux – Lac du Salagou.
Kombinationsmöglichkeit: Mit Tour 5.

Vom Parkplatz ins Dorf **Mourèze (1)** hinein und nordwärts durch Gässchen zum Eingang in den **Cirque (2)**. Hier ist eine Tafel aufgestellt, auf der vier Wanderungen mit unterschiedlicher Schwierigkeit und Dauer in verschiedenen Farben dargestellt sind. Gleich linker Hand den Gebüschweg zum Col de Portes und zum Mont Liausson einschlagen. Er kommt schon bald in offenes Gelände. Am Westrand des Cirque zuerst nordwärts, dann Richtung

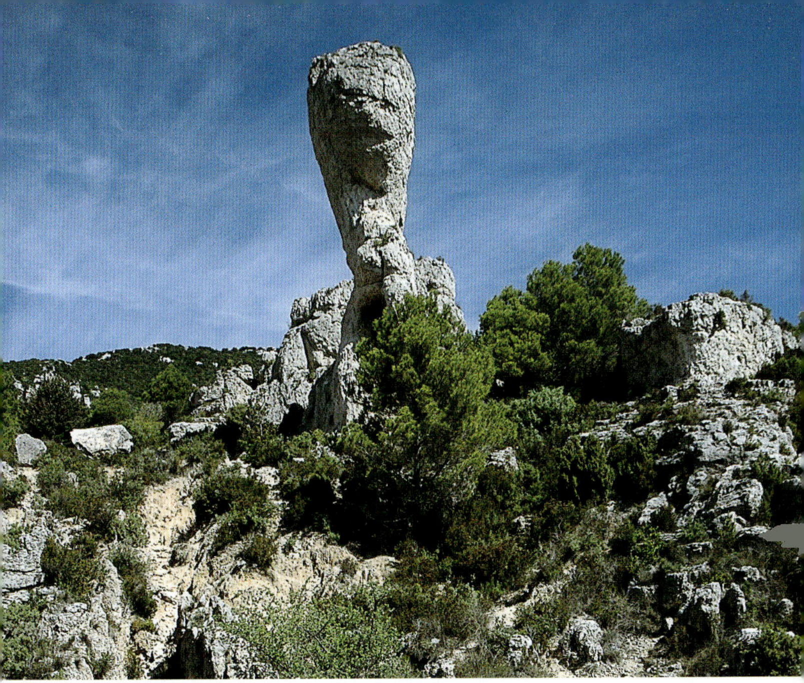

Hoffentlich fällt dieser Zahn nicht gerade jetzt zusammen: im Cirque de Mourèze.

Westen und Nordwesten ansteigen. Der blau markierte Pfad erreicht eine mit Pinien bestückte Anhöhe, sinkt dahinter gegen ein Bachbett ab und trifft auf einen Schotterweg. Auf diesem hinauf in den **Col de Portes (3)**, 380 m, wo der gelb markierte Petit Sentier von Liausson einmündet. Auf ihm südwärts durch dichten Wald auf eine Schulter an (schöner Tiefblick auf den Cirque) und über den Südwestgrat auf den West- und Hauptgipfel der **Montagne de Liausson (4)**, 535 m; großer Steinmann. Nun mit Zwischenabstiegen über den Gipfelkamm und an den Ruinen der Einsiedelei von Saint-Jean d'Aureillan vorbei bis auf den **Ostgipfel (5)**, 523 m, den man auf einem vom gelb markierten Hauptweg links abzweigenden Pfad erreicht. Für den Abstieg zurück in den Cirque de

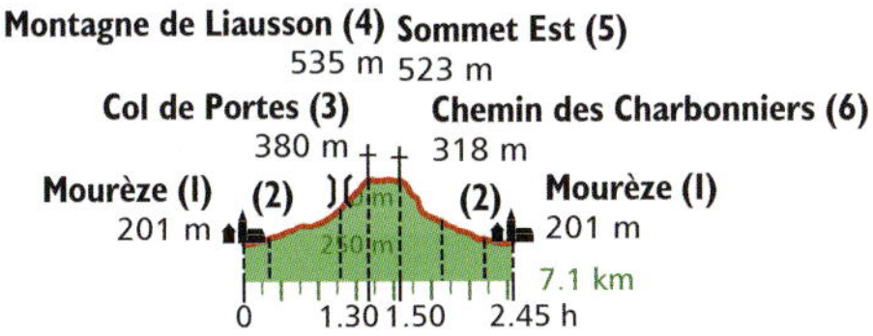

Mourèze bieten sich zwei Routen an: der steile Sentier des Corniches (er beginnt im Sattel westlich des Ostgipfels und führt am Beaume Nègre vorbei) sowie der **Chemin des Charbonniers (6)**. Für diesen folgt man noch kurz dem teilweise felsigen Petit Sentier entlang dem Ostgrat, bis rechts der Köhlerweg abzweigt (unauffällig blau markiert). Er führt, zuerst unerwartet steil, durch die Südflanke des Mont Liausson – unterwegs mündet der Sentier des Corniches ein – zurück in den Cirque de Mourèze . Dort vervielfachen sich die Wege und Pfade und Pfadspuren zwischen den dolomitenähnlichen Felstürmen auf verwirrende Art. Das Dorf als Wegweiser im Auge behaltend gelangt man zurück nach **Mourèze (1)**.

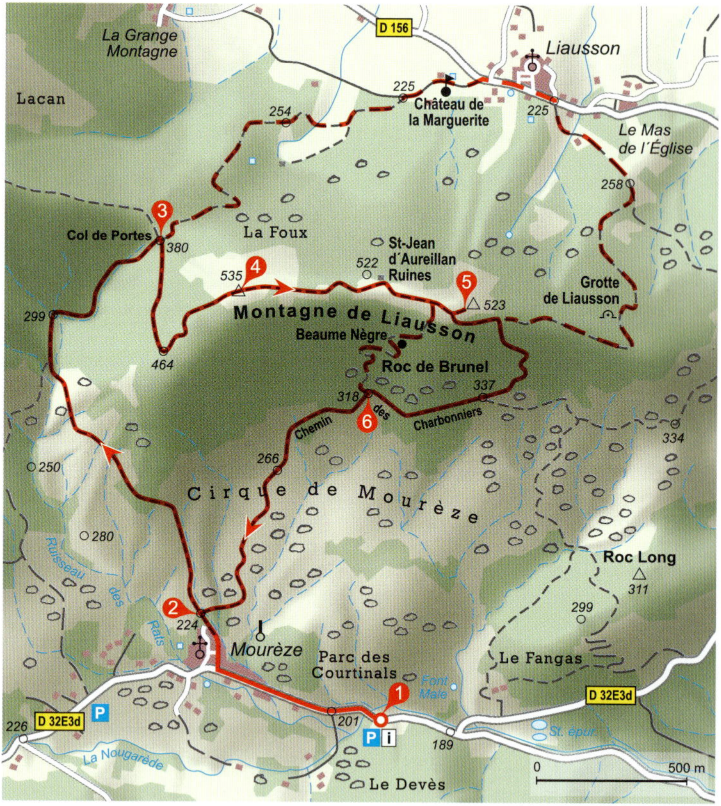

2.30 Std.

Mont Caroux, 1091 m

7

Caroux für Spaziergänger: Rundtour über das Plateau

Klassische, beliebte Wanderung zu den beiden Höhepunkten auf dem Plateau du Caroux: der Orientierungstafel auf einem Granitsporn vorne am Rand der Heidehochfläche mit atemberaubenden Blick über die wilde, ans Tessin erinnernde Südseite in das 900 Meter tiefer liegende Vallée de l'Orb sowie der höchste Gipfel des Caroux-Massivs mit seinem riesigen Steinmann und gemütlichen Steinbänken. Das Mittelmeer ist vom alpinen Südrand der Cevennen nur 46 km entfernt – die Seefahrer nannten früher den Caroux »la femme couchée«. Die Bewohner des Bergdörfchens Douch wissen hingegen, wo man die Mufflons, die steinbockähnlichen Wildschafe, sieht, die 1956 hier wiederangesiedelt wurden.

Talort: Lamalou-les-Bains, 182 m, gleich nördlich der D 908 durchs Orb-Tal. Bus von Montpellier (Linie über Bédarieux und St-Pons nach Castres).
Ausgangspunkt: Douch, 897 m, von Lamalou-les-Bains auf teils kurvenreicher Straße (D 22E4, D 180) über Villecelle und den Col de Madale.
Höhenunterschied: Rund 250 m.
Anforderungen: Mit einem gelben Balken markierter Rundwanderweg. Beim Aufstieg zu Beginn etwas steiniger Weg. Bei Nebel teils schwierige Orientierung.
Beste Jahreszeit: März bis November. Auch bei hochsommerlicher Hitze unten im Tal kann es auf dem Plateau oben empfindlich kühl sein. Am Morgen früh starten; über dem Caroux-Massiv mit seiner steilen, felsigen Südseite bilden sich oft Quellwolken.
Einkehr: Auberge de la Jasse in Douch.
Unterkunft: In Douch: Gîte d'étape, Tel. 04 67 23 60 73. Refuge de Font Salesse, ca. 1040 m, immer offene Selbstversorgerhütte, 15 Plätze, Matratzen und Kochstelle, Wasser in der Nähe. In Lamalou-les-Bains: Hotels Belleville, Tel. 04 67 95 57 00; Commerce, Tel. 04 67 95 63 14); Chambres d'hôtes Villa Entremont, Tel. 04 67 95 28 13; Appartements, Zeltplatz. Im Orb-Tal: vgl. Touren 8, 9.

Variante: Wenn auf dem Plateau oben die Verhältnisse zu rau sind, ist folgende Rundwanderung mehr als eine Verlegenheitstour: Von Le Verdier Haut, 200 m (vgl. Tour 9), zum Pont des Soupirs, über den Sentier des Gardes in den Col de Bertouyre, 670 m, über den wunderschönen Saumweg durch Kastanienwald nach St-Martin-de-l'Arçon hinab, dem schönsten Dörfchen am Carouxfuß. Von etwas oberhalb seiner Kirche über La Coste zurück zum Pont des Soupirs. Gelb markiert, 3 Std., gut 500 Höhen-

Heidelandschaft: Weg zum Mont Caroux.

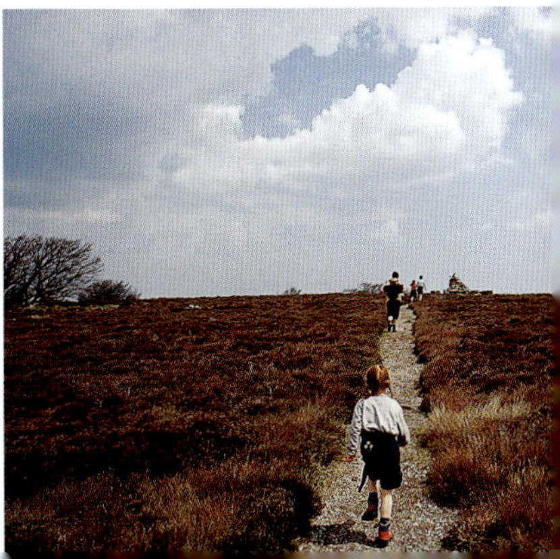

meter, 6 km.

Tipp: Les Marcheurs du Caroux, ein 1975 gegründeter Verein, kennen alle Pfade; Tel. 04 67 95 68 49, www.lesmarcheursducaroux.com.

Karten und Wanderführer: IGN Top 25: 2543 OT Lamalou-les-Bains. Karte: Caroux et Bord Oriental de L'Espinouse, 1:15.000; Wanderführer: Randonnées au Caroux; Kletterführer: Escalades au Caroux (alle herausgegeben von der Sektion Béziers-Caroux des Club Alpin Français, und alle sind für schwierigere Touren im Caroux unverzichtbar). Erhältlich sind sie im Maison de la Presse im Zentrum von Lamalou-les-Bains.

Kombinationsmöglichkeit: Mit den Touren 8, 9.

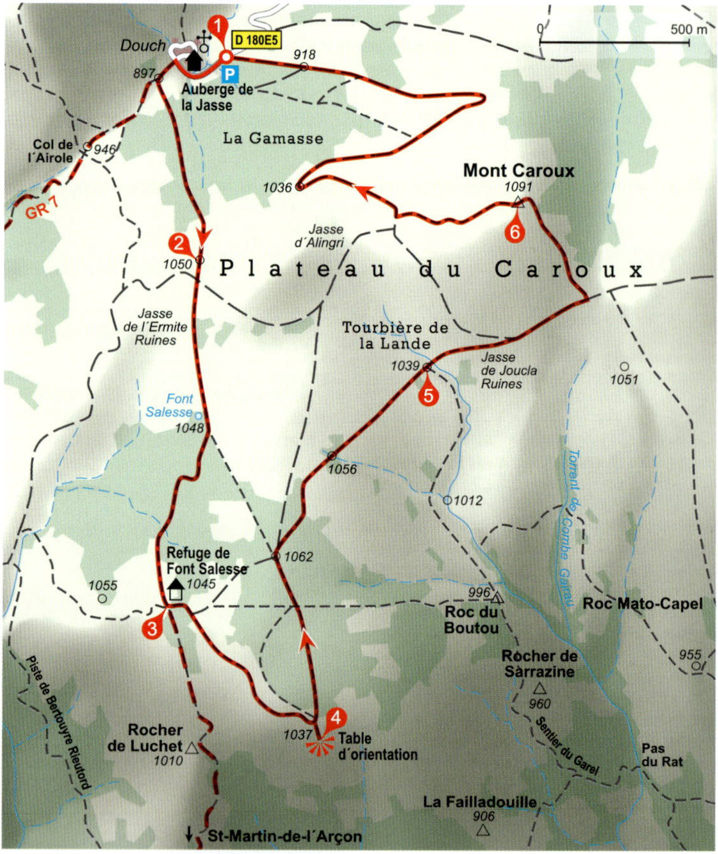

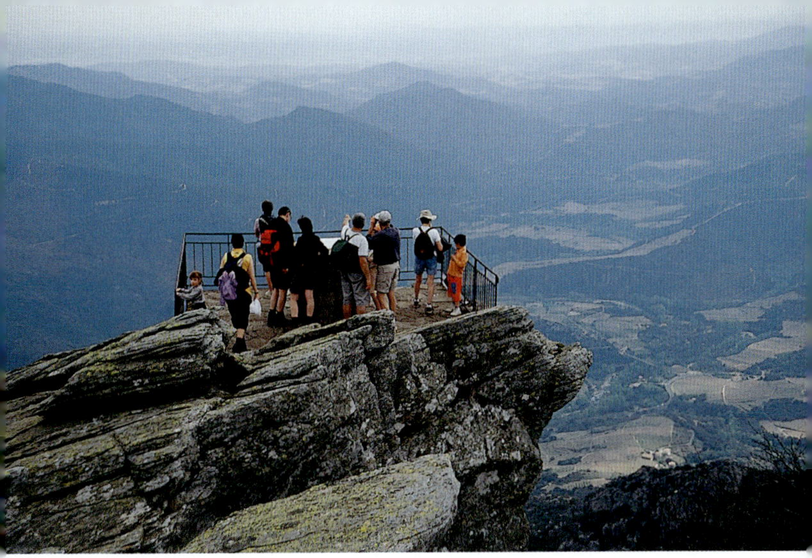

Zum Glück gibt es ein Geländer: die Table d'orientation des Caroux hoch über dem Orb-Tal.

Vom Parkplatz östlich von **Douch (1)** auf dem Sträßchen an den westlichen Dorfrand. Durch einen Alleeweg bis zu einer Verzweigung, an der man nach links auf den GR 7 abzweigt. Genau südwärts und schon bald im Wald auf einem steinigen Weg hinauf zum rund 1050 m hoch gelegenen **Plateau du Caroux (2)**. Weiter zur Font Salesse; nach der Quelle rechts abbiegen und den GR 7 verlassen. Durch schönen Buchenwald zum **Refuge de Font Salesse (3)**. Südostwärts nach vorne gegen die Kante der Hochfläche und zur **Table d'orientation (4)**, 1037 m, die ganz vorne am Abgrund liegt.

Anschließend nordwärts durch den Wald zu einer großen Verzweigung, 1062 m. Nach rechts und wieder auf dem GR 7 nordostwärts hinab zur **Tourbière de la Lande (5)**. Auf Holzstegen über das Moor, an der Jasse de Joucla (Ruine einer Almhütte) vorbei auf einen breiten Weg. Ihn und den GR verlassen wir jedoch wenig später nach links, um auf einem Pfad nordwärts zum **Mont Caroux (6)**, 1091 m, zu gelangen. Abstieg nach Westen, beim Erreichen eines Fahrweges nach rechts. Er führt in zwei weiten Schleifen direkt zum Parkplatz bei **Douch (1)**.

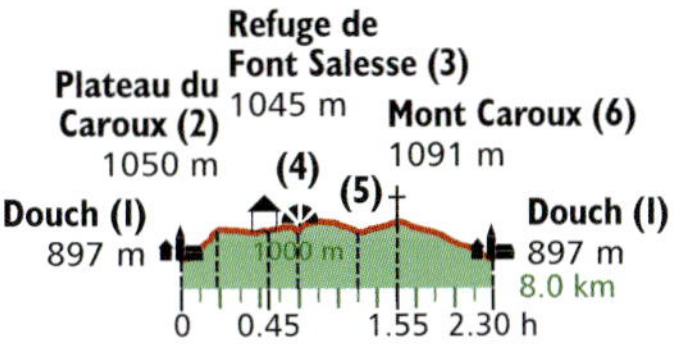

TOP **8**

Gorges de Colombières – Vire de Roque Rouge

7.00 Std.

Caroux für Bergwanderer: Schluchten und Bänder in der Südseite

So viele abwechslungsreiche Wege wie im Caroux gibt es sonst nirgends im Languedoc. Ein paar davon lernen wir auf dieser Rundwanderung kennen: den schön gleichmäßig angelegten Chemin des Fleysses, den 2500 Jahre vor Christus die ersten Bewohner des Landes für den sommerlichen Almauftrieb erstellten; den GR 7 über das Plateau, ein Abschnitt des Weitwanderweges durch den Parc naturel régional du Haut-Languedoc; die Piste du Cadiol, die vor allem für die Kletterer markiert wurde (im Caroux heißen die schmalsten Pfade »pistes«, während im allgemeinen »piste« Schottersträßchen bedeutet). Ja, und dann ist da eben noch die mit blauen Punkten versehene Piste de la Vire du Roque Rouge, sicher eine der spektakulärsten Wanderrouten im ganzen Caroux: ein dunkelgrünes Band, das sich quer durch die graugrünbraunen Plattenfluchten zieht.

Ausgangspunkt: Colombières-sur-Orb, 210 m, an der D 908 durchs Orb-Tal. Bus von Montpellier (Linie über Bédarieux und St-Pons nach Castres).
Höhenunterschied: 1100 m.
Anforderungen: Trittsicherheit, Schwindelfreiheit und Orientierungsvermögen nötig. Unterschiedlich markiert; Saum- und Schluchtweg gelb, da im Topo-Guide »L'Hérault à pied« beschrieben.
Beste Jahreszeit: März bis November.
Einkehr und Unterkunft: In Colombières: Gîte d'étape Le Château, Tel. 04 67 95 63 62. In La Fage: Gîte d'étape, Tel. 04 67 95 10 14. Vgl. auch Tour 7, 9.
Varianten: 1. Abstieg von La Fage durch die ganzen Gorges de Colombières; 1 Std., leicht.
2. Abstieg von den Baraques de Caylus auf dem Sentier du Garel nach Colombières, 40 Min., leicht. Bei beiden Abkürzungen verpasst man so die Vire de Roque Rouge.
Tipp: Gipfel am Wegrand: 1) Roc de Brétouyre, 833 m – wo die Piste de la Cabrière nach Norden abbiegt, auf Pfadspur durch das blockige Gelände leicht abwärts in einen Sattel und südwestwärts durch eine offene, wenig ausgeprägte, steinige Rinne und über den Grat zum höchsten Punkt der Crêtes d'Arles. 2) Mont Caroux, 1091 m – vom Plateau aus rasch erreichbar; vgl. Tour 7.
Karte und Wanderführer: Vgl. Tour 7.
Kombinationsmöglichkeit: Mit den Touren 7 und 9.

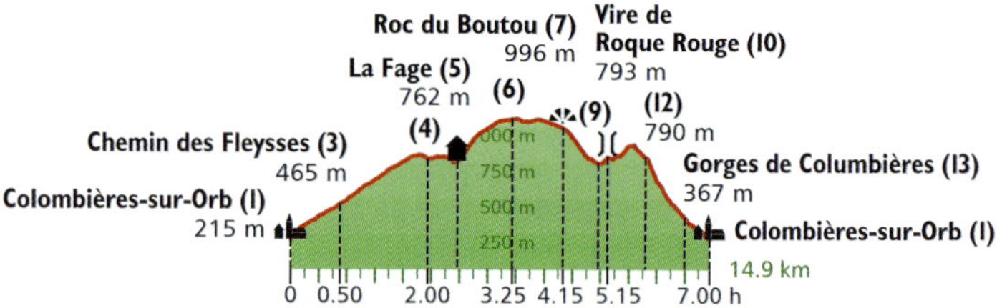

Start in **Colombières-sur-Orb (1)**, östlich der Brücke über den Torrent d'Arles. Durch eine Gasse hoch, über die Treppe eines Hauses und hinein ins Grüne. Über terrassierte Hänge in den Weiler **Les Seilhols (2)**. Flach hinüber zu einem Sträßchen und zur Wanderwegübersicht. Nun auf dem gepflasterten Saumweg **Chemin des Fleysses (3)** in 18 Serpentinen durch den Wald hochwandern; bei der Verzweigung auf ca. 780 m nach links in die **Piste de la Cabrière (4)**. Sie führt auf- und absteigend nordwärts über P. 845 m durch die Flanke der oberen Gorges de Colombières. Etwa auf der Höhe des Weilers **La Fage (5)**, 762 m (auch Lafage geschrieben) steigt man auf einem Pfad zum Torrent d'Arles ab, quert diesen direkt auf glattpolierten Felsen oder 50 m bachaufwärts auf einem Steg und erreicht die Häuser und die Gîte d'étape. Man kann auch auf dem Wanderweg bis les Avels bleiben und übers Zufahrtssträßchen La Fage erreichen (leichter, aber länger). Nun auf dem GR 7 in einem ausgewaschenen Weg hinauf aufs **Plateau du Ca-**

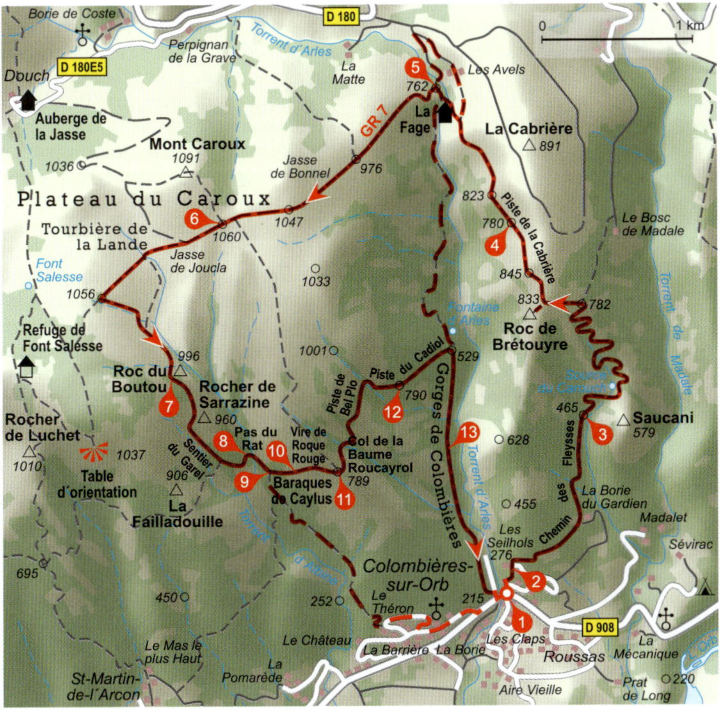

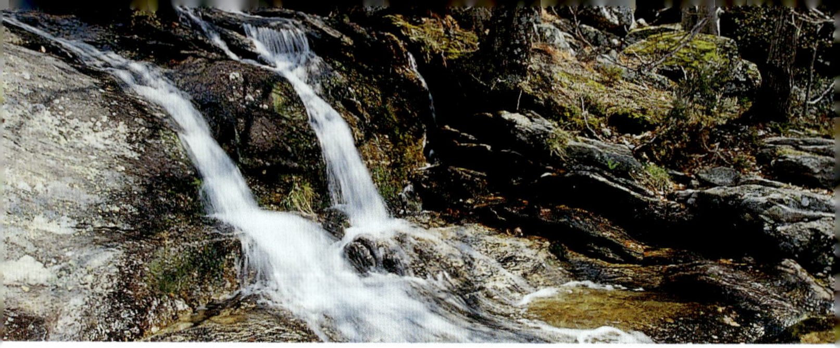

Hier lässt sich gut Brotzeit machen: am Albine-Bergbach.

roux (6), ca. 1060 m, und westwärts bis zum Holzsteg über das Hochmoor, kurz hinter der Jasse de Joucle. Nach der Überquerung eines ersten Baches noch gut 300 m weiter und vor Eintritt in das Wäldchen nach links in den in der IGN-Karte gestrichelt eingezeichneten Weg (gelbes und rot-weißes Kreuz auf Findling) einbiegen, der sich teilweise etwas unter Bewuchs versteckt, aber nach Querung eines zweiten Baches gut erkennbar ist. An einem Steinmann trifft er auf einen von rechts kommenden Weg, dem man geradeaus zum grossen Felsblock **Roc du Botou (7)**, 996 m, folgt. Steil auf dem steinigen, da und dort gestuften, gelb markierten Sentier du Garel durch grasig-blockiges Gelände hinab. Nach links um einen Felsvorsprung herum; schließlich schwenkt der Pfad nach Osten und sinkt zum Torrent d'Albine hinab; **Pas du Rat (8)**, ca. 730 m, genannt, schöner Picknickplatz. Kurz darauf kommt man im Wald zu den **Baraques de Caylus (9)**, ca. 710 m. Scharf nach links abbiegen und auf blau markierter Route in blockigem Gelände aufsteigen zum Beginn der gut begehbaren **Vire de Roque Rouge (10)**. Hin und wieder müssen die Hände benutzt werden; ein paar ausgesetzte Stellen. Man kommt auf einen Vorsprung, 789 m, von wo man einen guten Blick zurück auf die Vire de Roque Rouge hat. Kurz abwärts zum **Col de la Baume Roucayrol (11)**, ca. 780 m; große Wegverzweigung. Nordwärts im Wald auf der blau markierten Piste de Bel Plo weiter, bei Steinhütten an einer Felswand vorbei, hinab zu einen Bach und kurz darauf steiler Gegenaufstieg in einer Rinne gegen die Cadiol-Felsen. Von ihrem Fuß auf der **Piste du Cadiol (12)** nordostwärts absteigen, auf einem anfänglich schlecht ausgetretenen, blau markierten Pfad. Er mündet auf ca. 560 m in den guten Weg durch die **Gorges de Colombières (13)**; Ende der Schwierigkeiten. Schluchtabwärts auf dem viel begangenen, teilweise befestigten Weg. Bei der Wegverzweigung nach dem Ruisseau de Roucayrol links und am Roc Pointu vorbei direkt hinab nach **Colombières (1)**.

Eine grüne Linie durch die Platten: die Vire de Roque Rouge, vom Ausstieg gesehen.

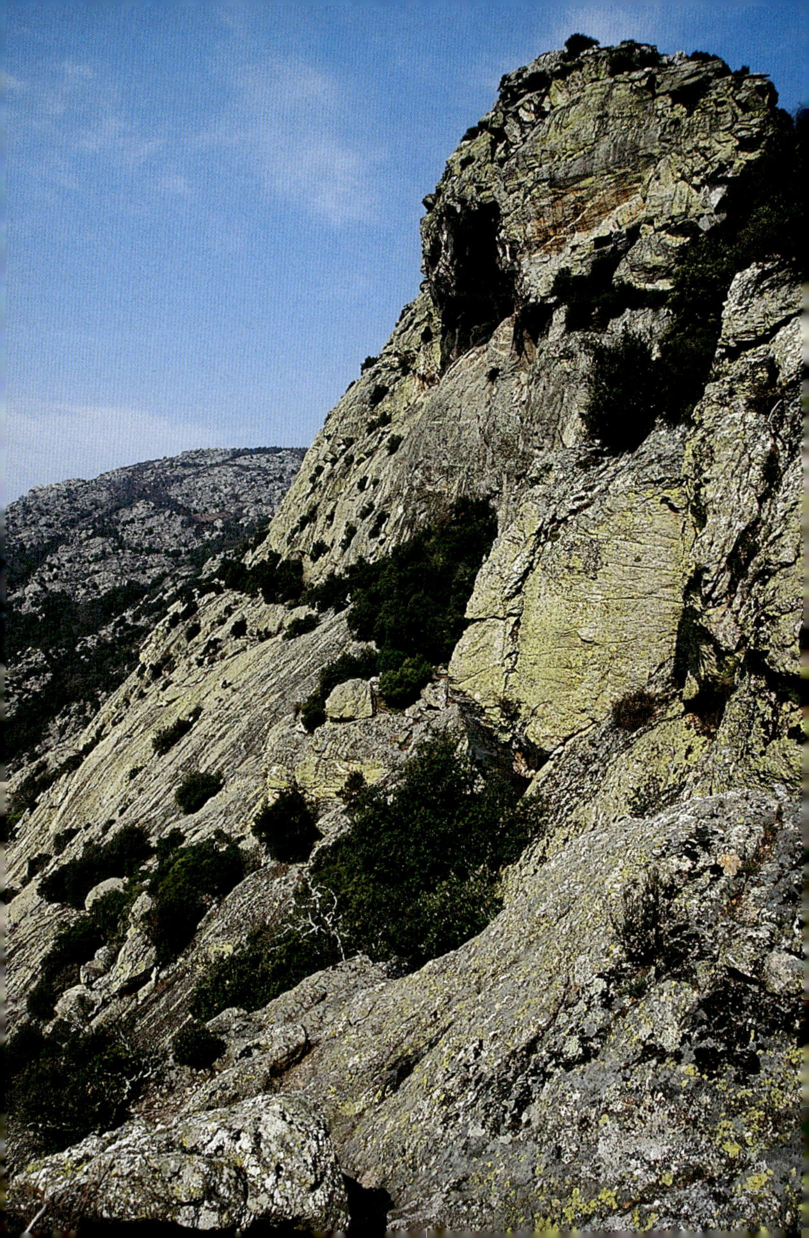

9 Roc du Caroux, 1034 m

6.00 Std.

Caroux für Bergsteiger: durch die vertikale Arena der Gorges d'Héric

Was der Mont Caroux den Flach- ist der Roc du Caroux den Steilwanderern: ein Muss. Der eigentliche Gipfel ist leicht erreichbar, aber der direkte Zugang aus der mit einem Betonsträßchen erschlossenen Héric-Schlucht hat es in sich. Der »Point of no return« auf der Piste des Charbonniers befindet sich gleich nach dem Einstieg in die 400 Meter hohe Charbonniers-Rinne – einmal eingestiegen, ist der weitere Aufstieg weniger heikel als der Rückzug über die Granitplatten. Der Caroux-Führer stuft die Charbonniers-Route gleich ein wie den Gang übers Felsband der Roque Rouge (vgl. Tour 8), doch sie ist deutlich anspruchsvoller hinsichtlich Fortbewegung und Orientierung. Vier Ketten helfen über die schwierigsten Passagen hinweg, aber auch so gibt es noch kurze Stellen mit dem Schwierigkeitsgrad II. Wer beim Ausstieg vom Zugangsweg, vom Sentier du Cabalet, ins Schwimmen kommt (nicht buchstäblich im Héric-Bach unten ...), sollte die Piste des Charbonniers nicht wählen und den Roc du Caroux von Norden angehen.

Ausgangspunkt: Le Verdier Haut, 200 m, oberhalb der D 908 durchs Orb-Tal; Abzweigung in La Trivalle Richtung Mons, dann rechts noch ca. 1 km weiter. Bus von Montpellier (Linie über Bédarieux und St-Pons nach Castres) bis La Trivalle, 170 m. Man kann auch in Mons, 250 m, starten; 15 Min. nach Le Verdier Haut.
Höhenunterschied: Rund 900 m.
Anforderungen: Schwieriger, sportlicher Aufstieg, mittelschwieriger bis leichter Abstieg.
Beste Jahreszeit: März bis November; nur bei trockenen Verhältnissen.
Einkehr und Unterkunft: In Pomarède: Gîte d'étape Raynal (très sympa), Tel. 04 67 95 80 42. In Mons: Gîte d'étape le Presbytère, Tel. 04 67 97 77 06. In Le Verdier Bas: Base de Plein Air, Tel. 04 67 97 72 80. Zeltplätze in Mons und Sévirac (Camping à la ferme, Tel. 04 67 95 68 15). Vgl. auch Tour 7, 8.
Varianten: 1. Von Le Verdier Haut, 200 m, geht es auf dem Sentier des Gardes über den Col de Bertouyre zum Refuge de Font Salesse, weiter zur Table d'orientation (vgl. Tour 7), über den Mont Caroux, 1091 m, nach Douch und durch die Gorges d'Héric zurück; 5 Std., knapp 1000 Höhenmeter, 15 km. 2. Schwieriger ist es, wenn man vom Col de Bertouyre auf der gleichnamigen Piste den Roc de Caroux besteigt, nordwärts zum Col de l'Airole absteigt und durch die ganzen Gorges d'Héric zurückkommt, wobei im unteren Teil der Sentier de Cabalet gewählt werden kann.
Tipp: Badevergnügen im Torrent d'Héric.
Karte und Wanderführer: Vgl. Tour 7.
Kombinationsmöglichkeit: Mit Tour 7 und 8.

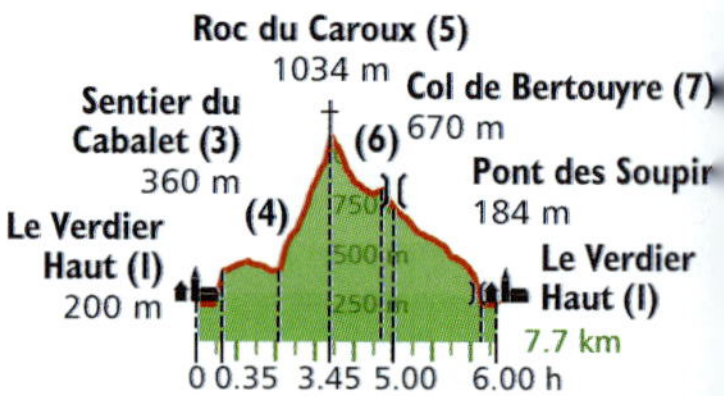

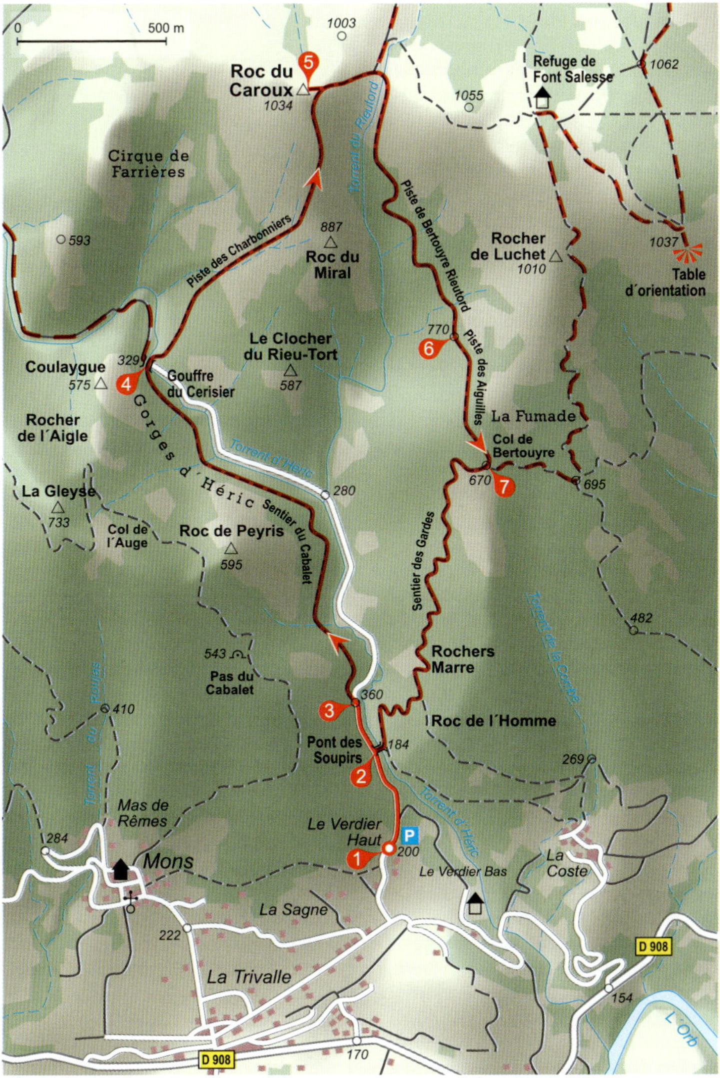
0
500 m
1003
Roc du Caroux
1034
1055
Refuge de Font Salesse
1062
Cirque de Farrières
Torrent du Rieutord
Piste de Bertouyre Rieutord
593
887
Roc du Miral
Piste des Charbonniers
Rocher de Luchet
1010
1037
Table d´orientation
770
Piste des Aiguilles
Le Clocher du Rieu-Tort
587
Coulaygue
575
329
Gouffre du Cerisier
La Fumade
Rocher de l´Aigle
Gorges d´Héric
Torrent d´Héric
Col de Bertouyre
670
695
La Gleyse
733
280
Col de l´Auge
Roc de Peyris
595
Sentier du Cabalet
Sentier des Gardes
Torrent de la Coste
482
543
Pas du Cabalet
Rochers Marre
Torrent du Roujas
410
360
Roc de l´Homme
Pont des Soupirs
184
269
Mas de Rêmes
Le Verdier Haut
200
284
Mons
Le Verdier Bas
La Coste
La Sagne
222
D 908
La Trivalle
154
L´Orb
D 908
170

Von **Le Verdier Haut (1)** nordwärts auf dem Teersträßchen in die Gorges d'Héric. Etwa 400 m nach dem Betonsteg **Pont des Soupirs (2)** – bevor das Schluchtsträßchen eine Rechtskurve beschreibt – zweigt links der rot markierte **Sentier du Cabalet (3)** ab. Dieser alte Weg (erst um 1930 wurde die Route durch den Schluchtgrund selbst erstellt) verläuft auf- und absteigend durch die westliche Schluchtflanke über drei Rippen sowie durch Bachrinnen hinweg. Gleich zu Beginn muss man außen etwas heikel um eine große Platte herumgehen, obwohl es nicht so aussieht. Auch am Schluss gilt es, mutig oberhalb des Wassers des Gouffre du Cerisier zu queren. Aber dann hat man sicher die Brücke, 329 m, über den Héric erreicht.

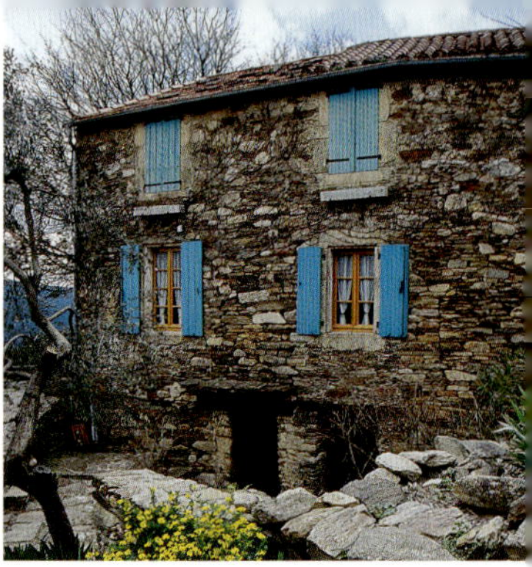

Farbige Idylle: traditionelles Steinhaus in St-Martin-de-l'Arçon.

Die **Piste des Charbonniers (4)** beginnt nun östlich davon. Über die Böschung und immer den gelben Markierungen und Steinmännern folgend durch den niederen Eichenwald. Über ein Flachstück, dann schräg links aufwärts (noch weiter links verläuft eine andere Route, die aber nur mit Steinmännern markiert ist). Zuletzt an einer Felswand entlang hinein in die Charbonniers-Rinne; letzter Umkehrpunkt bei ca. 480 m. Über Steine ans andere Ufer und leichte Kletterei über Platten, wobei man sich links vom Wasserlauf entfernt; eine Stelle mit Kette. Weiter steil bergan, rechter Hand durch eine feuchte Verschneidung, durchs Unterholz nach rechts auf eine Rippe und waagerecht zurück in den Couloirgrund. Wieder auf dem linken Ufer (in der Kletterrichtung) über Granitplatten aufwärts (mit zwei Ketten gesichert) und anschließend nach rechts zurück in den nun breiten Ravin des Charbonniers. In undeutlicher Routenführung ziemlich geradlinig aufwärts zur Kreuzung, ca. 670 m, mit der blau und rot markierten Piste des Aiguilles. Etwas rechts haltend den Aufstieg in der bewaldeten Charbonniers-Rinne fortsetzen; noch ein paar letzte vereinzelte gelbe Markierungen. Die Rinne teilt sich; den rechten Ast benützen (eine heikle Stelle über eine Platte). Kurz darauf wechselt man durch einen Felsspalt mit eingeklemmten Block in den linken Ast. Es folgen noch eine IIer-Kletterstelle sowie die vierte Kette (zum Glück), dann kann man tief durchatmen. In ziemlich gerader Linie hinauf, immer im steinigen Unterholz den Steinmännern folgend, zum »Ausstieg« am Fuß einer geneigten Felswand, ca. 860 m. Kurz ein paar Schritte hinab, dann Schräganstieg durchs Gebüsch und teilweise über Blockwerk – aber viel leichter als die Charbonniers-Rinne – bis fast zum Hauptgrat hinauf, wo die Pfadspuren nach rechts ziehen. Wir gehen hier aber nach links und verfolgen eine teils blau markierte Spur noch 5 bis 10 Minuten bis auf den **Roc du Caroux (5)**, 1034 m.

Der Abstieg erfolgt zuerst wie der Aufstieg, dann unterhalb des Hauptgrats auf mehr oder weniger deutlichem Pfad zum Torrent du Rieutord; bei der Verzweigung rechts und den Bach überschreiten. Auf dem linken Ufer zuerst weglos, dann auf einem Pfad (Piste Bertouyre Rieutord) nach vorne; er verliert sich aber schon bald wieder. Nur leicht absteigend auf einen Vorsprung mit Steinmann. Links in eine Mulde, durch Gebüsch abwärts und linker Hand bis zu einer Lücke; Steinmann (die Versuchung ist groß und falsch, weiter durch die Mulde abzusteigen!). An den Maurelle-Felswänden entlang im Eichenwald weglos, aber bequem absteigen. Wo große Blöcke den Weiterweg versperren, hält man sich rechts und stößt auf die rot markierte **Piste des Aiguilles (6)**, ca. 770 m. Auf dieser nach links; immer gut den Markierungen folgend schräg durch den Hang, der durch Rippen gegliedert ist, wobei jeweils Lücken ein Überwinden ermöglichen. So gelangt man in den **Col de Bertouyre (7)**, 670 m (auch Bartouyre geschrieben); Ende der Schwierigkeiten. Nach rechts und auf dem gelb markierten Sentier des Gardes durch die felsige Passage La Petite Suisse hinab zum **Pont des Soupirs (2)**. Über den Torrent d'Héric und zurück nach **Le Verdier Haut (1)**.

Die Senkrechte ist vorerst vorbei: Aussicht vom Roc du Caroux meerwärts.

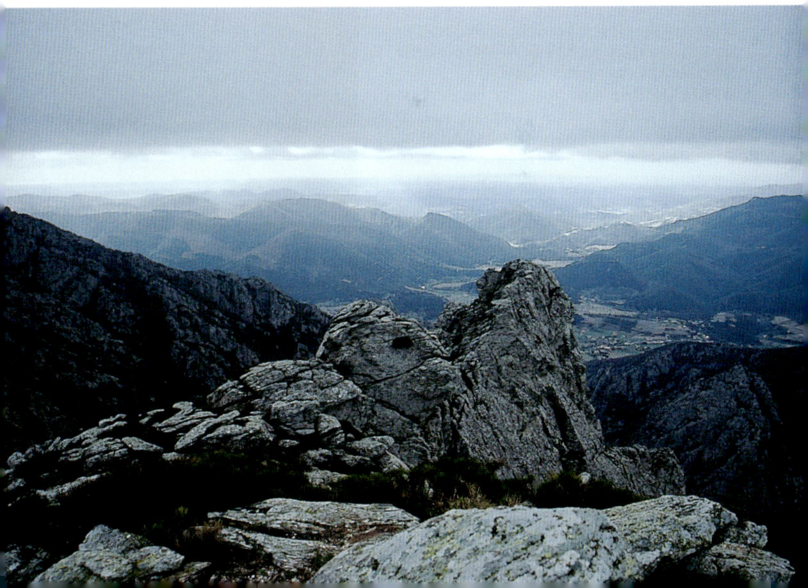

10 Pic de Nore, 1211 m

6.15 Std.

Höhepunkt der Montagne Noire: Wetterscheide und Aussichtswarte

Es gibt schönere Gipfel als den Pic de Nore, diesen südwestlichen Vorposten der Cevennen, an dem sich die Wolken ausregnen und so für stetigen Wassernachschub im Canal du Midi sorgen. Die rot-weiße Antenne oben auf dem höchsten Berg der Montagne Noire ist unübersehbar, die Straße über den Berg unüberhörbar. Und trotzdem lohnt sich eine Besteigung zu Fuß, weil man dann das Panorama über das Languedoc–Roussillon, vom Cap d'Agde bis zu den höchsten Pyrenäengipfeln, umso mehr schätzt. Und vielleicht auch deshalb, weil Pierre Méchain auf dem Pic de Nore 1795 und 1797 die Winkel gemessen hat, was 1806/1807 in zwei Bänden zur »Base du système métrique décimal ou mesure de l'arc du méridien entre Dunkerque et Barcelone« und so zur Bestimmung des Meters geführt hat.

Ausgangspunkt: Castans, Ortsteil Laviale, 652 m; von Carcassonne auf der D 620 nordostwärts, der D 612 durch die Gorges de la Clamoux und zuletzt auf der D 9 bis zum Parking de Cayak.
Höhenunterschied: 650 m.
Anforderungen: Leicht und lang, am Roc de Peyremaux braucht man die Hände; oft markiert (als GR bzw. als grün-gelbe oder gelbe »randonnée«).
Beste Jahreszeit: März bis November. Es kann schön kalt und windig sein in Pradelles und auf den Gipfeln oben. Im Sommer tanken die Bewohner von Carcassonne hier frische Luft, im Winter skaten sie über die Loipen.
Einkehr und Unterkunft: In Castans: Gîte d'étape, Tel. 04 68 26 63 65; chambre d'hôtes Marie Audirac, Tel. 04 68 26 16 46. In Pradelles-Cabardès: Camping municipal am See.
Varianten: 1. Start beim Zeltplatz am Lac de Pradelles: am südlichen Seeufer entlang auf ein Sträßchen und nordwärts ins Dorf; bei der Rückkehr nach der D 112 westwärts den Chemin des Glacières einschlagen und zurück zum See.
2. Boucle des Ruisseaux ab Castans, gelb markiert, 8 km, 2.30 Std. 3. Boucle du Quiersboutou, 837 m, ab Castans,

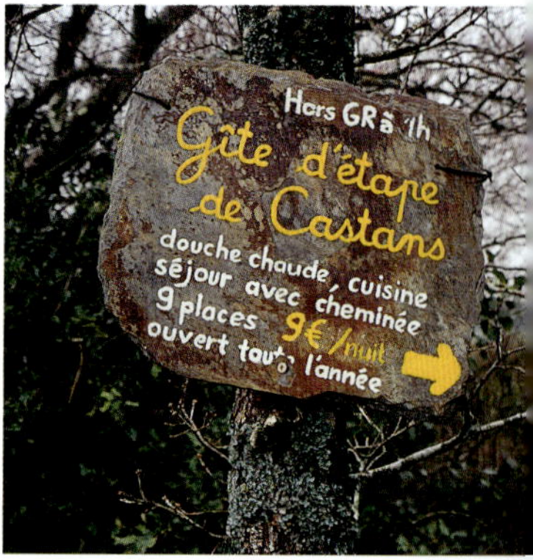

Gemütlich und günstig: Unterkunft in Castans.

gelb markiert, 10 km, 3.15 Std.
Tipp: Die Montagne Noire gehört zum Parc naturel régional du Haut-Languedoc, der sich über den Südrand der Cevennen erstreckt; der GR 7 traversiert dieses Mittelgebirge von l'Espérou bis St-Martin-Lalande am Canal du Midi.
Karte: IGN Top 25: 2344 ET Montagne Noire (Est) – Mazamet.

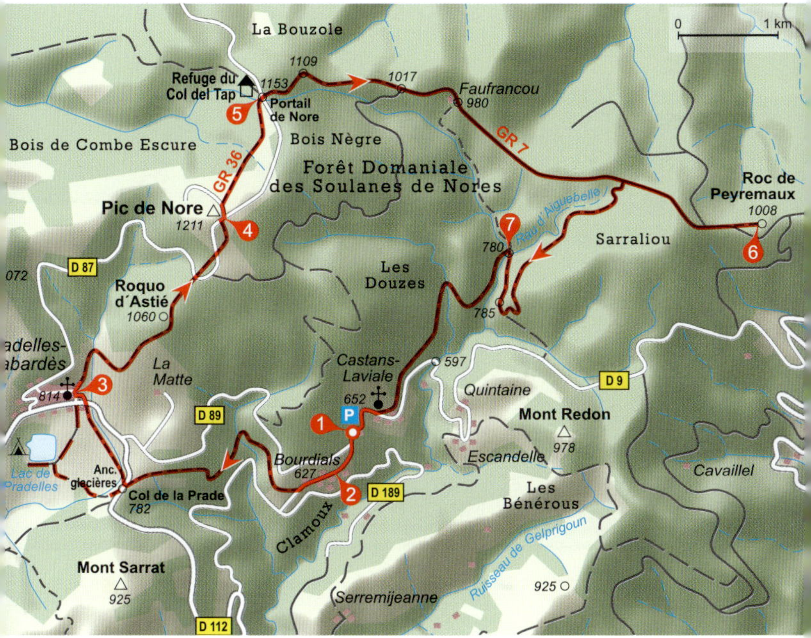

Vom Parking de Cayak in **Castans-Laviale (1)** südwestwärts auf der Teerstraße nach **Bourdials (2)**, 627 m. Am Westausgang der Siedlung zweigt der gelb-grün markierte Wanderweg rechts ab. An- und absteigend auf dem alten Verbindungsweg zum Ruisseau de Mulet und hinauf aufs Hochplateau von Pradelles. Weiter Richtung Westen, die D 112 queren, auf den GR 36 und nach rechts. An einer Glacière (Schacht zur Lagerung von Eis) vorbei und am Bach entlang nach **Pradelles-Cabardès (3)**, 814 m. Hinauf zur Kir-

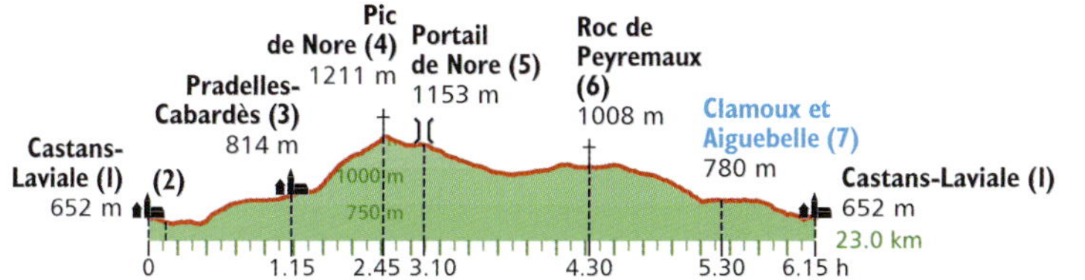

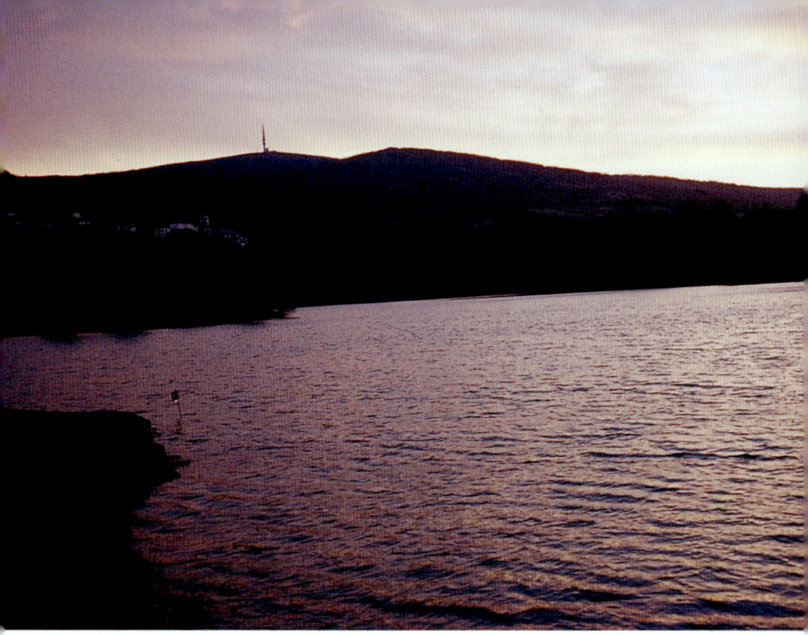

Morgenstimmung am Lac de Pradelles: Oben wartet unübersehbar der Pic de Nore.

che, hinein in eine Talmulde und schräg aufwärts zu dem steinigen Weg, der über den Südhang in ziemlich direkter Linie – meist im Wald, an den Felsen von Roquo d'Astié vorbei und die Straße zweimal kreuzend – auf den **Pic de Nore (4)**, 1211 m, führt. Östlich an der Antenne vorbei auf die Straße und auf dem GR 36 nordwärts über die Heide und am Waldrand entlang zum **Portail de Nore (5)**. Ostwärts auf dem GR 7 entlang dem bewaldeten Kamm – zuerst auf einem Schotterweg, später auf einem Waldsträßchen, meist absteigend mit leichten Gegensteigungen – zum **Roc de Peyremaux (6)**, 1008 m; er wird auf einem Pfad und zuletzt über abgerundete Granitblöcke erreicht. Auf dem Hinweg 1,5 km zurück bis zum Schild »Route Forestière de Peyremaux«; dort nach links, dann rechts in einen Weg mit Barriere (gelb-grün markiert) und kurz darauf erneut nach rechts abbiegen. Flankenwanderung durchs Tal des Ruisseau d'Aiguebelle. Unterhalb von Ruinen nach rechts auf einen Weg, diesen aber schon bald nach links verlassen und hinab zum wildromantischen **Zusammenfluss von Clamoux und Aiguebelle (7)**. Auf alten Bergbauernwegen in leichtem Auf und Ab zu einem Teersträßchen. Links nochmals den alten Weg nehmend nach **Castans-Laviale (1)** und durchs Dorf hinauf zum Parkplatz.

3.45 Std.

Roc de l'Aigle, 685 m – Roc d'Agnel, 585 m

11

Frische Luft statt Grottenduft

In der Südabdachung des Pic de Nore, des höchsten Gipfels der Montagne Noire, gibt es zahlreiche Höhlen. Die touristisch bekannteste heißt Gouffre Géant de Cabrespine, eine gigantische Tropfsteinhöhle. Wer lieber draußen statt drinnen umherwandert, macht eine Rundwanderung vom kleinen Dorf Trassanel aus, das bei Höhlenforschern einen guten Klang hat, weil sich hier eine Base de Spéléologie befindet. Auf der knackigen, markierten Gipfeltour bewegen wir uns auf wilden Wegen grad an der Grenze zwischen Wein und Weide; der höchste Punkt hat keinen Namen, die Bachgräben, die wir queren, jedoch schon.

Ausgangs- und Endpunkt: Trassanel, 442 m; von Carcassone nordostwärts auf den D 620, 112 und 712 über Villalier und Villeneuve-Minvervois.
Höhenunterschied: Rund 600 m.
Anforderung: Gelb markiert, außer der Abstecher zum Roc d'Agnel, wo man kurz die Hände braucht. Steinige Pfade.
Beste Jahreszeit: Immer. Im Sommer zu heiß.
Einkehr und Unterkunft: In Caunes-Minervois: Hôtel d'Alibert, Tel. 04 68 78 00 54. In Villeneuve-Minervois: Gîte d'étape Michèle Monié, Tel. 04 68 11 40 70. In Villardonnel: Chambres d'hôtes Domaine de La Calm, Tel. 04 68 26 52 13. In Lastours: Restaurants und Zeltplatz. In Cabrespine: Chambres d'hôtes L'Olivette, Tel. 04 68 26 19 25.
Variante: Start im Dord Cabrespine, 316 m, an der Zufahrt zum Pic de Nore (vgl. Tour 10) oder westlich oberhalb davon beim Parkplatz, ca. 420 m, für den Gouffre Géant de Cabrespine. Die Höhle kann mit einer Führung besichtigt werden, im Dezember und Januar geschlossen, Tel. 04 68 26 14 22, 04 68 26 14 20, www.grandes-grottes-de-france.com. Vom Parkplatz erreicht man in 20 Min. den Sattel nordwestlich der Kuppe, 557 m, und die Hauptroute.
Tipp: Die vier hintereinander gestaffelten Châteaux de Lastours stehen unver-

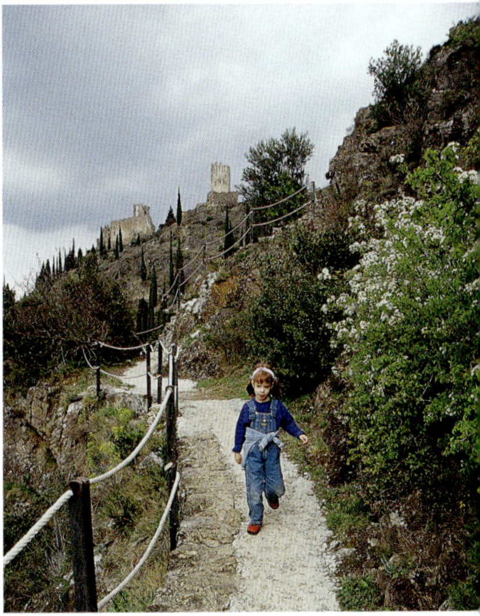

Sicherer Pfad, auch für »Burgfräuleins«: Touristenpfad zu den Lastours-Burgen.

gleichlich kühn auf einer zypressenbewehrten Krete mitten im Orbiel-Tal und bilden so ein touristisches Must am Fuß der Montagne Noire. Die gebührenpflich-

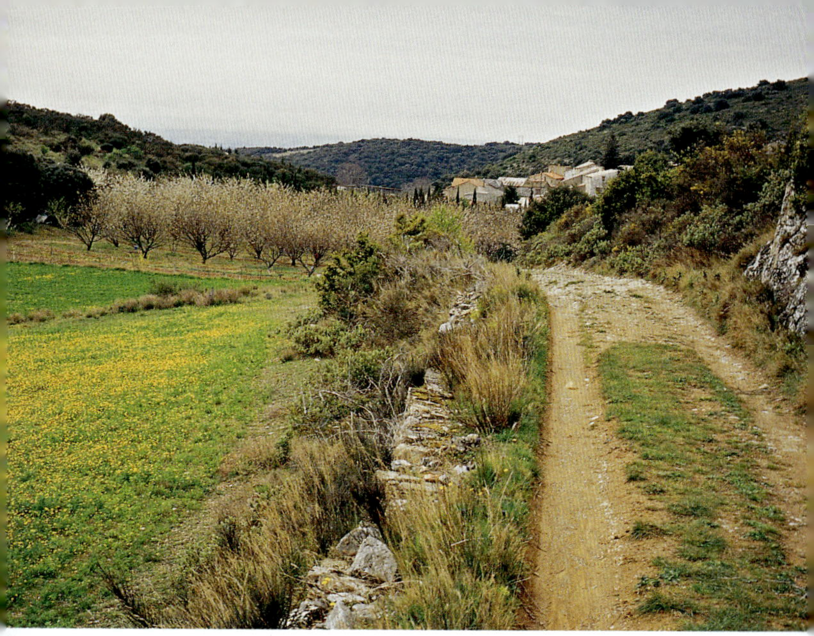

Nicht immer sind alle Wege so breit: am Dorfrand von Trassanel.

tige Besichtigung beginnt bei der Fabrique Rabier, der ehemaligen Tuchfabrik am Nordrand des Dorfes Lastours, 200 m; Öffnungszeit Feb., März, Nov., Dez., an Wochenenden und in den Schulferien 10–17 Uhr, April, Mai, Juni, Sept., Okt. täglich 10–17 Uhr., Juli, Aug. 9–20 Uhr, Jan. geschlossen. Die Burgen Quertinheux, Surdespine, 328 m, Régine und Cabaret werden nacheinander auf guten Zugangs- und Verbindungswegen besucht und wo möglich bestiegen; Dauer ca. 1 Std.

Karte: IGN Top 25: 2344 ET Montagne Noire (Est) – Mazamet; IGN série bleue: 2345 E Carcassone.

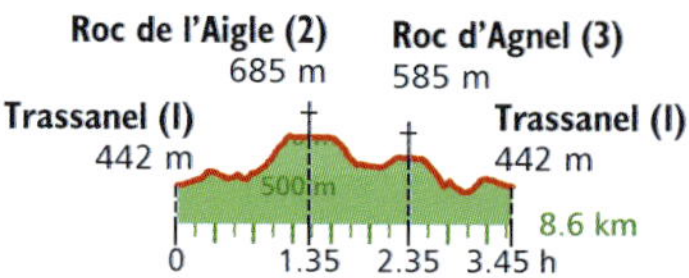

Vom Parkplatz südlich von **Trassanel (1)** hinein ins Dorf und ostwärts auf einem Feldweg in einen weitläufigen Sattel, 483 m, mit einem Denkmal zur Erinnerung an die Résistance von 1944. Hier nach links, kurz ansteigen, Querung einer Flanke und hinab ins Bachbett Ravin de Laure, ca. 450 m. Ost-, nord- und wieder ostwärts in Flanken, den Ravin de Matte Arnaude ab- und aufsteigend querend, in einen breiten Sattel, ca. 510 m; hierher kommt man vom Roc de l'Aigle zurück. Nordwärts hinauf zu einem namenlosen

Gipfel, 700 m, und ostwärts über den Grat ab- und aufsteigend auf den **Roc de l'Aigle (2)**, 685 m, hoch oberhalb der Gorges de la Clamoux und Cabrespine. Über den namenlosen Gipfel zurück in den breiten SatTel. Nun aber ab- und aufsteigend Richtung Gouffre Géant de Cabrespine, bei der Verzweigung rechts (links geht's zur Höhle) und auf eine Kuppe, 557 m. Abstecher auf markierungslosem Weg südostwärts auf den **Roc d'Agnel (3)**, 585 m. Zurück zur Kuppe und wieder auf dem markierten Weg hinunter zu einer Grotte und zum Ravin d'Escoles, 404 m, hinauf zur Grotte du Maquis, ca. 450 m, schräg absteigend zum Zusammenfluss, ca. 390 m, von Ravin de Matte Arnaude und Ravin de Laure, dann in Serpentinen hoch zum Denkmal-Sattel. Wie am Beginn der Wanderung zurück nach **Trassanel (1)**.

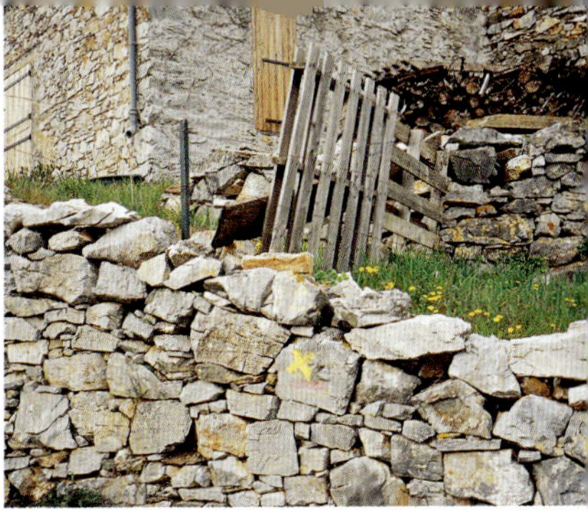

Mit Markierung: Steinmauer in Trassanel.

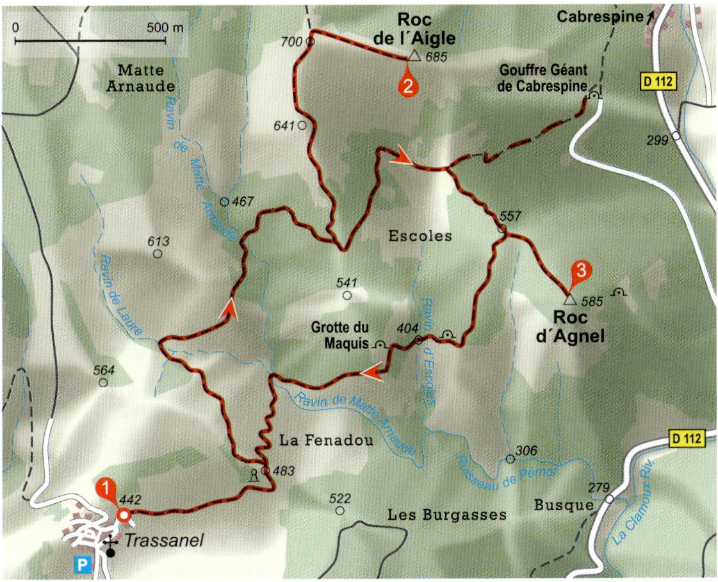

12 Carcassonne La Cité

1.30 Std.

Eine der meistbesuchten Sehenswürdigkeiten Europas

Rom ohne einen Besuch des Petersdoms, Paris ohne Tour Eiffel, San Francisco ohne Golden Gate Bridge – undenkbar. Languedoc–Roussillon ohne Carcassonne und seine mittelalterliche Festung und Altstadt ebenfalls. Walt Disney wählte die Cité als Vorlage für sein Dornröschenschloss. Es wimmelt also von Prinzen in den Gassen, Restaurants, Souvenirläden und Buchhandlungen. Von Prinzessinnen auch. Aber wer den Weg zwischen den Mauern mit ihren 56 Türmen abschreitet oder gar den Geheimpfad außen herum wählt, ist plötzlich alleine mit dem jahrhundertealten Bau- und Kunstwerk, das seit 1997 Teil des UNESCO-Weltkulturerbes ist. So unvergleichlich kann Stadtwandern sein.

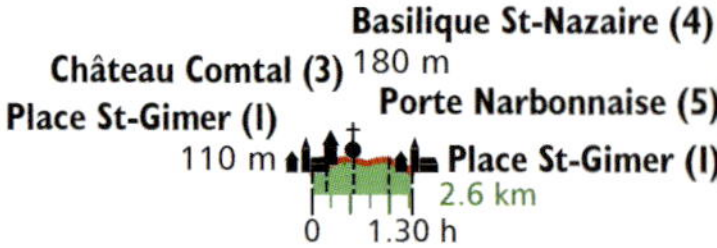

Ausgangspunkt: Carcassonne, 110 m. Wer mit dem eigenen Fahrzeug kommt, parkt dieses auf der Place St-Gimer bei der gleichnamigen Kirche am Westfuß der Cité (Zufahrt durch die Route de St-Hilaire). Vom Hauptbahnhof geht man genau südwärts durch die Ville Basse (Fußgängerzone) bis zur Querstraße Rue Aimé Ramond, dort nach links, an ihrem Ende halb rechts zum Pont Vieux, der ältesten Brücke der Stadt über die Aude (erbaut 1250) mit tollem Blick auf die Festung. Zuletzt rechts haltend durch die Rue Barbacane zur Eglise St-Gimer (25 Min.).
Höhenunterschied: 100 m oder mehr, je nach Besteigungen der Türme.
Anforderungen: Keine.
Beste Jahreszeit: Immer. Am schönsten am 14. Juli, wenn die ganze mittelalterliche Stadt erstrahlt.
Einkehr: In der Cité auf Schritt und Tritt.
Unterkunft: Viele Möglichkeiten, in der Cité z.B. Le Donjon, Tel. 04 68 11 23 00; Auberge de Jeunesse, Tel. 04 68 25 23 16. Camping de la Cité, Tel. 04 68 10 01 00 (Anfahrt über die Route de St-Hilaire, in Sichtweite der Festung, mit idyllischem Zugang entlang einem Kanal).
Variante: Wanderung entlang der Aude. Vom Pont Vieux immer auf dem nördlichen Ufer, so nah wie möglich beim Wasser, teils auf schmalen Pfaden. Über den Pont du Garigliano und gleich wieder hinab. Auf dem rechten Aude-Ufer zurück, von der Païcherou-Staumauer an einem Kanal entlang, am Camping de la Cité vorbei. Schließlich über den Kanal und durch eine Parkanlage zurück zur Aude und zum Pont Vieux; oder dem Wegweiser »Accès piétons« folgend hinauf zur Cité – ein origineller Zustieg; 1½ Std.
Hinweis: Öffnungszeiten des Château Comtal in der Cité: täglich Juni bis Sept. 9:30–19:30 Uhr, Okt. bis Mai 9:30–17 Uhr.
Karte: Stadtplan von Carcassonne.

Es sind verschiedene Rundwanderungen durch die Cité möglich. Wir schlagen folgende vor: Von der **Place St-Gimer (1)** hinauf zur Cité und durch die **Porte d'Aude (2)** hinein. Nach links zum **Château Comtal (3)**. Der Besuch

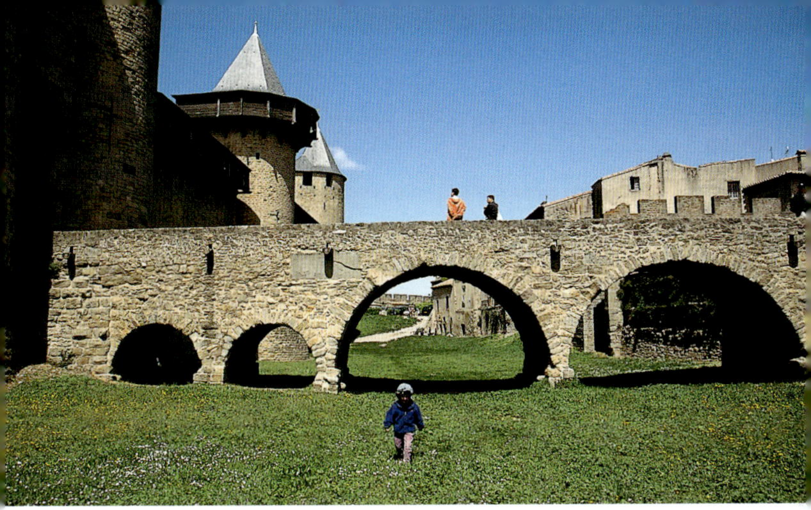

Abseits ausgetrampelter Pfade durch Carcassonne: Château Comtal mit Zugangsbrücke.

ist gebührenpflichtig, z.T. mit Besichtigung des inneren Mauerrings; eine kürzere und eine längere Führung werden angeboten. Anschließend Bummel durch die Gassen der Altstadt, eventuell mit Besichtigung der **Basilique St-Nazaire (4)**. Dann folgt die klassische Rundwanderung zwischen den beiden Mauerringen, wobei oft auf der äußeren Mauer gegangen werden kann; Verhauer sind gut möglich, aber nicht weiter störend. Diese Rundtour kann vielerorts begonnen und abgebrochen werden. Am Schluss gehen wir außen herum, wenigstens um die nördliche Hälfte der Festung; das südöstliche Viertel dient als Parkplatz. Also: Raus aus der **Porte Narbonnaise (5)** und nach links, über den Erdwall beim Wassergraben, immer auf einem Pfad, der zuletzt aussichtsreich durch eine Wiese unter der Mauer verläuft und dann steil zur **Eglise und Place St-Gimer (1)** absinkt – Carcassonne abseits der Touristenströme.

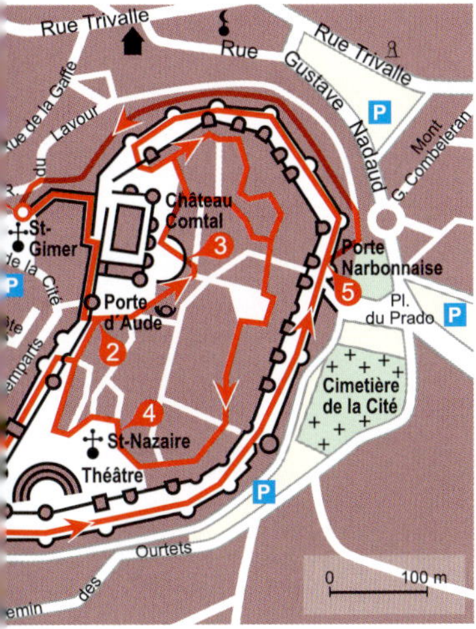

TOP **13**

Ponts naturels – Gorges de la Cesse

3.15 Std.

Schluchtwandern unterirdisch: die wenig bekannte Seite von Minerve

»Ein Bug aus verbranntem Stein strandet im Blau des Himmels wie die Arche der Sintflut auf dem Gebirgsvorsprung eines Plateaus, das am Rand des von Cesse und Briant geschaffenen Steilabfalls auf der Kippe steht. Ein Dorf, das über eine Wüste von Gestrüpp und Steinen herrscht, die von Schluchten zerschnitten, von Grotten durchlöchert und mit Dolmen und Bauernhöfen besät ist.« So besingt Maurice Chavuet in seinen »Itinéraires aux Pays d'Oc« (1947) das Dorf Minerve und seine unvergleichliche Lage. Und genau so sind auch die beiden hier vorgestellten Wanderungen. Sie folgen den Spuren der Zeit, den geologischen (die Schichtung an den Schluchtwänden, die kathedralenähnlichen Tunnels, welche das Wasser gebohrt hat) und den geschichtlichen (die steinzeitlichen Dolmen, das Katharerdorf Minerve). Der Name übrigens stammt aus dem Keltischen und bedeutet »befestigter Felsen« – passt perfekt.

Ausgangspunkt: Minerve, 193 m; 11 km nördlich von Olonzac und der D 5 (Béziers – Carcassonne). Aus dem Norden von St-Pons-de-Thomières auf der D 907 und zuletzt auf der D 10. Parkplatz nordwestlich oberhalb des Dorfes.
Höhenunterschied: 250 m.

Anforderungen: Meist weglos und unmarkiert durch die Cesse-Schlucht mit dem gerölligen, trockenen Flussbett bis zur Moulin d'Azam. Wenn der Wasserstand zu kleineren Umwegen zwingt, beim zweiten Pont naturel sowie vor der Mühle, muss man über Felsen und

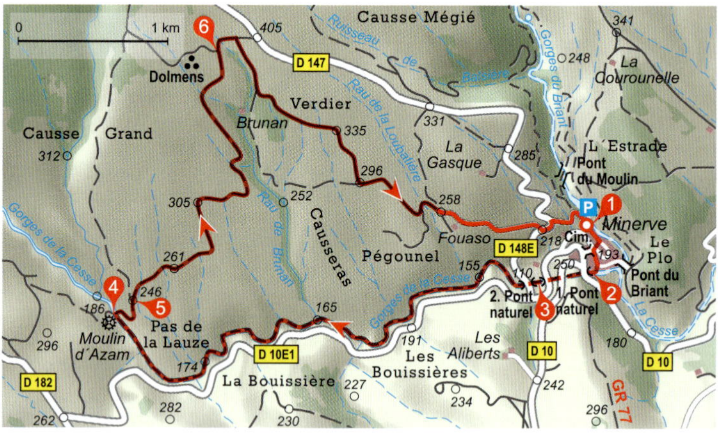

durchs Gebüsch am Wasserrand balancieren. Der Rückweg von der Mühle zurück ins Dorf ist leicht: meist breite Wege, mit grünen Pfosten markiert. Taschenlampe nicht nötig. Lange Hosen wegen des Gebüschs, evtl. Trekkingsandalen. Bei Hochwassergefahr nicht begehbar!

Beste Jahreszeit: Immer, im Hochsommer (zu) heiß; nur bei tiefem Wasserstand – der dorfnahe Tunnel muss gut passierbar sein, der zweite kann umgangen werden. Am schönsten im April, wenn die gelbroten Tulpen, die weißen Affodills, die blauen und gelben Iris blühen und das Wasser nicht hoch ist.

Einkehr: In Minerve; Weinhandlungen im Dorf.

Unterkunft: In Minerve: Relais Chantovent, Tel. 04 68 91 14 18. Bastides les Aliberts etwas außerhalb des Dorfes (in der Saison leider nur Wochenmiete), Tel. 04 68 91 81 72. In Olonzac: Maison d'Hôtes Le Voyageur Immobile, Tel. 07 89 51 28 42 (sehr »sympa«). In Homps: Auberge de l'Arbousier, Tel. 04 68 91 11 24. In La Caunette: Le Picou, Tel. 04 68 91 21 30.

Variante: Umgehungsmöglichkeit für den zweiten, kürzeren Pont naturel: Gleich nach dem ersten, dorfnahen Tunnel rechts hinauf auf einen Weg. Zuletzt über Treppen zu einem Sträßchen. Nicht links zum Friedhof hinab, sondern rechts auf der Straße weiter und kurz darauf wieder rechts auf der D 10E1 (schöne Blicke in den Schluchtgrund zwischen den beiden Naturbrücken). Nach einer Brücke verzweigt sich die Straße: nach rechts und gleich wieder links in einen Weg einbiegen, der durch Ginster zum Westausgang des zweiten Tunnels absinkt. Oberhalb des Wassers links haltend auf einer Wegspur durch das Gebüsch, dann über eine kurze Steilstufe hinunter in den Schluchtgrund.

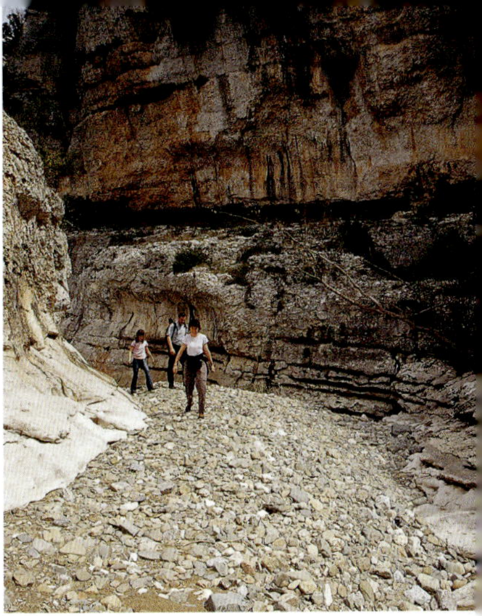

Trockenes Flussbett in der Cesse-Schlucht.

Tipp: Musée Hurepel: Ausstellung über die Katharer; Musée d'Archéologie et de Paléontologie (beide Museen März bis November geöffnet). – Am ersten Sonntag im August findet im trockenen Flussbett das Fest »Minerve au coeur de la Pierre« statt (Musik, Tanz, Festessen und Weinproben) – ein einmaliges Spektakel in einer großartigen Szenerie; Auskunft unter Tel. 04 68 91 12 52. – Oberhalb des Moulin d'Azam werden die Wände der Gorges de la Cesse höher – und kletterbar; mehr dazu im Führer »Escalade en Minervois«.

Karte: IGN Top 25: 2444 ET Somail – Minervois.

Kombinationsmöglichkeit: Mit Tour 14.

Vom Parkplatz hinab ins Dorf **Minerve (1)**, am stehen gebliebenen Schlossturm La Candela vorbei. Durch Gässchen weiter abwärts und unter einem Bogen hindurch zum Südtor. Hinab ins Flussbett, nach rechts zum **ersten Pont naturel (2)** und hindurch (250 m lang); je nach Wasserstand muss man von Stein zu Stein springen. Durch Ginstersträucher im Schluchtgrund weiter zum **zweiten Flusstunnel (3)**, 110 m lang. Anschließend ein-

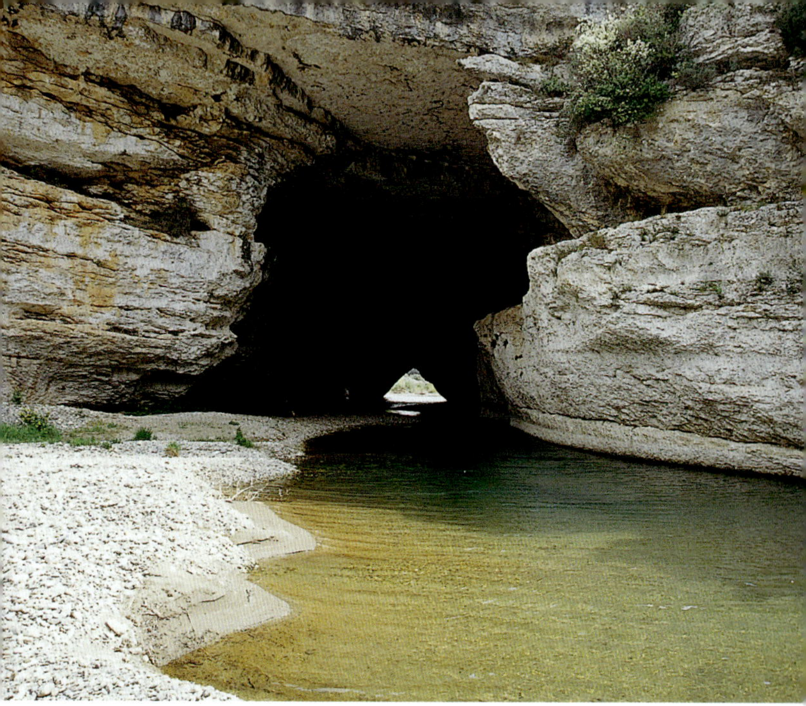

Der zweite, kürzere Flusstunnel von Minerve: Bei diesem Wasserstand ist die Umgehung angeraten.

fach 3,5 km schluchtaufwärts, zuerst noch auf einem Pfad, dann weglos über Steine, vor der Mühle eventuell einigen Wasserstellen ausweichend. An der engsten Stelle sind die gewundenen Gorges de la Cesse nur 10 m breit. Gegenüber der **Moulin d'Azam (4)**, 186 m, steigt der Wanderweg durch die Schluchtflanke auf die **Causse-Hochebene (5)** hinauf. In allgemein nördlicher Richtung auf guten Wegen durchs Gestrüpp bis auf rund 400 m ansteigen; hier verstecken sich drei **Dolmen (6)**, 4000 Jahre alte Steingräber.

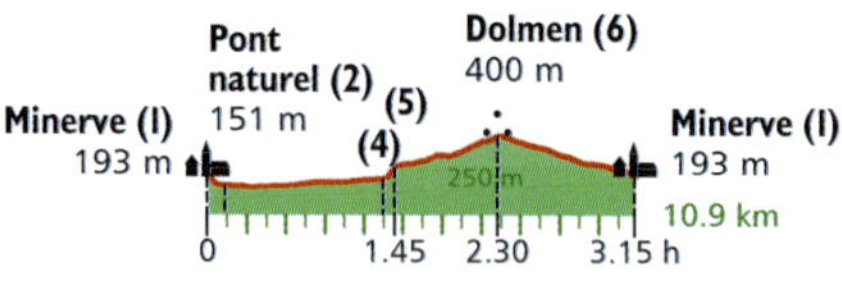

Noch vor der Landstraße D 147 beginnt der Weg sanft gegen Minerve abzusinken, wobei er zweimal an einer Sekundärschlucht vorbeikommt. Schließlich erreicht man den Parkplatz nördlich des Dorfes **Minerve (1)**.

2.15 Std.

Gorges du Briant – Pont de Daniel

14 TOP

Schluchtwandern mit oder ohne Gestrüpp

Ein schrecklicher Tag für Minerve: Am 22. Juli 1210 wurden 140 Katharer auf einem riesigen Scheiterhaufen verbrannt. Sie weigerten sich, ihrem Glauben abzusagen. Wochenlang hatten sie der Belagerung getrotzt, doch die Angreifer zerstörten mit ihren Steinschleudern die einzige Wasserstelle. Eine Nachbildung dieser mittelalterlichen Waffe steht am Rande der Briant-Schlucht. Diese Wanderung führt uns auch zu einer kirchenähnlichen Pumpstation und zum Pont de Moglin. Wasser und Stein: das Schicksal von Minerve.

Ausgangspunkt: Minerve, 193 m; vgl. Tour 13.
Höhenunterschied: Rund 250 m.
Anforderungen: Zwei Viertel Orientierungssinn, ein Viertel Trittsicher- und Schwindelfreiheit, sowie ein Viertel Muscat de Saint-Jean-de-Minvervois, um in der Pizzeria bei der Hochbrücke auf die Wanderung anzustoßen. Beim zweiten Glas fragen wir nicht mehr danach, ob man den Fluss Briant nun so schreibt (wie die IGN) oder Brian, wie in örtlichen Anschriften und Karten.
Beste Jahreszeit: Immer. Aber sehr heiß im Sommer.

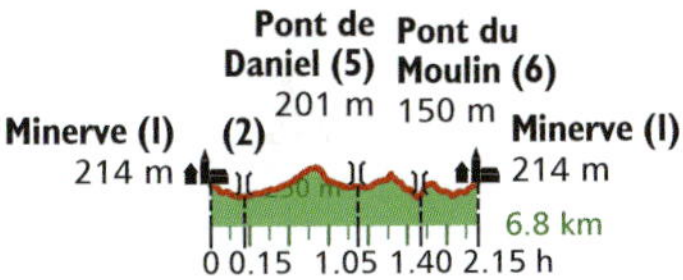

Einkehr und Unterkunft: Vgl. Tour 13.
Variante: Ohne Abstecher zum Pont de Daniel; Zeitgewinn gut 30 Min.
Karte: IGN Top 25: 2444 ET Somail – Minervois.
Kombinationsmöglichkeit: Mit Tour 13.

Blick durch die Briant-Schlucht auf Minerve.

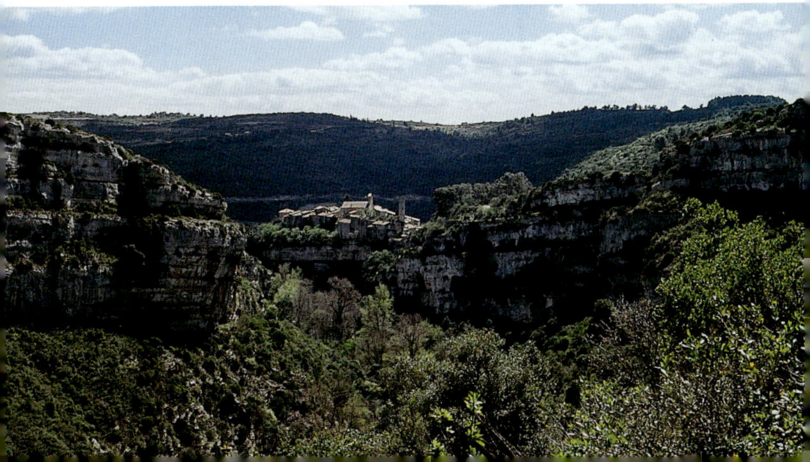

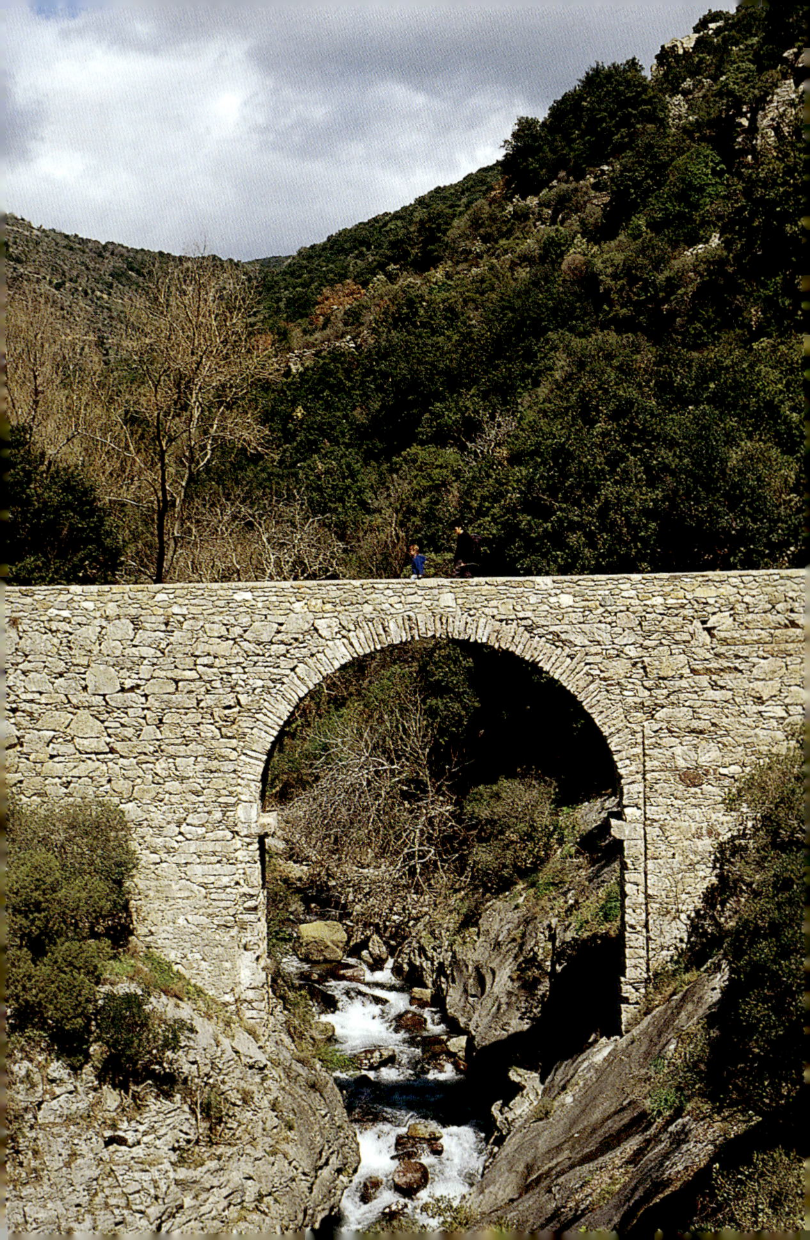

Vom **Parkplatz (1)** hinab ins Dorf **Minerve**, durchs Gässchen abwärts und unter einem Bogen hindurch zum Südtor. Hinab zum Flussbett und nach links; an der Cesse entlang zur Einmündung des Briant. Auf einem **Steg (2)**, ca. 150 m, über den Briant und auf einem steilen, steinigen Weg aufs Plateau hinauf und nach links zur Nachbildung der Steinschleuder, ca. 180 m. Nun dem Fahrweg folgen, der westlich von Rebbergen mehr oder weniger den Rand der Briant-Schlucht begleitet; kleine Pfade ermöglichten es streckenweise, ganz nahe der Abbruchkante zu gehen (Vorsicht!). Man kommt schließlich zu einer **Kreuzung (3)**, 297 m, mit Fahr- und Fußwegen. Hier links abbiegen und westwärts zuerst flach, dann steiler hinab zu einem **Geröllplatz (4)**, 266 m, mit Steinmännern. Westwärts weiter, dann schluchteinwärts; bei einer Wegverzweigung links und weiter zum **Pont de Daniel (5)**, 201 m. Der Rückweg auf der rechten Schluchtseite ist wegen Felssturzgefahr leider gesperrt. Also zurück zum **Geröllplatz (4)**. Nun aber rechts haltend auf geröllігem Pfad weiter, bald schon absteigend. Den links abzweigenden, steil ansteigenden Pfad nicht nehmen (er führt zum atemberaubenden Bandweg, der sich, zu Beginn an einem eigentlich sehr sehenswerten Höhlenhaus vorbei, durch die ganze linke Wand der Gorges du Briant bis zum Pont du Briant absenkt und der leider gesperrt wurde). Man kommt, geradeaus gehend, zu einer weiteren Verzweigung – hier nach links. Nun geht der Weg unterhalb der oberen, kompakten Schluchtwand, anfänglich aber auch oberhalb von Abbrüchen, durch die dichte Garrigue zum **Pont du Moulin (4)** hinab, ca. 150 m. Nach der Brücke etwas ansteigen und nach links. Auf dem Weg unter dem Sporn, auf dem Minerve liegt, zum **Steg (2)** über den Briant, kurz bevor dieser in die Cesse mündet. Kurz darauf rechts abzweigen, durch einen Torbogen hindurch und hinauf ins Dorf **Minerve (1)**.

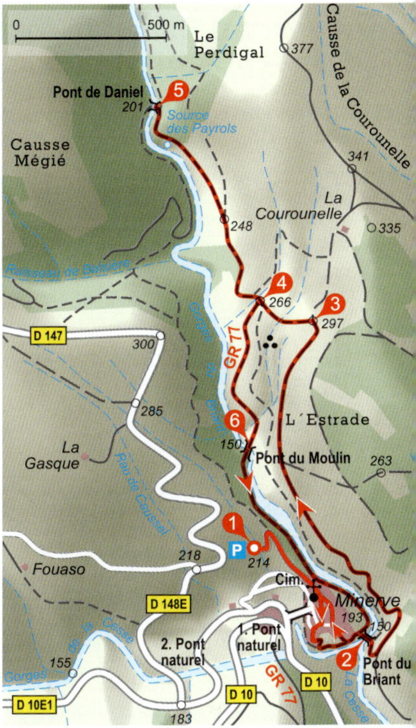

Auf dem Pont de Daniel – Umkehrpunkt der Schluchttour.

15 Notre-Dame de Nazareth und die Rebberge von Saint-Chinian

2.30 Std.

Auf den heiligen (Wein)berg des Weinbauerndorfes

Saint-Chinian gehört zu den bekannteren Weinen des Languedoc mit dem Gütesiegel A.O.C. (Appellation d'Origine Contrôlée). Wo und wie er gedeiht, erleben wir auf Schritt und Tritt. Wir gehen einfach zum Dorf hinaus, und schon wandern wir auf Feldwegen, Weinsträßchen und gar einem Kreuzweg. Unweit der Kapelle gelangen wir auf einen Berg, der leicht an die Montagne Sainte-Victoire von Cézanne erinnert. Unterwegs laden zahlreiche Plätze zum Picknick ein. Deshalb kaufen wir uns vor der Weintour im Maison des Vins am besten einen eiskalten Rosé. A votre santé!

Ausgangspunkt: St-Chinian, 119 m, an der N 112 von Béziers nach St-Pons-de-Thomières. Bus von Béziers.
Höhenunterschied: 230 m.
Anforderungen: Keine. Gut grün markiert.
Beste Jahreszeit: Toujours. Bei starken Regenfällen können die beiden Furten schlecht passierbar sein.
Einkehr und Unterkunft: Hotel in St-Chinian: Le Pressoir, Tel. 04 67 38 18 60.
Varianten: Weitere Rundwanderungen ab St-Chinian sind beschrieben im Topoguide des sentiers de randonnée »Balades en Terres d'Orb«.
Tipp: Maison des Vins an der Avenue de la Promenade in St-Chinian, offen Okt. bis April Mo bis Fr 9–12 und 14–18.30 Uhr sowie Sa 9–12 Uhr; Mai bis Sept. Mo bis Sa 9–12 und 14–18.30 Uhr; im Juli und August auch So 10–13 Uhr; an Feiertagen geschlossen; Tel. 04 67 38 11 69, www.saint-chinian.pro.
Karte: IGN série bleue: 2544 O St-Chinian.

Ein guter Tropfen: Schönwetterwolken über den Rebbergen und der Montagne Notre-Dame de Nazareth.

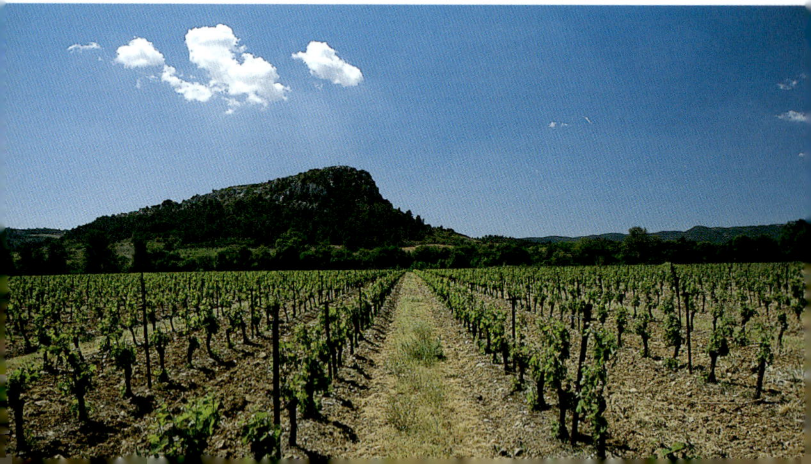

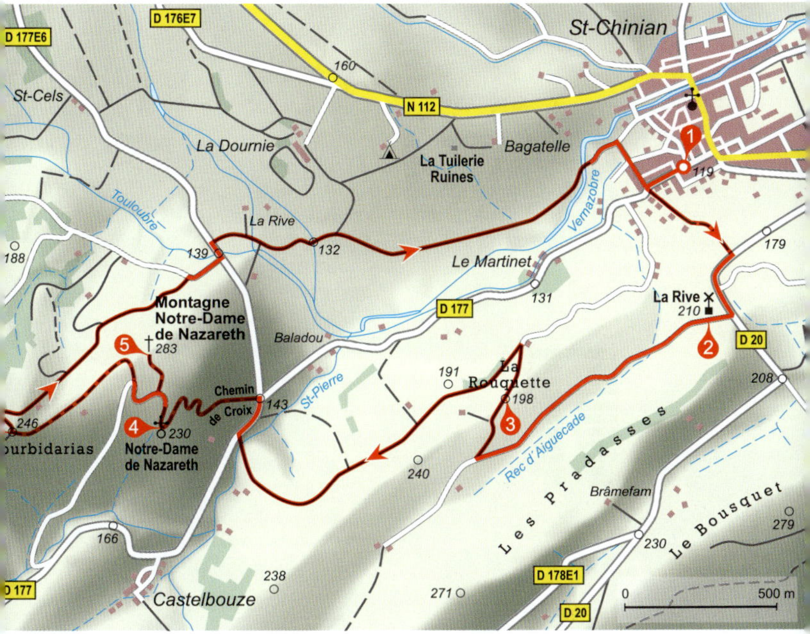

Vom großen Platz in der Südwestecke des Dorfes **St-Chinian (1)** durch die Avenue d'Assignan kurz westwärts, dann links auf einem Sträßchen und einem Fußweg ziemlich steil hinauf zur D 20. Auf ihr um eine Kurve herum und rechts ins Sträßchen einbiegen, das zur **Windmühle (2)**, ca. 210 m, führt. In der gleichen Richtung weiter über eine Hochfläche. Nach gut 1 km scharf rechts, schräg hinab durch die Hänge von **La Rouquette (3)** und wieder links. Auf einem Feldweg hinab zu einem Bach (Furt) und hinauf zur D 177. Auf ihr nach rechts zur Straßenkreuzung, 143 m. Nun links und auf dem Kreuzweg wunderschön hinauf zur Kapelle **Notre-Dame de Nazareth (4)**, ca. 230 m. Auf dem betonierten Sträßchen bergan; wo es einen Weinberg berührt, verlässt man es (und die Wanderroute) und folgt den Reben, bis links ein mit Steinmännern markierter Pfad abzweigt. Er führt zum

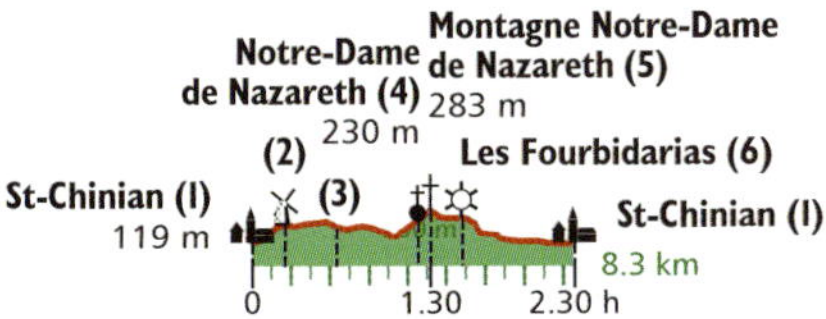

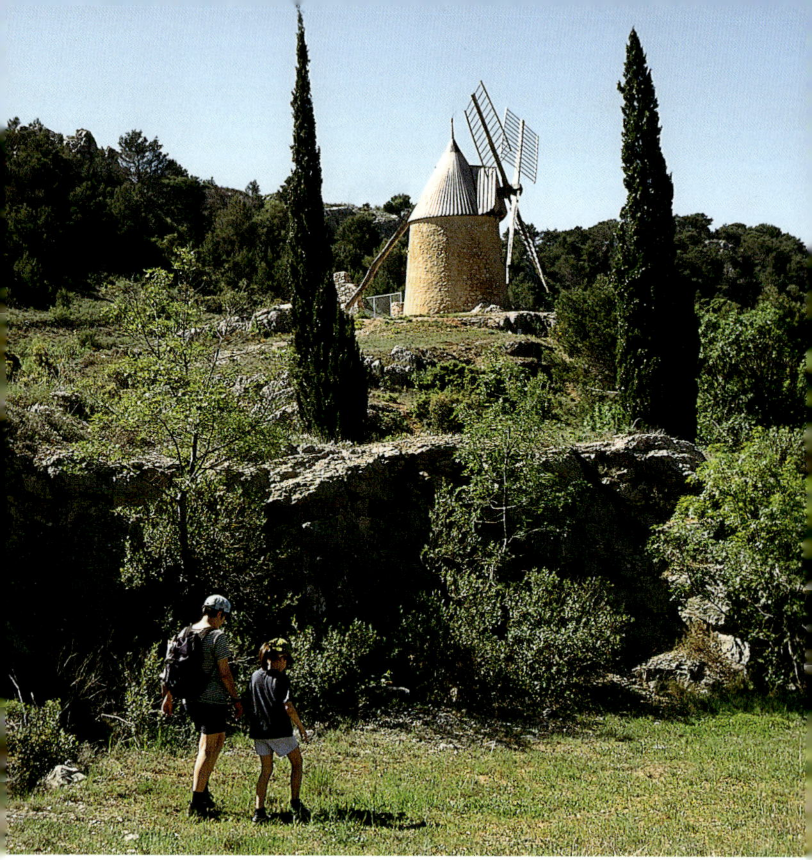

Bei der Mühle oberhalb von St-Chinian: Abwechslung am Wanderweg.

Gipfelkreuz der **Montagne Notre-Dame de Nazareth (5)**, 283 m. Zurück aufs Sträßchen, hinauf in einen Durchgang zwischen Felsen und hinab zur Haarnadelkurve. Nun rechts weg und auf einem Weg über einen Kamm nach **Les Fourbidarias (6)**. Wieder rechts und auf Feldwegen hinab in die Ebene zur D 177E6, 139 m. Nach links, über ein Flüsschen und nach rechts zur alten Mühle la Rive. Auf einem Metallsteg über den Vernazobre und auf dem Teersträßchen flach durch die Weinberge nach St-Chinian; zuletzt den Vernazobre überqueren (Furt) und durch die Rue de la Digue zurück zum Startplatz in **St-Chinian (1)**.

3.45 Std.

Canal du Midi

16 TOP

An beeindruckenden Bauten vorbei in die Vaterstadt des Kanalerbauers

Was für ein Werk: 15 Jahre lang schaufelten insgesamt 12.000 Arbeiter den 241 Kilometer langen Kanal von Toulouse über die Wasserscheide hinweg ins Bassin de Thau bei Sète, bauten 328 Kunstwerke (Brücken, Schleusen, Tunnels, aber auch Staumauern und Aquädukte, um die stetige Wasserzufuhr aus der Montagne Noire in den Kanal zu gewährleisten), setzten 45.000 Platanen und Zypressen entlang der Wasserstraße, auf der Schiffe vom Mittelmeer zum Atlantik fahren. Und entlang der wir staunend nach Béziers wandern, wo Pierre Paul Riquet geboren wurde. Der Schöpfer des »Königlichen Kanals zur Verbindung zweier Meere« starb acht Monate vor der Eröffnung seines Lebenswerkes am 24. Mai 1681.

Ausgangspunkt: Nissan-lez-Ensérune, 19 m; Buslinie 201 (Montag bis Samstag, ohne Sonn- und Feiertage) von Béziers Gare Routière und Gare SNCF über Colombiers Port bis Nissan-lez-Ensérune; Bahn von Béziers SNCF (nur wenige Züge am frühen Morgen und späten Nachmittag, am Wochenende kaum Verbindungen).
Endpunkt: Béziers, 70 m. Der Bahnhof befindet sich in der Unterstadt, beim Canal du Midi. Der Gare Routière liegt an der Place du Général de Gaulle.
Höhenunterschied: Geringfügig.

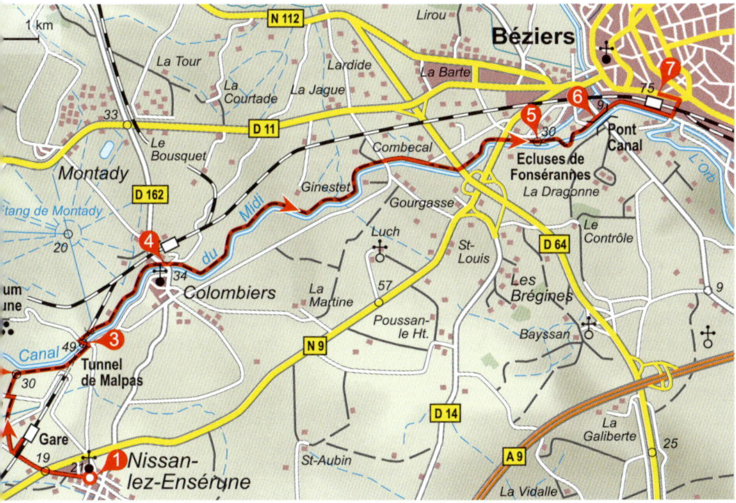

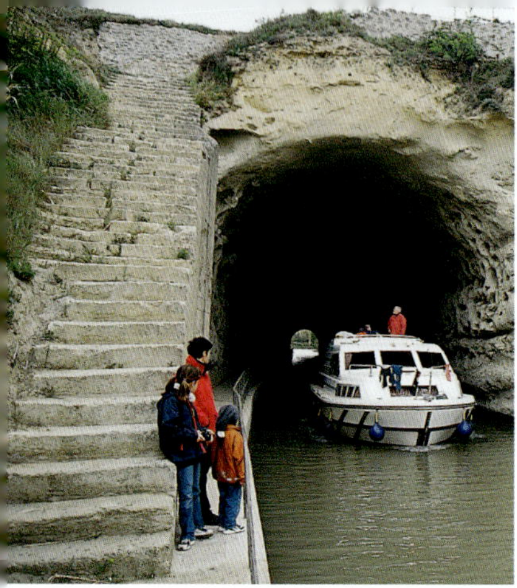

Unten durch: der Tunnel von Malpas.

Anforderungen: Keine.
Beste Jahreszeit: Immer. Im Hochsommer (zu) heiß.
Einkehr: Maison de Malpas, Restaurant und Informationszentrum (in der Hochsaison täglich geöffnet, in der Nebensaison am Montag und in den Weihnachtsferien geschlossen; www.lemalpas.com).
Unterkunft: In Nissan-lez-Ensérune: Paradix, Tel. 04 67 37 63 28. In Colombiers: Hôtel Via Domitia, Tel. 04 67 35 62 63. Hotels in Béziers: Des Poètes, Tel. 04 67 76 38 66; Champs de Mars, Tel. 04 67 28 35 53.
Varianten: 1. Da der Marsch von Nissan-lez-Ensérune zum Canal du Midi nicht wirklich verlockend ist, kann man auch in Colombiers starten und die Strecke zum Tunnel de Malpas doppelt begehen. 2. Mit dem Rad vom Tunnel de Malpas zum Pont Canal – und zurück (oder umgekehrt). 3. Mit dem Boot – von Toulouse bis Sète. Mehr zum Kanal unter www.canalmidi.com.
Tipp: Oppidum d'Ensérune: Eine keltisch-mediterrane Siedlung aus dem 6. Jh. v. Chr., erbaut auf einem Kalkhügel, der vom Canal du Midi (als erster Schiffstunnel der Welt) und später von der Eisenbahnlinie durchlöchert wurde. Das Museum (Mai bis Sept. täglich offen, Okt. bis April am Montag sowie über Mittag geschlossen) zeigt Fundstücke aus verschiedenen Epochen, von den Ruinen geht der Blick weit übers Land mit dem harmonischen Band des Canal du Midi und dem kreisrunden Etang de Montady, dessen Entwässerungsstollen noch unter den beiden anderen Tunnels verläuft; www.oppidumdenserune.com; 1 km vom Tunnel de Malpas entfernt.
Karte: IGN Top 25: 2545 ET Béziers.

In **Nissan-lez-Ensérune (1)** durch die Avenue de la Gare und auf der D 37 Richtung Bahnhof. Über die Gleise und nach der Abzweigung zum Bahnhof schräg rechts; rechter Hand befindet sich der Fabrikkomplex La Mouline. Geradeaus in einen Feldweg (orange Markierung für Mountainbikes). Durch ein offenes Eisentor hinein in die Rebberge und im Zickzack hindurch bis zu einem Teersträßchen. Nach links, bei einer Platane nach rechts und weiter durch die Rebberge zum **Canal du Midi (2)**, den man bei der Einmündung eines Teersträßchens erreicht (dieses führt am Fabrikgelände entlang und dann durch die Rebberge zum Kanal; es dient also auch zum Anmarsch, ist aber weniger schön zum Wandern). Auf dem rechten Ufer des Canal du Midi bis zum Eingang des **Tunnel de Malpas (3)**. Dort

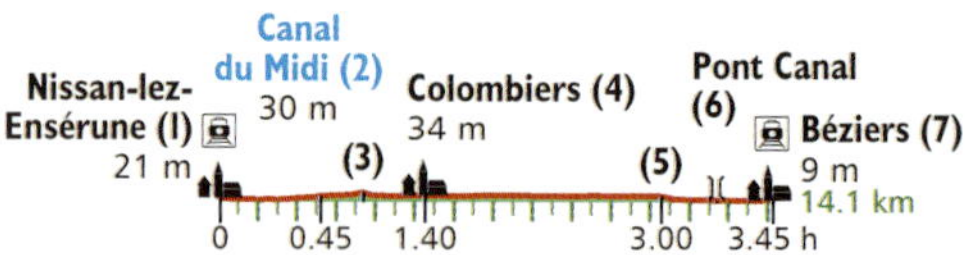

zum linken Ufer hinüber und durch den 173 m langen, 6 m hohen und 8,5 m breiten Tunnel. Immer weiter auf dem linken Ufer über **Colombiers (4)** bis zu den acht **Ecluses de Fonsérannes (5)**, die 21,5 Höhenmeter überwinden. Unten bei der Schleusentreppe aufs rechte Ufer wechseln, hinauf zum abzweigenden Canal du Midi und wieder an seinem linken Ufer entlanggehen. Über den 240 m langen, erst 1858 in Betrieb genommenen **Pont Canal (6)** – früher benutzten die Schiffe für ein kurzes Stück die Orb, welche der Kanal nun überbrückt. An der übernächsten Schleuse weg vom Kanal, durch die Rue des Péniches zu einem Kreisel, unter der Bahnlinie hindurch und nach links zur Gare SNCF von **Béziers (7)**.

Oben drüber: Mit dem beeindruckenden Pont Canal überbrückt der Canal du Midi in Béziers den Fluss Orb.

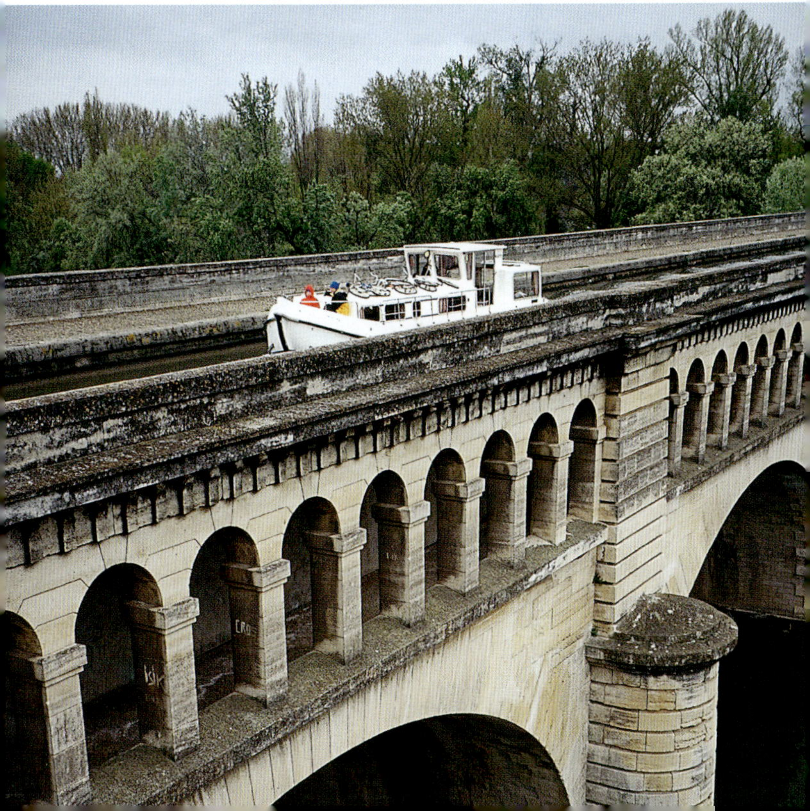

TOP

17 Pech Laurier – Canal du Midi

1.30 Std.

Am und über dem Kanal

Sozusagen ein Best of Languedoc: der Canal du Midi, wunderbar duftende Pinienwälder, schmale Pfade und breite Wege, Garrigue und Rebberge, ein versandender See unter der Midi-Sonne, ein Naturlehrpfad, ein hübsches Dorf und eine Sicht übers Land, zu Windmühlen und zu den Pyrenäen. Dazu das Schleusenwärterhaus von Pech Laurier, wo es feine Sachen zu kaufen gibt. On y va? Mais bien-sûr!

Ausgangs- und Endpunkt: Argens-Minervois, 37 m, am Canal du Midi und zwischen den großen Straßen Béziers – Carcassone bzw. Narbonne – Carcassone, etwas östlich der D 611 von Lézignan-Corbières nach Homps. Man kann ebenfalls bei der Schleuse von Pech Laurier (auch in einem Wort geschrieben) starten; liegt an der schmalen Straße D 124 entlang des Kanals. Bus 61 von Narbonne mit den Aude Lignes.

Höhenunterschied: Knapp 100 m.

Anforderungen: Gut begehbare Wege; beim Aufstieg zum Rücken von Pech Laurier, beim Abstieg zum Lac des Aiguilles und auf den »Geheimwegen« an sei-

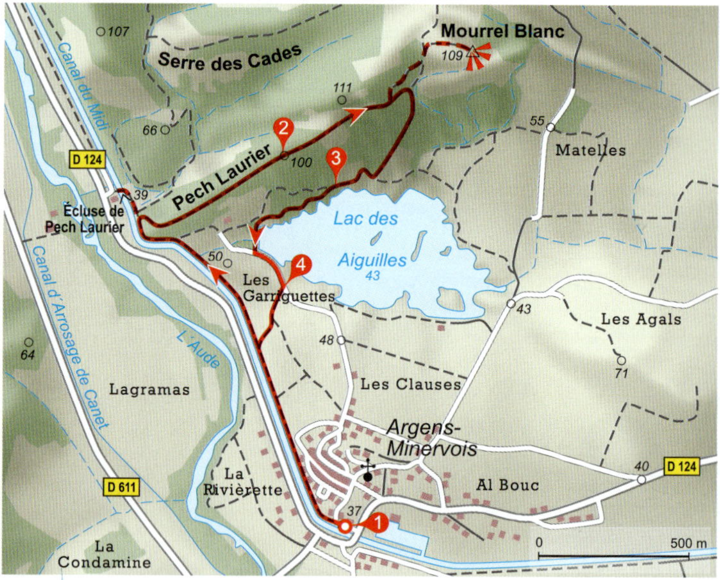

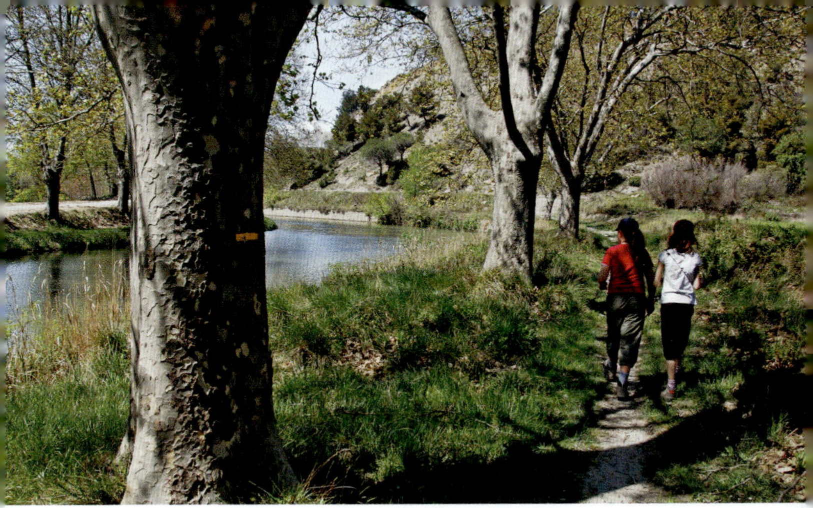

Ziemlich flach: Wanderweg entlang des Canal du Midi.

nem Ufer entlang ist es etwas steil und rutschig. Als Petit Sentier gelb markiert; zweimal wandert man kurz abseits von ihm.

Beste Jahreszeit: Immer, im Hochsommer sehr heiß.

Einkehr: In Argens-Minervois. Getränke, Konfitüre, Honig und Wein beim Schleusenwärterhaus von Pech Laurier.

Unterkunft: In Argens-Minvervois: B&B La Dernière Maison, Tel. 04 68 27 13 50; chambres d'hôtes La Bastide des Maels, Tel. 04 68 27 42 65.

Varianten: 1. Von Argens-Minervois auf dem westlichen Ufer zur Schleuse von Pech Laurier; dort muss man den Wärter oder die Wärterin fragen, ob man über ein Schleusentor aufs andere Ufer wechseln darf. 2. Mourrel Blanc, 109 m, ein Aussichtspunkt über dem Lac des Aiguilles: Wo der Hangweg nach dem Pech Laurier nach rechts ins Tälchen abgeht, wandern wir auf einem unmarkierten Weg geradeaus, der weiter oben in den Schotterweg mündet; diesen queren und auf einem Weg, rechts eines umzäunten Rebberges, wenig ansteigend zum Aussichtspunkt Mourrel Blanc – durch eine Art Pforte gelangt man auf einen Platz mit freier Sicht übers Land. Am besten auf dem gleichen Weg zurück zum Schotterweg und auf ihm durchs Tälchen hinab; von rechts kommt der Petit Sentier dazu.

Tipp: La Pierre de Tourril, 173 m, ein Gipfel nördlich von Pech Laurier mit einer ausgedehnten Sicht über das vom Canal du Midi durchflossene Land. Leider ist der Zustieg von Pech Laurier nicht möglich, da man ein Privatgrundstück queren müsste. Deshalb von Roubia oder von der D 11 auf einem Teersträßchen hinauf in einen Sattel, ca. 100 m, südlich des Pierre de Tourril und westlich des empfehlenswerten Weingutes Château Tourril. Auf dem auf- und absteigenden Fahrweg am Ostfuß des Pierre de Tourril entlang bis zu einer Verzweigung, links, über den breiten, bewaldeten Rücken zur Turmruine des Pierre de Tourril (Überrest eines Feuerausgucks oder Meldepostens) und auf einen Pfad über den Südgrat zurück zum Start – oder umgekehrt; ca. 1 Std.

Karte: IGN carte de randonnée: 2445 E Lézignan-Corbières.

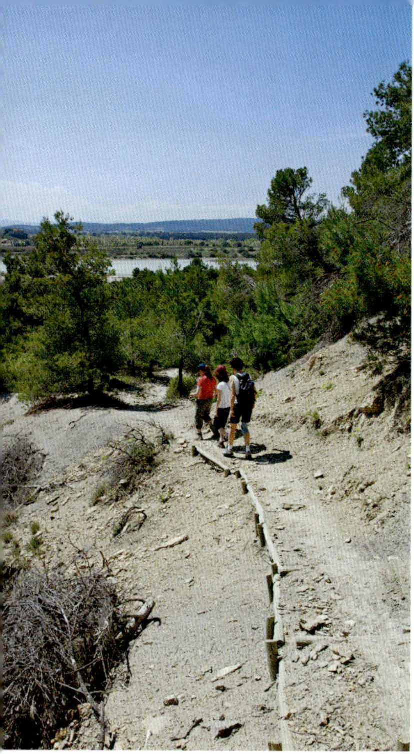

Etwas steil: Abstieg vom Pech Laurier.

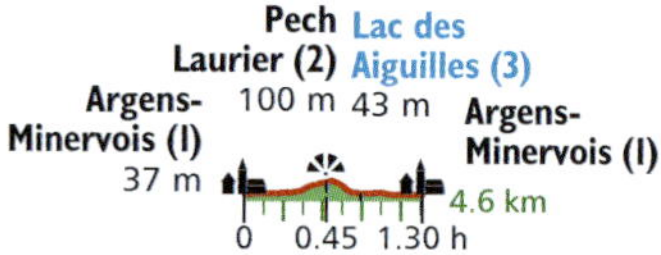

In **Argens-Minervois (1)** auf dem östlichen Ufer des Canal du Midi am Dorfrand loswandern. Schon bald gehen wir auf einem Pfad der Wasserallee entlang. Um den Rücken von Pech Laurier herum gelangen wir zur Écluse de Pech Laurier, 39 m. Der Wanderweg strebt vorher zum Rücken hinauf; will man noch zum Schleusenwärterhaus, so muss man, falls jemand dort ist, fragen, ob man ein Schleusentor überqueren dürfte. Der gelb markierte Weg steigt auf den mit Pinien bestückten Kamm von **Pech Laurier (2)** und folgt ihm; man kommt an einer Steinhütte vorbei. Der Weg erreicht knapp 100 m, zieht dann durch eine Flanke und verzweigt sich. Geradeaus geht es zum Mourrel Blanc (vgl. Variante); der Wanderweg sinkt rechts hinab in ein Tälchen auf einen Schotterweg. Auf ihm hinab. Doch plötzlich biegt die Wanderroute rechts ab und senkt sich durch eine geröllige, ausgewaschene Mulde abwärts auf einen breiten Weg; hier nach rechts. Man gelangt zu einem Picknickplatz mit Tischen und Bänken und könnte weiter auf dem breiten Weg bleiben.

Spannender ist es aber, wenn man nach vorne zum **Lac des Aiguilles (3)**, 43 m, geht. Ihm entlang auf schmalen Waldpfaden in leichtem Auf und Ab bis zum Erddamm. Diesen queren und in wenigen Schritten hinauf auf ein Teersträßchen (und auf die markierte Route und zugleich den Naturlehrpfad); hier nach links. Wir erreichen wenig ansteigend eine Ebene; der Naturlehrpfad zweigt links ab, das Teersträßchen (und der Petit Sentier) kurven dorfwärts. Wir schlagen jedoch rechter Hand einen Feldweg (4) ein, der zum Canal du Midi hinunterführt. Auf dem anfänglich schmalen Uferweg zurück nach **Argens-Minervois (1)**.

1.45 Std.

Abbaye de Lagrasse 18

Spaziergang rund um einen Kraftort mitten in den Corbières

Corbières – diese hügelige Landschaft zwischen dem Gebirge der Pyrenäen und der Ebene des Canal du Midi, von der Sonne versengt, vom Tramontane bestrichen, mit Katharerburgen besetzt, mit Rebbergen und Garrigue begrünt. Die französische Toskana, nur rauer und karger. Die Straßen verlaufen so kurvenreich wie die Flüsse, die sich in den kalkigen Boden gegraben haben. An den Flüssen sind die Dörfer angesiedelt, Lagrasse am Orbieu zum Beispiel, die alte Hauptstadt der Corbières, die zu den »plus beaux villages de France« gehört. Wir schlendern durch die holprigen Gassen, bestaunen (und kaufen) Kunsthandwerk und besuchen natürlich die Benediktinerabtei Sainte-Marie d'Orbieu aus dem 10. Jahrhundert. Und dann gehen wir noch in die Landschaft hinaus, auf einem kurzen Spaziergang aufs Plateau de la Castagnère oder auf dem gut markierten Circuit des Corbières.

Lagrasse: gedeckter Marktplatz mit spielenden Kindern und Rufus.

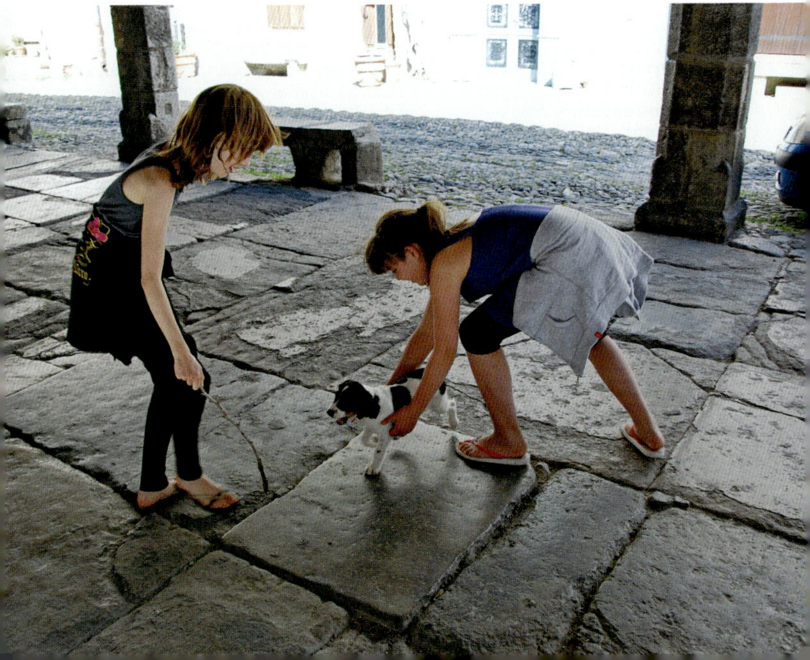

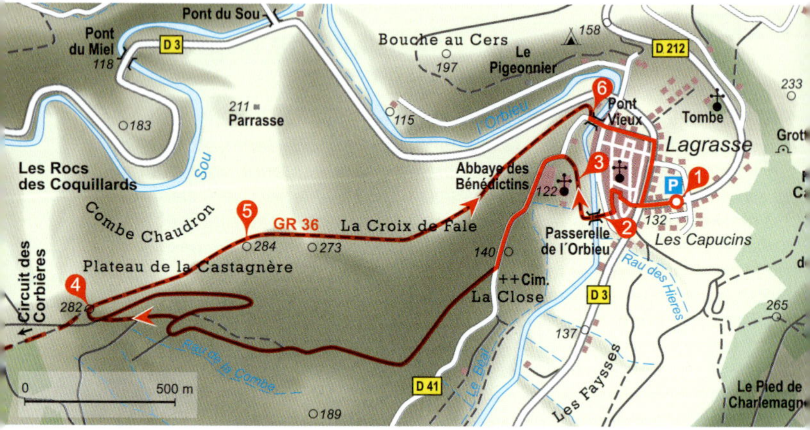

Ausgangspunkt: Lagrasse, 132 m; von der Autobahn Narbonne – Carcassonne, Ausfahrt Lézignan-Corbières, auf der D 212. Parkplatz östlich der Altstadt.
Höhenunterschied: 170 m.
Anforderungen: Keine; Weg teilweise markiert (GR 36).
Beste Jahreszeit: Immer.
Einkehr und Unterkunft: In Lagrasse: Hostellerie des Corbières, Tel. 04 68 43 15 22; Gîte d'étape les Trois Graces, Tel. 04 68 43 18 17; sehr schön gelegener Camping municipal, Tel. 04 68 43 10 05. In Termes: Auberge du Verdy, Tel. 04 66 31 60 97.
Varianten: 1. Rundwanderung auf dem »Sentier Emilie« zum Pied de Charlemagne südöstlich von Lagrasse, mit Besteigung des Aussichtsbalkons Roc de Cagalière, 298 m; Start beim Maison forestière, 2 Std. 2. Circuit des Corbières, markiert als GR 36B und GR 36, von Lagrasse über St-Pierre des Champs, Serre de Blanes, 541 m, Villerouge-Termenès, Pech Rigaud, 393 m, Termes, Serre de Coste Raste, 510 m, Château de Durfort, Pech de Terri, 498 m, Mayronnes, Caunettes en Val und zurück nach Lagrasse; 25 km, 7.45 Std.
Tipp: Abbaye de Lagrasse (täglich offen, im Winter nur nachmittags). Schönes Kunsthandwerk, zum Beispiel von Myriam Combes an der Place de la Halle. Töpfermarkt Ende Juli. – Wochenmarkt jeweils am Samstag auf der Place de la Halle; die steinerne Markthalle stammt aus dem frühen 14. Jahrhundert. Badeplätze in der Orbieu.
Karte: IGN série bleue: 2446 O Capendu.

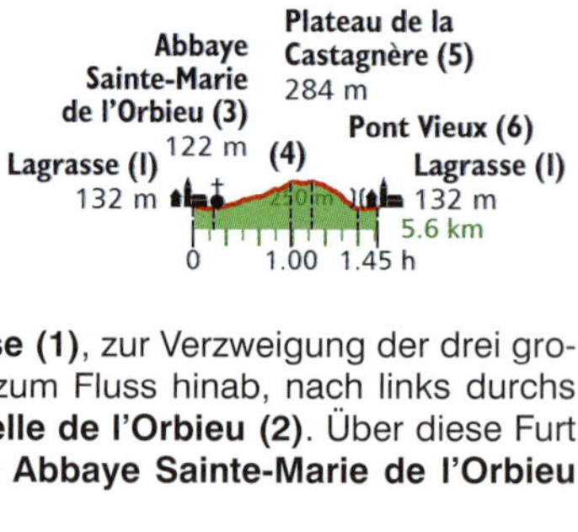

Vom Parkplatz zur Altstadt von **Lagrasse (1)**, zur Verzweigung der drei großen Straßen. Durch die Rue de Pech zum Fluss hinab, nach links durchs Stadttor hinaus und rechts zur **Passerelle de l'Orbieu (2)**. Über diese Furt und am anderen Ufer flussabwärts zur **Abbaye Sainte-Marie de l'Orbieu**

(3). Um sie herum und der D 41 südwärts folgend aufs Land hinaus, bis rechts das geteerte, später geschotterte Sträßchen zur Notre Dame de Carla abzweigt. Man folgt ihm bis kurz nach der ersten Haarnadelkurve (ca. 20 Minuten). Ein Höhenweg zweigt links ab, den wir aber schon bald verlassen, um rechterhand auf einem anderen, schlecht erkennbaren Weg direkt hinauf zur Abzweigung des **GR 36 (4)** zu gelangen; man kommt hierher auch auf dem Sträßchen. Schließlich ist es auch möglich, auf dem Höhenweg bis zur Notre Dame de Carla weiterzugehen und über den Kamm zurückzukommen zur erwähnten Abzweigung. Auf dem GR 36 ostwärts über das **Plateau de la Castagnère (5)**, 284 m, mit schöner Sicht auf die Combe Chaudron, das Orbieu-Tal und die Montagne d'Alaric; dann hinab nach Lagrasse. Über den malerischen **Pont Vieux (6)** und durch die Altstadt zurück zum Ausgangspunkt in **Lagrasse (1)**.

Lagrasse: Blick aufs Dorf mit Pont Vieux und Abtei (hinten).

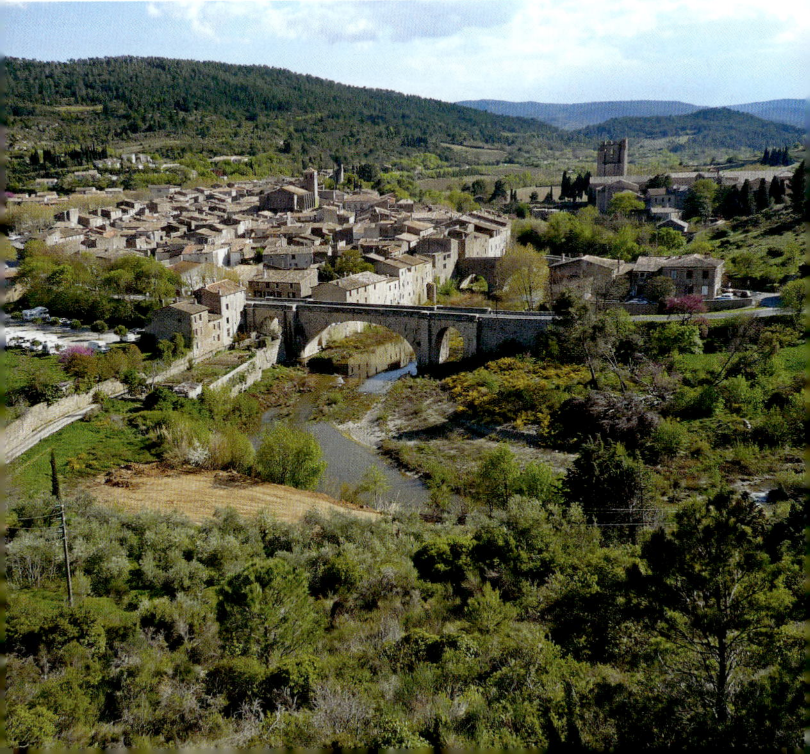

19 Château d'Opoul – Périllos

3.00 Std.

Romantische Ruinen, rätselhafte Höhle

So ändern sich die Zeiten: Kurz nach dem Zweiten Weltkrieg verließ der letzte Einwohner Périllos im nördlichsten Zipfel des Departements Pyrenées-Orientales (und vom französischen Katalonien), und das Dorf wurde zum Geisterdorf; zur romantischen Ruine, durch welche in der Hochsaison so viele Touristen flanieren, dass jeweils eine Schenke geöffnet ist. Und nur sechs Kilometer weiter südwestlich, beim Pas de l'Escale oberhalb Vingrau, werden laufend neue Einfamilienhäuser ins karge Grün gestellt, eines protzig-spießiger als das andere – eine Schlafsiedlung, ganz sicher ohne Buvette … So ändern sich halt die Zeiten: Das Château d'Opoul ermöglicht zwar noch immer einen tollen Blick auf das Dorf Opoul-Périllos an seinem Fuss, den Étang de Leucate am Mittelmeer, auf den Canigou in den Pyrenäen; aber die heutige Überwachung passiert oben auf dem Montolier de Périllos oder katalanisch Montoliu de Perellós, 707 m. Zwischen diesem Gipfel und Périllos versteckt sich eine geheimnisvolle Karsthöhle, die vielleicht für Kultzwecke verwendet wurde. Oder hat hier gar der mysteriöse Landpfarrer seinen Schatz versteckt (vgl. Tour 24)? Darüber lässt sich rätseln, wenn wir durch die sonnendurchflutete Landschaft stiefeln – oder bei einem Glas Muscat in der Bar Catalan von Opoul-Périllos sitzen.

Talort: Opoul-Périllos, 171 m, nordwestlich von Salses-le-Château an der Autobahn A9, am besten von der Ausfahrt Rivesaltes auf der D5.
Ausgangspunkt: Parkplatz, ca. 320 m, unterhalb des Château d'Opoul, an der Straße nach Périllos; vom Dorf Opoul-Périllos 1 km auf der D 9 Richtung Vingrau, dann rechts hoch. Östlich des Parkplatzes steht eine Orientierungstafel.
Höhenunterschied: 350 m.
Anforderungen: Keine. Markierte Wege und Straßen. Taschenlampe für die Höhle von La Caune de Périllos nicht nötig. Wege nicht verlassen, da sich im karstigen Gelände Spalten und Höhlen verstecken.
Beste Jahreszeit: Immer. Zu heiß im Sommer.

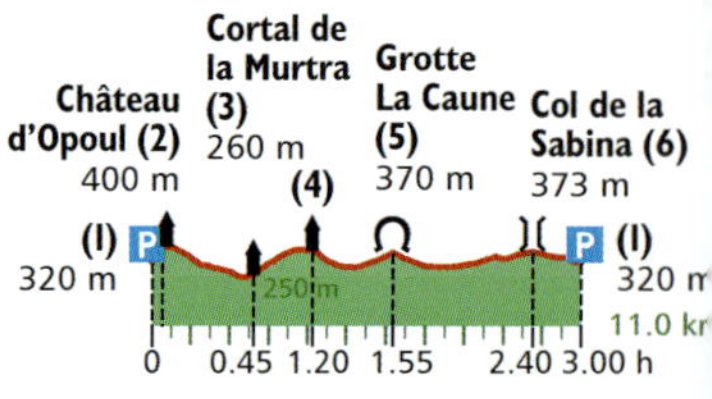

Einkehr: Buvette im Sommer in Périllos.
Unterkunft: In Opoul-Périllos: La belle Auriole, Tel. 04 68 29 19 26; l'Abri des Corbières, Tel. 04 68 64 52 13.
Variante: Abstieg vom Col de la Sabina nach Opoul-Périllos.
Karte: IGN Top 25: 2547 OT Durban-Corbières-Leucate.

Vom **Parkplatz (1)** auf dem linken Weg (der rechte wäre auch möglich) nordwärts hinauf auf das felsumgürtete Kalkplateau, 400 m, mit den Ruinen des mittelalterlichen **Château d'Opoul (2)**. Abstieg von der Nordostecke der Hochfläche auf einem Weg zur Straße, ca. 340 m, nach Périllos. Wo diese nach rechts eine rechtwinklige Kurve beschreibt, gehen wir links und steigen westwärts ab. Bei einer Verzweigung, P. 304 m, nach rechts und nordwärts hinab in ein Tal, ca. 260 m, mit den Ruinen des **Cortal de la Murtra (3)** und einigen Weinbergen. Der Weg zieht hoch gegen den Serrat de la Murtra und erreicht das Geisterdorf **Périllos (4)**, ca. 380 m, auch Perellós geschrieben, wo wir ein wenig umhergehen. Vom Dorf nordostwärts, die Kurven der Stichstraße abkürzend, in ein Tal hinab; wer will, besucht noch links haltend die Kapelle Santa Barbara. Man folgt der Straße ca. 500 m bis

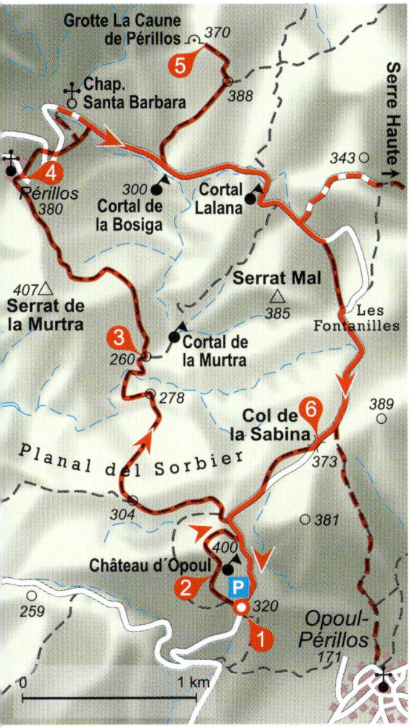

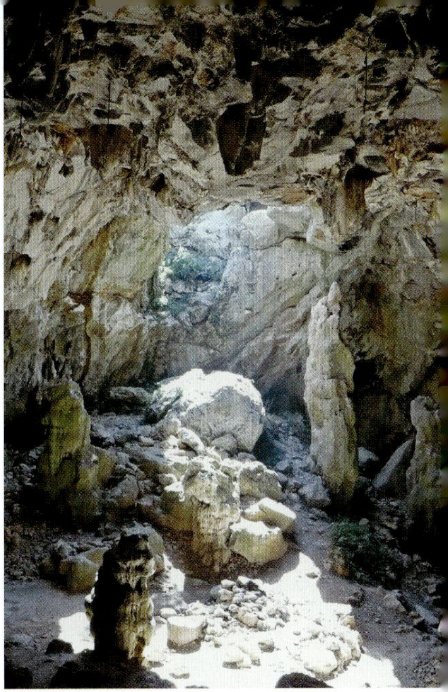

Cool: die Höhle La Caune bei Périllos.

auf die Höhe des Cortal de la Bosiga, ca. 300 m; hier zweigt links ein Weg ab, der nordwärts zur **Grotte La Caune de Périllos (5)**, ca. 370 m, hochgeht. Da ein Teil der Decke eingestürzt ist, dringt genügend Tageslicht in die kühle Höhle. Auf dem gleichen Weg zurück auf die Straße. Ihr folgt man ca. 1 km, kürzt dann die Kurve vor Les Fontanilles ab, marschiert auf ihr weiter zum **Col de la Sabina (6)**, 373 m, kann sich dort rechter Hand kurz nochmals von ihr entfernen und trottet schließlich auf der Straße unterhalb der Felsen mit der Opoul-Burg zurück zum **Parkplatz (1)**.

20 La Serre de Vingrau, 576 m

3.15 Std.

Wandern im Paradies der Kletterer und Weinbauern

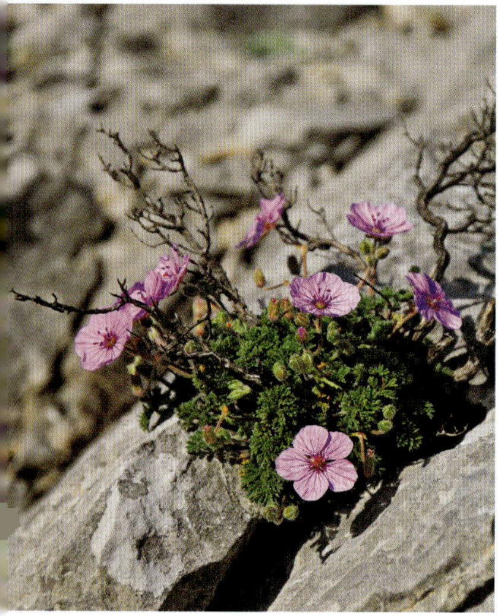

Steinblume: Farbtupfer am Wegrand.

Vingrau im Hinterland von Perpignan, an der Grenze zwischen den Departements Aude und Pyrénées-Orientales. Ein Winzerdorf, wo zum Beispiel Alain Razungles, Professor der Önologie in Montpellier, auf der Domaine des Chênes seine vollmundigen Weine produziert, wie den zehn Monate in Eiche ausgebauten Tautavel AOC. Allerdings wird die Idylle von einem Schweizer Chemiekonzern aus dem Aargau stark bedroht, der hier die Kalkvorkommen über dem Dorf abbauen möchte. Dagegen wehrten sich die Einheimischen jahrelang vehement, weil durch den Steinbruch und die daraus entstehende Kalkstaubentwicklung der Rebbau massiv beeinträchtigt und damit die Lebensgrundlage der meisten Vingrauais zerstört würde. Von der Serre oben, einem lang gezogenen, gezackten Grat, der gegen Vingrau hin mit senkrechten Felswänden abfällt, sehen die Wanderer die Wunden in der Landschaft. Die Rebberge natürlich auch. Und die Hügel der Corbières wie die Wellen eines Ozeans ringsum.

Ausgangspunkt: Vingrau, 141 m, an der D 12 von Rivesaltes nach Tuchan.
Höhenunterschied: Rund 500 m.
Anforderungen: Trittsicherheit, Schwindelfreiheit und etwas Orientierungsvermögen nötig. Gelb markiert.
Beste Jahreszeit: Immer; Vorsicht bei Sturm. Am schönsten im Spätherbst, wenn das Rebenlaub farbig leuchtet.
Einkehr: In Vingrau: Restaurant Lou Barral.
Unterkunft: Refuge Yves Bernard, ca. 400 m, bescheidene, immer offene Selbstversorgerhütte, 10 Plätze, Matratzen und Holz vorhanden. In Tuchan: Gîte d'étape Saint-Roch, Tel. 04 68 45 47 91; le relais d'Aguilar, Tel. 04 68 45 47 84.
Varianten: 1. Von P. 553 weiter über den Kamm der Serre und ihren Nordgipfel, 558 m, bis zum Trou du Cavall, 427 m; westwärts hinab und auf Wegen und Sträßchen hinab nach Vingrau.
2. Start bei der Fontaine des Charretiers, 217 m, bzw. beim Parkplatz südöstlich

davon, an der D 9 zwischen Vingrau und Pas de l'Escale. Vom Brunnen nordwärts auf einem Weg in den Sattel östlich des Felsen P. 396 m und hinüber in den markierten Weg. Vom Pas de l'Escale folgt man dann am einfachsten der Straße zurück zum Parkplatz.

Tipp: Musée Marcel Gili im Mas Génégals, 1 km östlich des Pas de l'Escale: ein magischer Ort am Ostausläufer der Serre de Vingrau, wo die Werke des Bildhauers Marcel Gili und diejenigen anderer Künstler ausgestellt sind; offen von Juni bis September, Fr–So 15–19 Uhr, Tel. 04 68 29 40 17, http://genegals.free.fr. Homme de Tautavel: Auf halbem Weg zwischen Vingrau und Tautavel wurde am 22. Juli 1971 in der Höhle Caune de l'Arago der bislang älteste in Europa gefundene Menschenschädel ausgegraben. 450.000 Jahre alt ist der erste uns bekannte Bewohner des Languedoc-Roussillon, auf dem Entwicklungsweg vom afrikanischen Homo habilis zum modernen Homo sapiens. Das Musée de la Préhistoire in Tautavel ist täglich offen (von Oktober bis März über Mittag geschlossen). – Den Kampf gegen die Omya beschreibt Monique Daubresse Balayer in »Le Pot de terre – Vingrau, la démocratie bafouée« (SOCBEV, Perpignan 2001).

Karte: IGN Top 25: 2547 OT Durban-Corbières – Leucate.

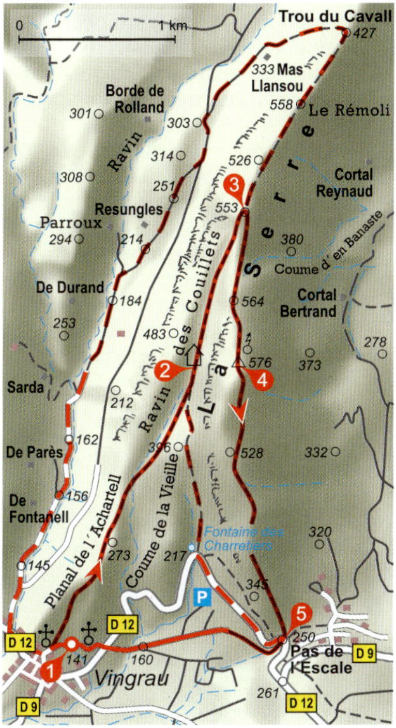

Die gelb markierte Wanderung beginnt am nördlichen Dorfrand von **Vingrau (1)** bei der Kirche und unweit des Friedhofs, an der Rue Courteline. Kurz westwärts, dann lange nordwärts über einen flachen Rücken durch die Garrigue ansteigen. Unterhalb eines auffälligen, frei stehenden Felsens (P. 396 m) wechselt der Weg die Talseite im länglichen Ravin des Couillets (auch als Correc dels Collets bezeichnet). Von rechts mündet der Weg von der Fontaine des Charretiers ein, und kurz darauf kommt man zum **Refuge Yves Bernard (2)**, ca. 400 m, das sich links des Weges versteckt. Weiter durch den links von kleinen und rechts von hohen Felsen begrenzten Ravin des Couillets bis hinauf auf den ge-

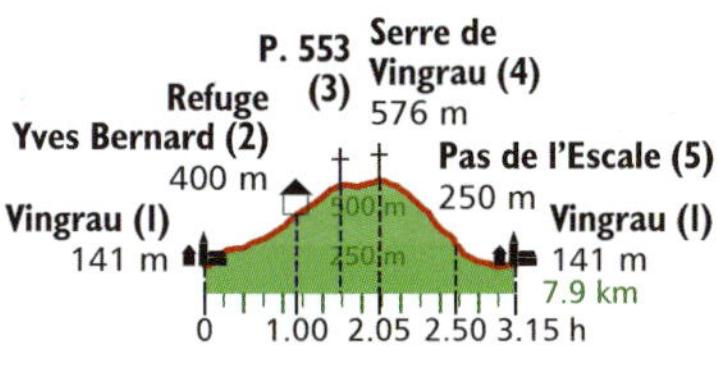

zackten Kamm der Serre bei **P. 553 m (3)**, großer Steinmann. Nun südwärts über den felsigen, teils verbuschten Grat, sorgfältig den Steinmännern und gelben Markierungen folgend, die leicht zu übersehen sind; manchmal bleibt man auf dem Grat selbst, manchmal weicht man nach links (nicht rechts!) aus, oft müssen die Hände zur Fortbewegung gebraucht werden. Man gelangt in einen Sattel, ca. 530 m, von wo sich rechts ein Pfad in die Tiefe senkt, den die Kletterer für den Rückweg gebrauchen. Von nun an wird es wieder leichter. Unser markierter Weg erklimmt eine Anhöhe, 564 m, geht wieder in einen Sattel, ca. 540 m, hinab und erreicht schließlich den höchsten Punkt der **Serre de Vingrau (4)**, 576 m, auch nur La Serra genannt; Steinmann und umgestürzter Metallmasten. Der Abstieg erfolgt zuerst etwas unterhalb des Gratverlaufs, aber bei P. 528 kehrt man auf den Kamm zurück und folgt ihm mehr oder weniger durch die steinige, verbuschte Landschaft, immer den Markierungen und Steinmännern folgend, hinab zur Haarnadelkurve der D 9, ca. 250 m. Diese queren und durch den **Pas de l'Escale (5)**, einen alten Hohlweg mit teils hohen Stützmauern, hinab. Der Weg dreht westwärts, geht durch die Weinberge zum Dorf **Vingrau (1)** zurück, wobei nochmals die Autostraße überquert wird.

Steinmann: Blick von Punkt 553 m über den Serre-Kamm; der Gipfel ist ganz hinten.

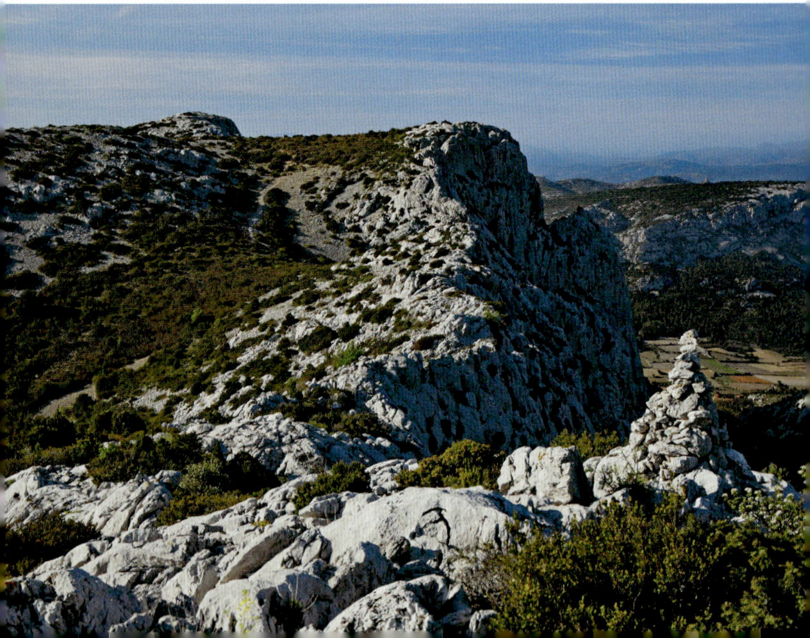

3.45 Std.

Château de Quéribus, ca. 710 m

21 TOP

Glaubensfragen im Land der Burgen

Was ist Natur, was ist Kultur, was Gestein, was Quader? Wer zum ersten Mal die Burgen von Quéribus und Peyrepertuse im Tal von Cucugnan erblickt, kommt aus dem Staunen nicht heraus. Zuoberst auf schwindelerregenden Felsen erbaut, streben die Mauern noch weiter himmelwärts. Schnörkellos, asketisch, rein, unbezwingbar. Der steingewordene Glaube der Katharer, die sich im 12. Jahrhundert von der katholischen Kirche abwandten. Kein Geld, kein Fleisch, kein Sex, kein Töten: Nur so konnte in ihren Augen der Kampf vom guten Gott gegen den bösen Teufel gewonnen werden. Die Katharer aber, auf die das deutsche Wort »Ketzer« zurückgeht, verloren den anderen Kampf gegen die Übermacht des Papstes und des französischen Königs (ihm freilich ging's nicht um den richtigen Glauben, sondern um pure Macht). Die Burgen jedoch blieben stehen, überall im Pays Cathare, heute vom Tourismus vermarktet und vereinnahmt. Der Parkplatz unterhalb des Château de Quéribus ist trotz seiner sehr steilen Zufahrtsstraße oft ziemlich voll. Deshalb starten wir im hübschen, von einer Mühle gekrönten Dorf Cucugnan, das Alphonse Daudet mit der Erzählung »Der Pfarrer von Cucugnan« bekannt gemacht hat. Beim Aufstieg nimmt der teilweise steile und geröllige Pfad unsere volle Aufmerksamkeit in Anspruch, beim Abstieg kann die Landschaft ruhigen Schrittes genossen werden. Hat das nicht auch mit Religion zu tun? Einmal der beschwerliche Pfad, direkt und steinig, wie ihn die Katharer wählten. Und im Gegensatz dazu der lange und breite Weg, ausholend, auch etwas eintönig und rituell, fast wie der Katholizismus. Darüber sinnieren wir bei einem Glas Weißwein in einem der Restaurants von Cucugnan.

Ausgangs- und Endpunkt: Cucugnan, 299 m, an der D 14 von Tuchan über Duilhac-sous-Peyrepertuse nach Couiza; schneller ist jedoch die Anfahrt von Maury (an der N 117 Perpignan – Quillan) auf der D 19 über den Pass Grau de Maury (hier die Abzweigung zum Parkplatz unter dem Château de Quéribus) nach Cucugnan. Parkplatz gegenüber dem Tourismusbüro am Westrand des Dorfes.
Höhenunterschied: Rund 600 m.
Anforderungen: Gut markiert.
Beste Jahreszeit: Immer; bei Sturmwind muss man aufpassen, dass man auf der Burg oben nicht umgeweht wird. Öffnungszeit: Januar geschlossen, sonst von 9/10 Uhr bis 17/20 Uhr, je nach Jahreszeit.
Einkehr und Unterkunft: Auberges à Cucugnan: Vigneron, Tel. 04 68 45 03 00; Cucugnan, Tel. 04 68 45 40 84; La Table du Curé, Tel. 04 68 45 01 46. In Duilhac-sous-Peyrepertuse: Auberge du Vieux Moulin, Tel. 04 68 48 95 34; Gîte d'étape communal, Tel. 04 68 45 01 74. Buvette beim Quéribus-Parkplatz.
Varianten: 1. Nur vom Parkplatz zur Burg und zurück. 2. In der umgekehrten Richtung machen; ein Schild warnt vor der »descente difficile«, weshalb wir diesen Abschnitt des Sentier Cathare besser im Aufstieg bewältigen.

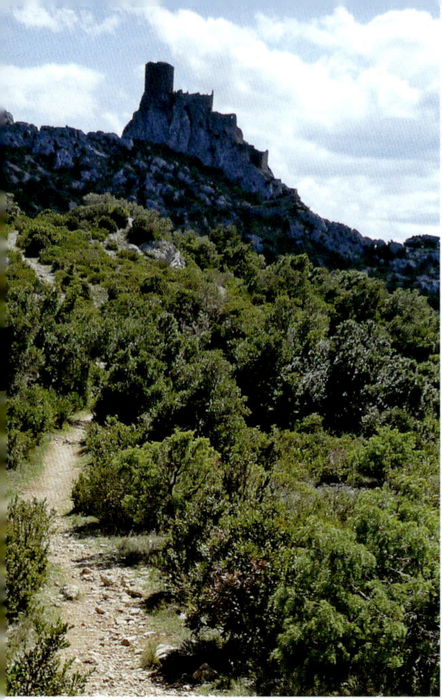

Château de Quéribus mit Sentier Cathare: Hier sind die Wanderer unter sich.

Tipp: 1. Peyrepertuse, diese »Citadelle du vertige« (Zitadelle des Abgrundes), ist die größte Burg der Katharer. Von Duilhac-sous-Peyrepertuse gelangt man auf kurvenreicher Straße zum Parkplatz, ca. 700 m. Der Besuch ist kostenpflichtig. Man kann die ganze, 300 m lange Burganlage mit dem Château Bas und dem 60 Meter höher gelegenen und nur über eine schmale Felstreppe erreichbaren Château San Jordi (Saint-Georges) besichtigen. Und zuletzt kraxelt man von seinen obersten Mauern noch weiter bis auf den höchsten Punkt, 796 m, des Geländes, von wo man einen außergewöhnlichen Blick auf Peyrepertuse genießt. Täglich offen von April bis Oktober von 9–19 Uhr (in der Hauptsaison noch länger), im Winter von 10–17 Uhr; im Januar geschlossen. 2. Château de Padern über dem gleichnamigen Dorf 5 km östlich von Cucugnan; die Burg ist weniger spektakulär als Peyrepertuse oder Quéribus, dafür immer zugänglich; 15 Min. auf dem Sentier Cathare vom Dorf Padern, 198 m. Wer noch mehr wandern will, macht die große, markierte Rundtour über den Pas de la Serre, 450 m; 2 Std.
Karte: IGN Top 25: 2447 OT Tuchan – Massif des Corbières.

Vom Office de Tourisme in **Cucugnan (1)** hinauf ins Dorf und links haltend zur Mühle und noch zum höchsten Punkt, 341 m, des Dorfhügels mit **Burgruine (2)**. Zurück zur Mühle, dann links, unterhalb der Kirche vorbei und durch das Dorf, zuletzt steil, hinab zur Talstraße. Diese queren und auf einem Sträßchen in die Felder hinaus. Bei der ersten Verzweigung, ca. 250 m, nach rechts, wie der gelb-blaue **Sentier Cathare (3)**; geradeaus verläuft die gelb markierte Route, auf der wir zurückkommen werden. Südwärts auf Fahrwegen durch Felder ansteigen, bis auf ca. 300 m der Sentier Cathare links abzweigt. Er windet sich steil, steinig und von dichter Vegetation begrenzt über und entlang von Rücken sowie durch Rinnen auf eine Anhöhe hinauf, 628 m, und senkt sich zum Parkplatz und zum Kassahäuschen, 602 m. Auf dem viel begangenen Weg hinauf zum **Château de Quéribus (4)** und hinauf zum höchsten Turm, ca. 710 m. Auf demselben Weg zurück zum Parkplatz. Auf der Schotterstraße (und dem Sentier Cathare) nord- und ostwärts einem Kamm entlang Richtung Padern, mit einer kurzen Gegensteigung. Auf ca. 570 m zweigt der **Sentier Cathare (5)** rechts ab. Wir gehen aber nach links

Richtung Cucugnan (gelb markierte Route). Ein Schottersträßchen führt in weiten Schlaufen talwärts. Es geht in ein Teersträßchen über, und nach einem Bachlauf folgt eine weitere kurze Gegensteigung. Dann gelangt man wieder auf die Talstraße. Steil zurück ins Dorf **Cucugnan (1)**, aber nicht mehr ganz hinauf zur Kirche oder gar Windmühle gehen, sondern vorher links halten und durch die Hauptgasse mit den Wirschaften schlendern. A votre santé!

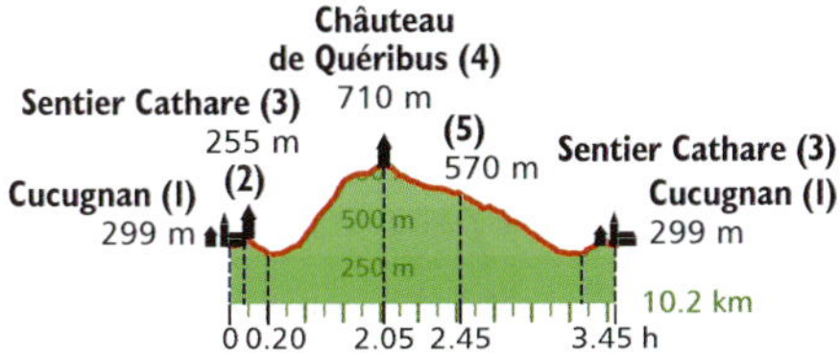

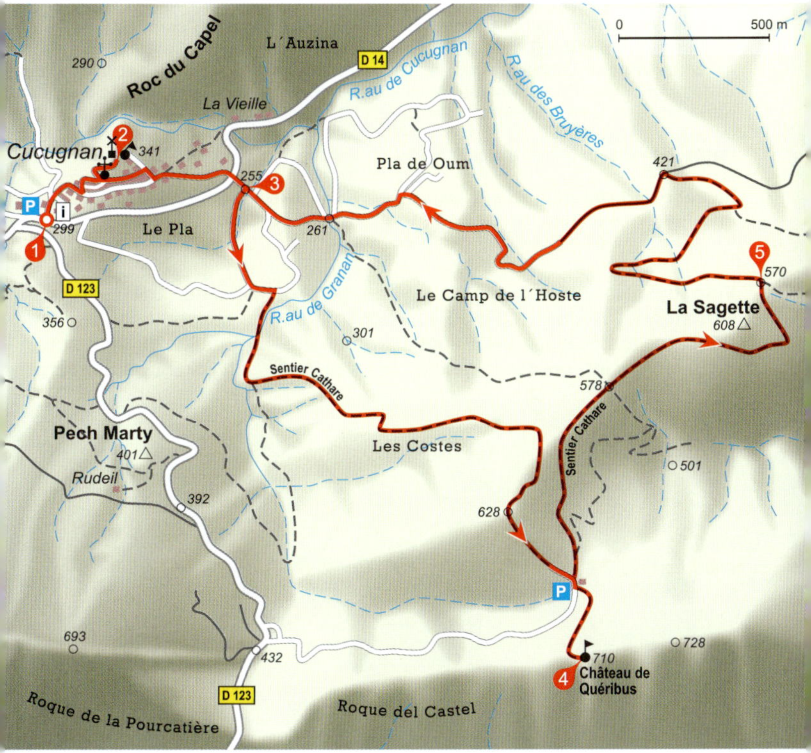

22 Dolmen und Aquädukt von Ansignan

2.45 Std.

Von Steingräbern und -archen in den Rebbergen zum kleinen Bruder des Pont du Gard

Eine kurze Wanderung durch ein römisches Aquädukt, zu zwei keltischen Steingräbern und auf eine Felskuppe, von dem sich die typische Landschaft des Haut-Fenouillèdes mit ihren malerischen Dörfern, Hügeln und Rebbergen bewundern lässt. Klar denn auch, wo die zweiteilige Rundtour beginnt, vorbeikommt und endet: bei der Cave coopérative von Ansignan.

Ausgangspunkt: Ansignan, 241 m; an der D 619 ca. 9 km südlich von St-Paul-de-Fenouillet, 247 m, an der D 117.
Höhenunterschied: 300 m.
Anforderungen: Orientierungssinn erforderlich (für die Dolmenrunde); nur teilweise markiert. Gipfelbesteigung fakultativ.
Beste Jahreszeit: Immer, außer im Hochsommer.
Einkehr und Unterkunft: In Ansignan: Auberge de l'Aqueduc, Tel. 04 68 59 08 61. In St-Paul-de-Fenouillet: Chambres d'hôtes Michèle Fabre, Tel. 04 68 59 21 54.
Variante: Nur eine Runde machen.
Tipp: Den richtigen Pont du Gard ganz im Norden des Languedoc sollte man bei der Reise nach Südfrankreich unbedingt bestaunen, begehen und umschwimmen; ganz in der Nähe befindet sich der schöne Campingplatz Sousta, Tel. 04 66 37 12 80.
Karte: IGN Top 25: 2348 ET Prades – St-Paul-de-Fenouillet.

Vom Parkplatz in **Ansignan (1)** auf dem gelb-rot markierten GR du Pays de Fenouillèdes ansteigen. Der GR zweigt links ab und steigt durch Wald und Rebberg, am Schluss bei Häusern vorbei, auf ein Sträßchen. Hier scharf nach rechts und bei der folgenden Verzweigung nach links. Das Sträßchen

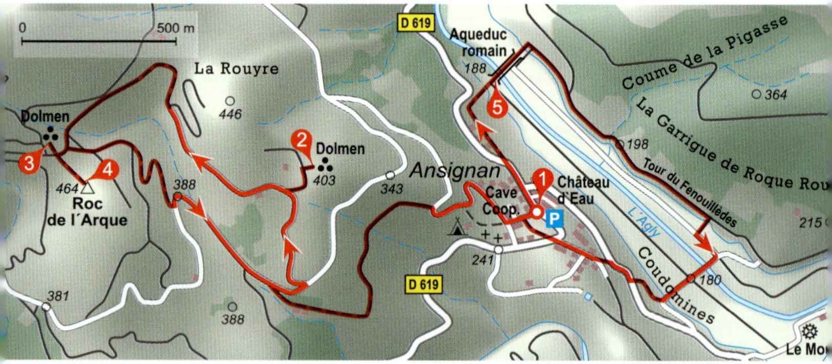

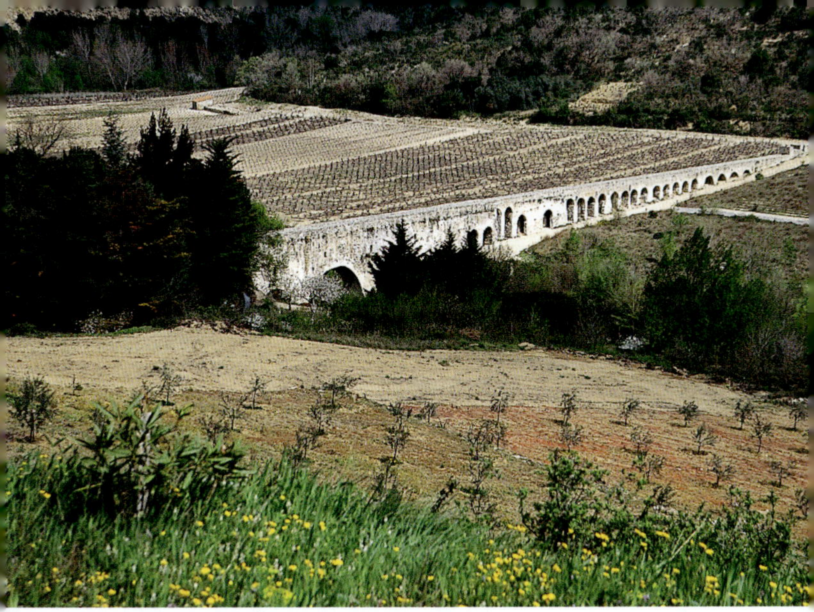

Auffälliges Bauwerk: der Pont romain über den Fluss Agly.

steigt nordwärts an. Wo es nach Westen abbiegt, zweigt rechter Hand ein Fahrweg ab. Wir folgen ihm, bis rechter Hand ein zugewachsenes Hinweisschild (»Dolmen 20 m«) zum ersten **Dolmen (2)**, 403 m, weist. Das Steingrab liegt sehr schön auf einer Kuppe. Zurück auf den Fahrweg und aufs Sträßchen. Es führt, teilweise ungeteert, durch Weinberge auf einen weitläufigen Sattel mit Wegverzweigungen.

Nach rechts in wenigen Schritten zum zweiten **Dolmen (3)**; wieder zurück, dann links durchs Gebüsch und über Fels (mit Steinmännern markiert) auf den **Roc de l'Arque (4)**, 464 m, den »Archefelsen«. Erneut zum Sattel zurück und auf einem Teersträßchen rechts hinab; gelb markierter Petit Sentier. Er zweigt schon bald links ab und erreicht im Zickzack wieder das Sträßchen. Nach einer Brücke zweigt rechter Hand der vom Aufstieg bekannte GR ab, der zurück nach **Ansignan (1)** leitet.

Hinein ins Dorf, auf der Dorfstraße nach links, bis rechts der Fußweg zum Aquädukt abzweigt. Hinab zum 170 m langen, um 250 n. Chr.

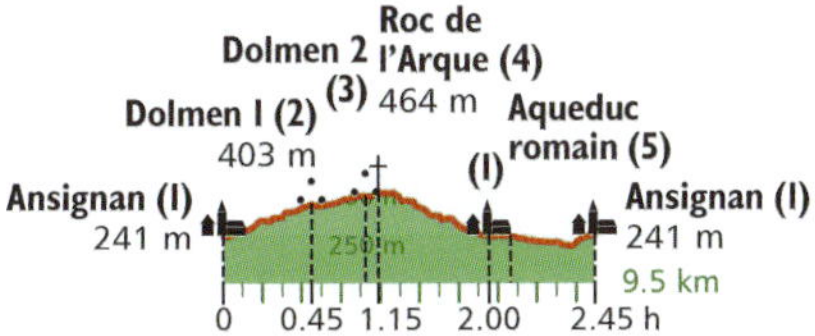

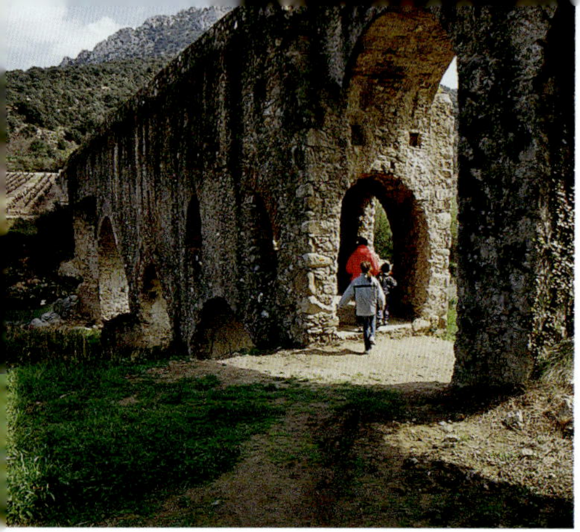

Begehbar: das Aquädukt von Ansignan.

erbauten **Aqueduc romain (5)** und dann in seinem Innern über den Fluss Agly. Auf einem Feldweg südostwärts; vor einem Wasserlauf rechts entlang einem Rebberg hinab und links auf der Straße weiter, die über den Agly zurückführt. Wo sie zu einer Linkskurve ansetzt, auf einem alten Weg geradeaus weitergehen. Er führt schräg hinauf zur Straße; diese überqueren und auf dem alten Weg direkt ins Dorf **Ansignan (1)** hinein.

Das erste keltische Steingrab: uralte Kultur zu Fuß entdecken.

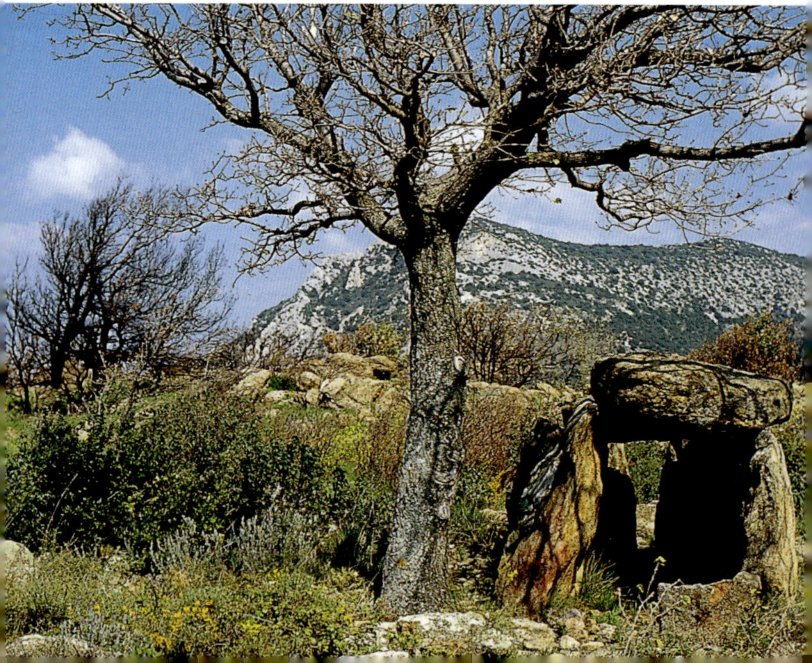

4.30 Std.

Pech de Bugarach, 1230 m 23

Der Wächter des Pays Cathare und der Corbières

»Hier steh ich«, scheint der Pech de Bugarach uns mitzuteilen, trotzig, wuchtig, felsig. Viel höher als alle Gipfel der Corbières, gepeitscht vom Wind, sodass auf dem Gipfel nur noch Gras wächst. Entsprechend seiner Höhe ist die Aussicht gewaltig, das 360°-Panorama erstreckt sich von der Montagne Noire über die östlichen Pyrenäen bis zum Mittelmeer. Und näher ringsum die steinernen Kämme und grünen Täler der Corbières, die meist unzugänglichen Schluchten und Burgen. Kurz: Das Land der Katharer aus der Vogelschau. Und noch etwas: Der Pech de Bugarach gilt als Endzeit-Gipfel. Viele Leute, die an das Ende der Welt am 21. Dezember 2012 glaubten, versammelten sich in Bugarach als vermeintlich sicherstem Ort der Welt.

Talort: St-Paul-de-Fenouillet, 247 m, an der D 117 von Perpignan nach Quillan oder Couiza, 220 m, an der D 118 von Carcassonne nach Quillan.
Ausgangspunkt: Col du Linas, 667 m; von St-Paul-de-Fenouillet durch die malerische und schmale Gorges de Galamus nach Cubières-sur-Cinoble und über Camps-sur-l'Agly hinauf in den Pass; von Couiza auf den D 613 und D 14 via Ren-

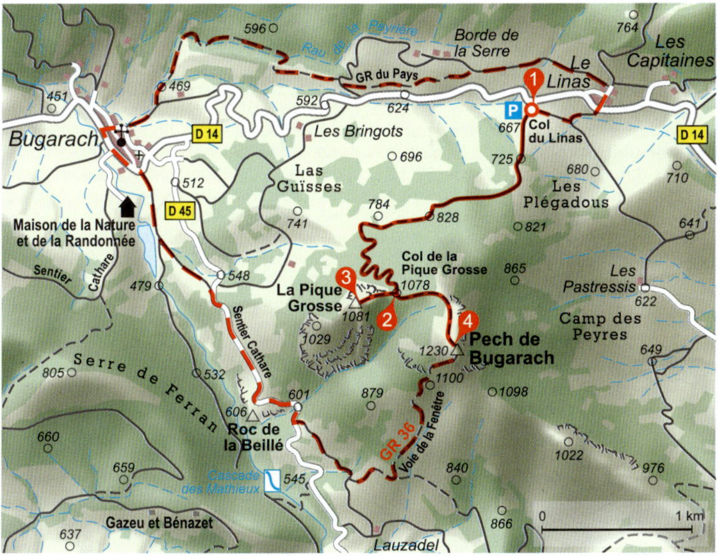

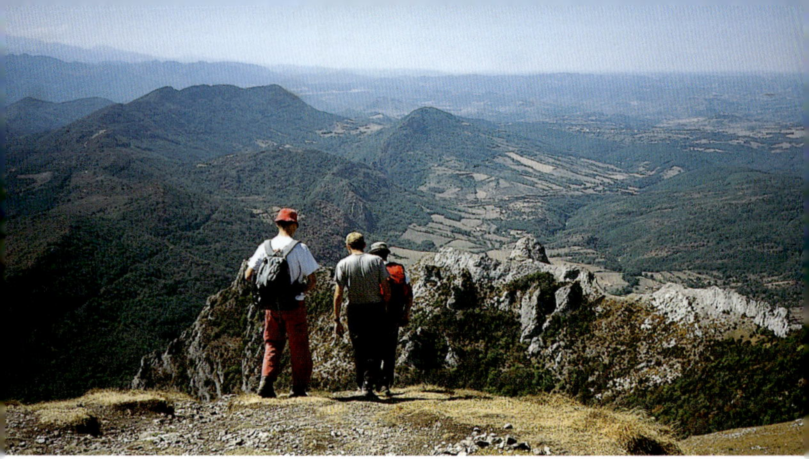

Am Gipfeldach des Pech de Bugarach: zu Recht eine berühmte Aussicht, im Vordergrund die felsige Pique Grosse.

nes-les-Bains und Bugarach.
Höhenunterschied: 650 m.
Anforderungen: Gelb markierter, teilweise steiniger Weg. Trittsicherheit und Schwindelfreiheit für den Abstecher zur Pique Grosse. Die Gipfelpartie ist stark dem Wind ausgesetzt. Unbedingt Fernglas mitnehmen!
Beste Jahreszeit: April bis November.
Einkehr und Unterkunft: In Bugarach: l'Oustal dal Pech, Tel. 04 68 69 87 59; Gîte d'étape à la Maison de la Nature et de la Randonnée, Tel. 04 68 69 83 88; Chambres d'hôtes Le Presbytère, Tel. 04 68 69 82 12; Gîte d'étape Le petit Sabot, Tel. 04 68 69 89 19. In Camps-sur-l'Agly: Gîte d'étape la Ferme de Camps, Tel. 04 68 69 87 53; Gîte d'étape de la Bastide, Tel. 04 68 69 87 57. In Rennes-les-Bains und Rennes-le-Château; vgl. Tour 24.
Variante: Rundtour von Bugarach, 460 m: Auf dem gelb-rot markierten Sentier Cathare südostwärts, teilweise auf der D 45, gut 3 km bis zu einem großen Block. Links weg und auf der als GR 36 und zusätzlich mit Steinmännern markierten »voie de la Fenêtre« steil durch die Südseite und den Südwestgrat auf den Pech de Bugarach, wobei man an einem Felsenfenster vorbeikommt. Abstieg auf der Normalroute in den Col du Linas und auf dem gelb-rot markierten GR du Pays zurück nach Bugarach. 6 Std., 800 Höhenmeter, 13 km.
Tipp: Ermitage Saint-Antoine in den Gorges de Galamus, eine viel besuchte Schlucht mit einem extrem schmalen, kurvenreichen Sträßchen in der nördlichsten Kette des Massif des Corbières. Vom Parkplatz am Südeingang der Schlucht kann man auf einem furchterregenden Weg zur Einsiedelei aus dem 15. Jahrhundert hinuntersteigen. 30 Min. hin und zurück. Auch der Sentier Cathare quert die Schlucht.
Karte: IGN Top 25: 2347 OT Quillan.

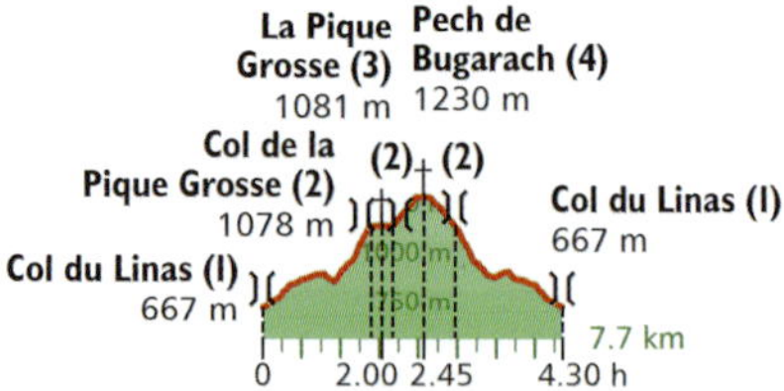

Vom **Col du Linas (1)** südwärts auf einem ziemlich breiten Weg ansteigen; nach ca. 10 Minuten rechts auf einem schmaleren Weg durch dichten Wald mit Buchen, Eichen, Nuss- und Buchsbäumen. Entlang einer umzäunten Weide sinkt der Wanderweg gut 40 Hm. Dann biegt er scharf nach links ab und steigt ziemlich steil und zunehmend steinig durch den Wald hoch in den **Col de la Pique Grosse (2)**, 1078 m; von hier lohnt sich der Abstecher zur felsigen **Pique Grosse (3)**, 1081 m, dem wie eine Schanze vorspringenden Bugarach-Westgipfel. Zurück in den kleinen Pass und weiter über den bewaldeten Westgrat und durch die grasige Westflanke auf den Gipfel des **Pech de Bugarach (4)**, 1230 m. Über die Aufstiegsroute zurück zum **Col du Linas (1)**.

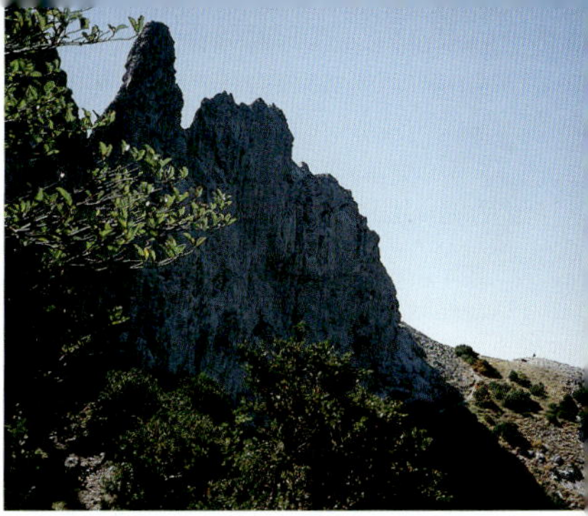

Fast wie eine Burg der Katharer: Felszinnen am Pech de Bugarach.

Das Dörfchen Bugarach mit seinem Hausberg: Die Route kommt von links vom Col du Linas und klettert durch die schattige Flanke hinauf.

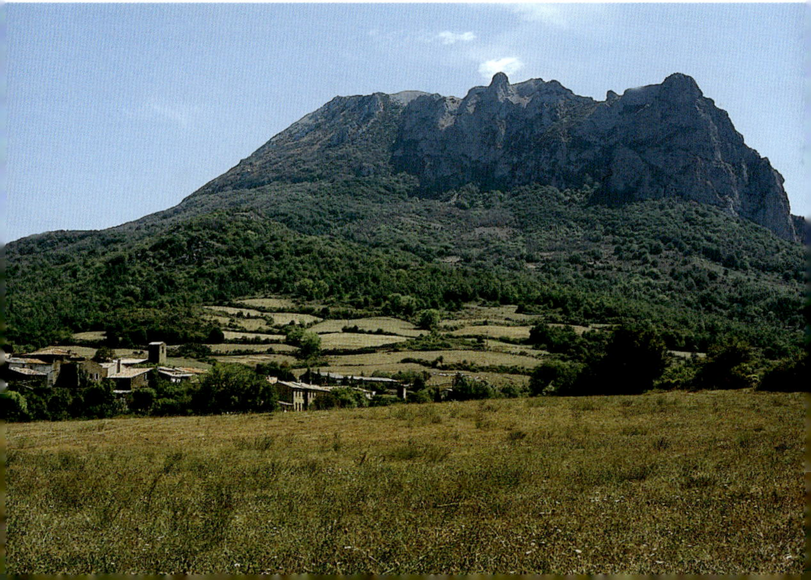

24 Sentier du Ritou

3.15 Std.

Ein etwas längerer Verdauungsspaziergang auf den Spuren eines mysteriösen Landpfarrers

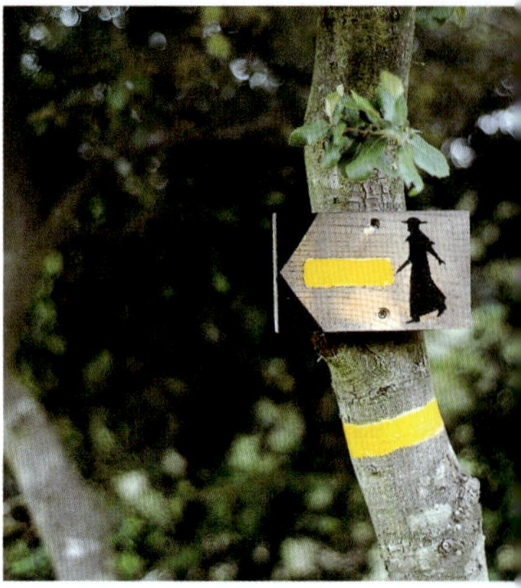

Gut markiert: der pfarrherrliche Weg. Aber der Wegweiser zum Schatz fehlt.

»Ritou« heißt im Okzitanischen »abbé«, »curé«, »prêtre«, also Priester, Landpfarrer. Als solcher wirkte Bérenger Saunière (1852–1917) im malerischen, auf einem Hügel gelegenen Rennes-le-Château. Um 1900 kam er auf mysteriöse Weise zu sehr viel Geld. Er ließ seine Kirche auf eigene Kosten renovieren, baute rund um das Pfarrhaus einen großen Gebäudekomplex inklusive Orangerie, Bibliothek mit Aussichtsturm und nahm das Geheimnis seines Reichtums mit ins Grab. Hatte er bei seinen Bauvorhaben Pergamente mit Hinweisen auf einen versteckten Schatz gefunden? Oder gar das legendäre Vermächtnis des Templerordens oder den Heiligen Gral entdeckt, wie die Literatur zu Rennes-le-Château und seinem Abbé vermutet? Wir wissen es nicht, und die Touristen ganz allgemein, die Schatzsucher, Esoteriker und Aquarellisten im Besonderen, rätseln vor Ort weiter. In seinem Anwesen sehen sie den Geistlichen beim Lesen eines religiösen Buches, während die Haushälterin Marie ein üppiges Mahl zubereitet. Danach musste der Abbé natürlich die Beine vertreten und wanderte zur Pique de la Valdieu mit einem herrlichen Blick zum Pech de Bugarach. Oder war etwas anderes das Ziel seines Weges?

Ausgangspunkt: Rennes-le-Château, 510 m; D 52 von Couiza, 220 m, an der D 118 von Carcassonne nach Quillan. Parkplatz ganz oben auf dem Dorfhügel beim Pfarrgut.
Höhenunterschied: 400 m.
Anforderungen: Keine. Route gut gelb markiert, mit Strichen und Wegweisern.
Beste Jahreszeit: Immer, im Hochsommer ziemlich heiß.
Einkehr: In Rennes-le-Château: la Pomme bleue.
Unterkunft: In Les Labadous: Chambres d'hôtes, Tel. 04 68 74 25 16, www.labadous.com. La Valdieu südlich unterhalb der Pique: Gîte d'étape, Tel. 04 68 74 23 21. In Couiza: Château des Ducs de Joyeuse, Tel. 04 68 74 23 50. In Rennes-les-Bains: Hostellerie, Tel. 04 68 69 88 49.
Varianten: Zustieg nach Rennes-le-Châ-

teau von Esperaza, 243 m, an der Bahn- bzw. Buslinie Carcassonne – Quillan. Auch von Rennes-les-Bains, 320 m, scheint der Zustieg zur Pique de la Valdieu möglich, vom Verbindungsweg zur gleichnamigen Gîte d'étape, vorbei am Fauteuil du Diable (diesen Weg wird der Abbé natürlich nicht gewählt haben – oder doch?).

Tipp: Rennes-le-Château: Espace Bérenger Saunière, tägl. ab 10 Uhr geöffnet, Tel. 04 68 74 72 68, www.rennes-le-chateau.org. Die uferlose Literatur zu Bérenger Saunière wird angeführt von Dan Browns »Sakrileg«. – Rennes-les-Bains-Rennes-les-Bains: schon die Römer kannten die salzhaltigen Thermalquellen. – Esperaza: Musée des Dinosaures.

Karte: IGN Top 25: 2347 OT Quillan. Übersichtsblatt ist beim Eingang zum Espace Bérenger Saunière erhältlich; reicht auch für die Wanderung.

Die Wanderung setzt ein unter dem Bibliotheksturm des Pfarrgutes von Abbé Saunière in **Rennes-le-Château (1)**. Auf einem Pfad hinab auf einen breiten Weg und nördlich um das Dorf herumspazieren bis zur Zufahrtsstraße. Dieser folgen wir, bis links ein gepflasterter Weg abzweigt. Er quert die Zufahrtsstraße und sinkt weiter feldabwärts; rechter Hand sind der »Löwenteich« und die Ruine einer Mühle zu betrachten. Ein Feldweg führt nach **Les**

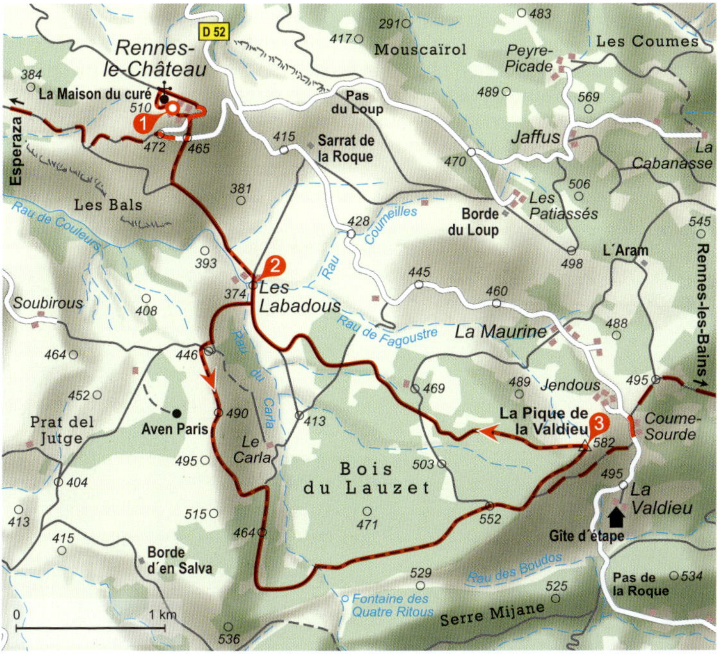

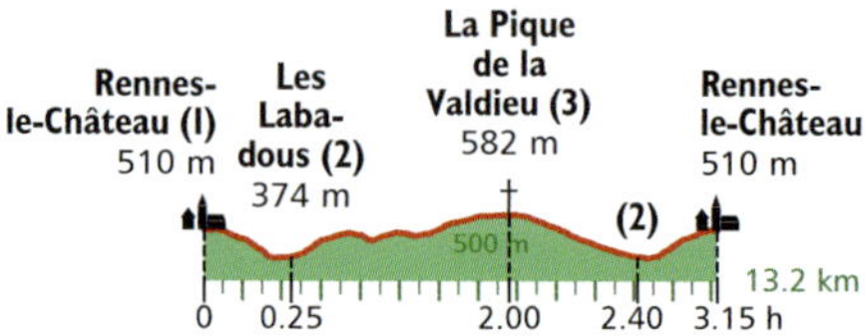

Labadous (2), 374 m. Von dort geht man kurz südwärts, dann rechts auf einem Schottersträßchen weiter, das in Kurven zu einem Übergang, 446 m, hochzieht. Nun wandert man südwärts über den Kammweg, die Abzweigung zum Aven Paris ignorierend (aber vielleicht liegt gerade in diesem Loch der Schatz des Abbé vergraben ...). Kurz danach sinkt der Weg durch Feld und Wald und nähert sich wieder aufsteigend auffälligen Kalkzähnen (auf der Karte nicht markiert); südlich von ihnen sprudelt die Fontaine des Quatre Ritous – der Abstecher lohnt sich wegen des sumpfigen Geländes und der Vielzahl unmarkierter Pfade nicht, es sei denn ... Also weiter durch den Bois du Lauzet auf breitem Weg marschieren. Wo er zu sinken beginnt, pilgert man über den aussichtsreichen Kammweg bis nach vorne auf die Kanzel **La Pique de la Valdieu (3)**, 582 m. Der Abstieg vollzieht sich in grob westlicher Richtung durch leicht bewaldetes Gelände, über breite Wege und weglose Abschnitte, wobei man sich immer schön an die Markierungen hält. Man erreicht so einen Fahrweg, der zurück nach **Les Labadous (2)** leitet. Der Rückweg nach **Rennes-le-Château (1)** ist bekannt, aber oben auf der Zufahrtsstraße zweigt man bei den Gärten links ab und gelangt durchs Dorf zum Gipfelparkplatz und zur Tour Magdala.

Fantasieschlösschen Rennes-le-Château: Woher hatte Bérenger Saunière das Geld?

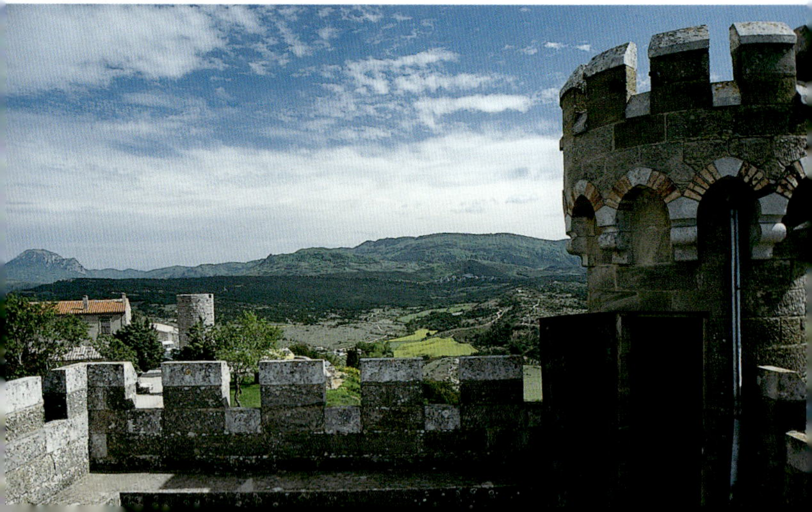

6.30 Std.

La Frau, 1925 m **25**

Im gelobten Land: gegenüber und auf der Hochburg der Katharer

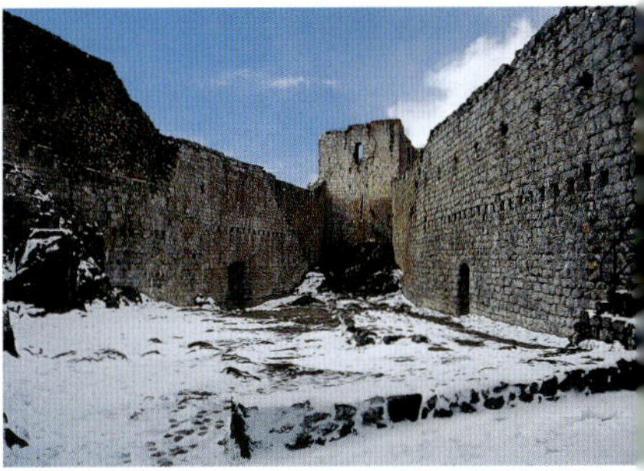

Zitadelle des Glaubens: Montségur.

Wer »Katharer« sagt und das Pays Cathare bereist, muss eigentlich nur zwei Namen wissen: Peyrepertuse und Montségur. Mont ségur, der »sichere Berg«, war die letzte Zuflucht der Katharer auf einem 1200 Meter hohen Kegel, Pog genannt. Doch die Belagerung dauerte zu lange; nur ihres strengen Glaubens wegen gaben 205 Katharer nicht auf und büßten dafür am 16. März 1244 auf dem Scheiterhaufen. An ihr trauriges Los erinnert eine Stele, an der Hunderte von Touristen zur vermeintlich sicheren Burg hinaufpilgern. Und dann zum Dorf Montségur mit seinen strengen Häuserreihen hinunterblicken, wo sie später noch ein Katharer-Souvenir kaufen. Gegenüber dem Bergdorf erhebt sich mächtig die Montagne de la Frau, an der entlang die Grenze zwischen den Regionen Languedoc–Roussillon und Midi–Pyrénées verläuft. Montségur gehört nämlich genaugenommen zu Letzterer, aber es wäre fast ein Verbrechen gewesen, diese Zitadelle nicht in diesem Führer aufzunehmen.

Ausgangspunkt: Montségur, ca. 900 m, an der D 9 Lavelanet – Bélesta. Großer Parkplatz unterhalb des Dorfes. Schöner Picknickplatz im Vallée de Lasset, ca. 920 m; man muss dann etwas zurückgehen, um das Sträßchen nach Courtaluc zu erwischen.
Höhenunterschied: 1030 m.
Anforderungen: Wanderung auf teilweise markierten Sträßchen und Wegen; an einer Stelle werden die Hände zur Fortbewegung benötigt. Im Gipfelbereich teils weglos.
Beste Jahreszeit: Frühling und Herbst.
Einkehr und Unterkunft: In Montségur: z.B. Hôtel Costes, Tel. 05 61 01 10 24; Gîte d'étape Lou Sicret, Tel. 05 61 01 08 57. Zeltplatz. Zwischen Montsegur und Fougax: Chambres d'hôtes Oh! Les beaux jours, Tel. 05 61 01 64 42.
Varianten: 1. Gorges de la Frau am Ostfuß des Berges; Zugang von Comus oder von Barrineuf, oder auch von Montségur auf dem Sentier Cathare (3.15 Std. bis Comus). 2. Pic de Saint-Barthélemy, 2348 m, südwestl. vom Col de Montségur: knapp 8 Std. hin und zurück.
Tipp: Château de Montségur, 1200 m – vom Parkplatz am gleichnamigen Col, 1026 m, auf nicht ganz kinderleichtem Pfad in gut 30 Min.; kostenpflichtig, täglich offen, Mai–Sept. bis 19.30 Uhr, sonst bis 17 Uhr. Vom Nebentor lohnt sich noch der Abstecher ostwärts auf eine Kuppe mit tollem Blick auf Burg, Dorf und La Frau. – Musée archéologique et histo-

rique in Montségur. – Liaty Pisani: Der Spion und der Bankier, Diogenes Verlag: Die Geschichte der Katharer verpackt in einen Thriller, der rund ums Château de Montségur spielt. Unbedingt lesen.
Karte: IGN Top 25: 2247 OT Lavelanet – Montségur.

Von **Montségur (1)** dorfauswärts auf der Straße bis in die große Kurve und geradeaus hinein in das **Vallée du Lasset (2)**. Nach einem Hangar verzweigt sich das Sträßchen; links über den Fluss und auf dem Schottersträßchen über Courtaluc zu einer Metallbarriere, 1029 m, welche die Zufahrt in die »Réserve Naturelle d'Embeyre« blockiert. Auf dem Sträßchen um den bewaldeten Nordrücken der Montagne de la Frau herum; bei der Verzweigung rechts. Nach der Haarnadelkurve auf ca. 1180 m oberhalb Sarrat du Liam gibt es bei einem Steinmann zwei Möglichkeiten: 1) Auf einem gelb-rot markierten Pfad direkt steil hinauf zum **Roc du Tals (3)**, 1379 m, im Nordgrat der Montagne de la Frau. 2) Weiter auf dem Sträßchen zum gleichen Roc. Von einem Gratvorsprung weiter oben hat man einen tollen Blick auf Dorf und Burg Montségur. Bald darauf gelangt man zu einer abgesperrten Grotte. Der Pfad folgt weiter dem vorerst noch bewaldeten Grat, kommt am **P. 1717 (4)** vorbei (unterhalb davon die Grotte de la Caunha), geht wei-

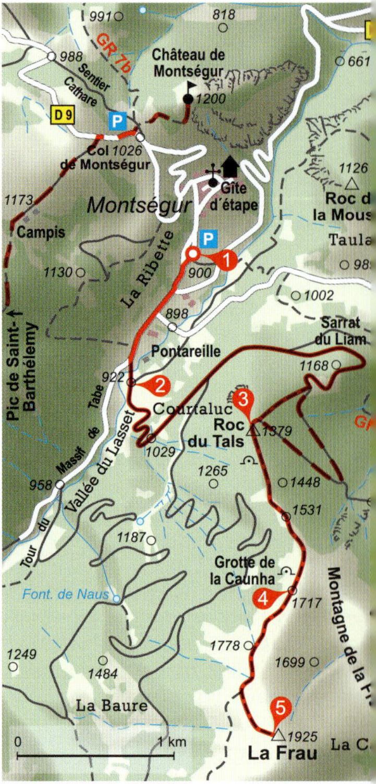

Hübscher Weg: im Anstieg zur Frau.

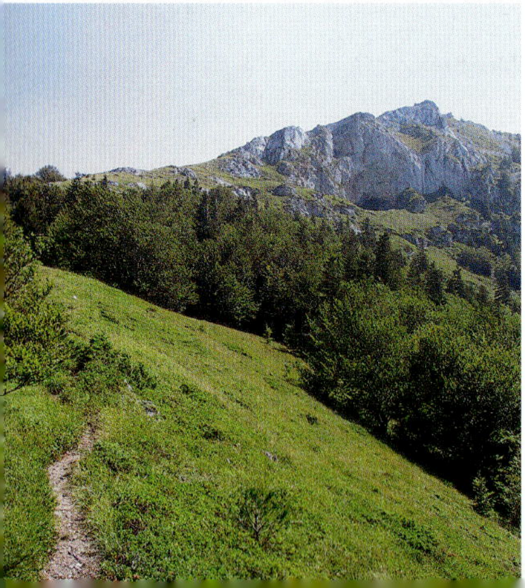

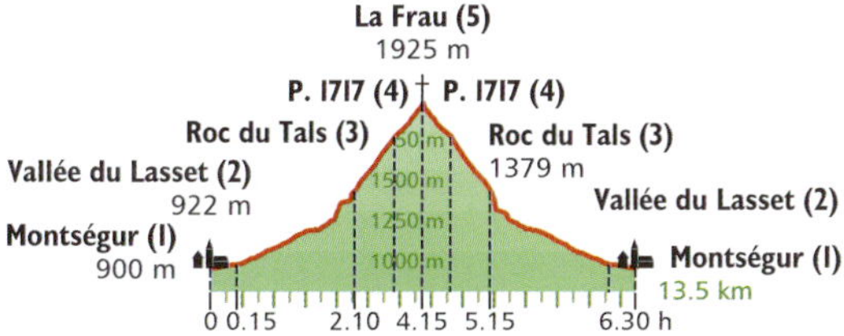

ter oben leicht rechts haltend durch karstiges Gelände und erklimmt schließlich den aussichtsreichen und höchsten Punkt der Montagne de la Frau, kurz **La Frau (5)**, 1925 m, genannt. Abstieg wie Aufstieg zurück nach **Montségur (1)**.

Immer im Blickfeld von der Montagne de la Frau: Dorf und Burg Montségur.

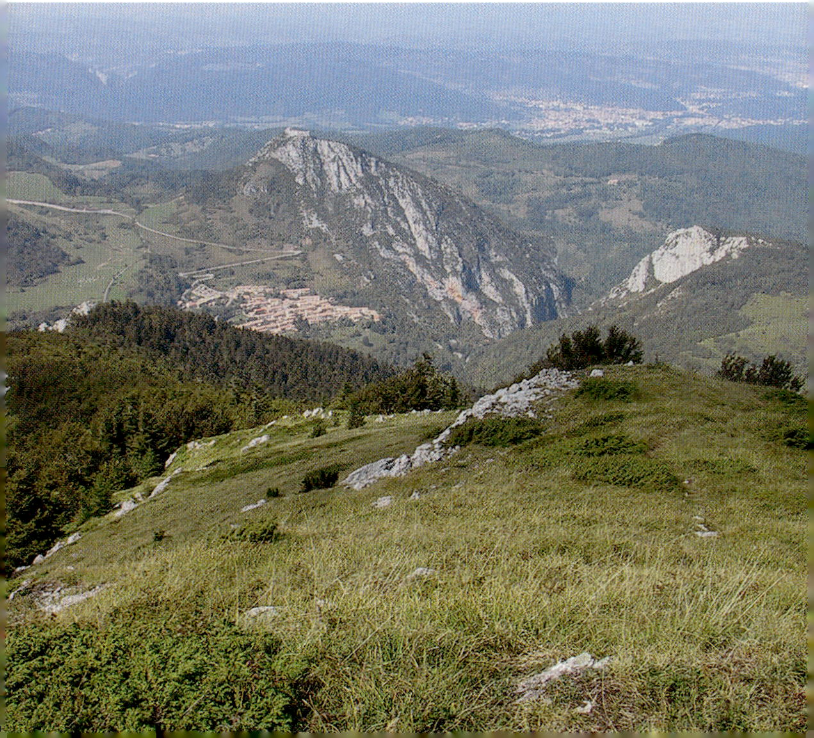

TOP 26

Pic Carlit, 2921 m

5.45 Std.

Seen- und Menschenparade am höchsten katalanischen Gipfel

Mit seinen knapp 3000 Metern ist der Pic Carlit der höchste Gipfel des Languedoc–Roussillon. Er dominiert die Talschaften der Cerdagne und des Capcir; seine Stellung wird nur vom Pic du Canigou herausgefordert, der niedriger, aber freier dasteht. Die Aussicht ist von beiden Häuptern gleich immens. Am Fuße des Carlit liegt Mont-Louis, 1613 m, das höchstgelegene Städtchen Europas (St. Moritz nicht gerechnet), 1679 als Grenzort gegen Spanien errichtet. Das Massif du Carlit ist oberhalb von 2300 Metern eigentlich eine Steinwüste, doch die vielen Seen am Weg zum Hauptgipfel der Pyrénées Catalanes sorgen für idyllische Abwechslung. Dieser Weg ist nicht allzu hoch und weit; als Ausgangspunkt dient der gestaute Lac des Bouillouses, ein sehr beliebtes Ausflugsziel. Im Hochsommer tummeln sich da die (Wander)Touristen en masse.

Talort: Mont-Louis, 1613 m, an der N 116 durchs Têt-Tal, von Perpignan nach Bourg-Madame an der Grenze zu Spanien; auch Bahnlinie. Wer mit der Bahn unterwegs ist, kann in der Station Bolquère aussteigen; von dort in 3 Std.

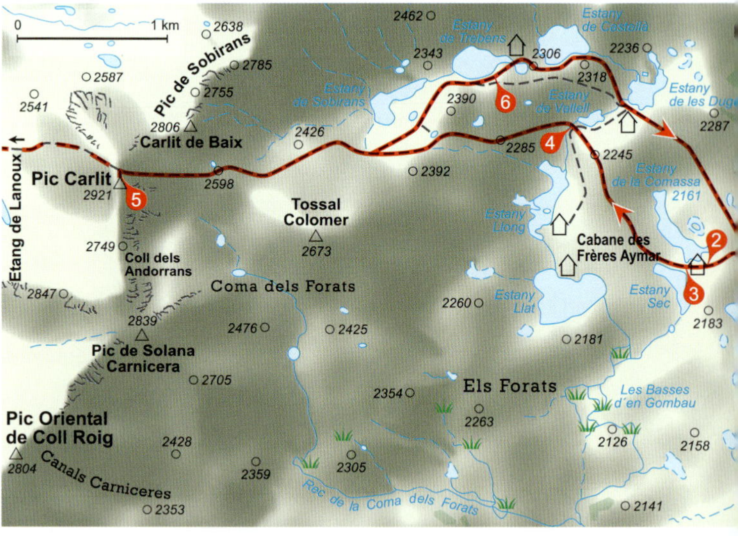

auf dem GR 10 zum Lac des Bouillouses. Oder Font-Romeu westlich von Mont-Louis.

Ausgangspunkt: Lac des Bouillouses, 2016 m; D 60 von Mont-Louis. In der Hochsaison ist die Straße ab 7 Uhr und La Borda, ca. 1680 m, für den Privatverkehr gesperrt; Pendelbusverkehr. Von Font-Romeu, 1750 m, mit der Télécabine nach Les Airelles, 1940 m, mit dem Pendelbus zum Parking de la Calma, mit zwei Sesselliften über den Roc de la Calma, 2210 m, auf die Pla de Bones Hores, 1940 m; dann 2 km zu Fuß zum Lac des Bouillouses (nur wenn die Lifte laufen).

Höhenunterschied: 930 m.

Anforderungen: Trittsicherheit für den Gipfelsturm, wo kurz die Hände gebraucht werden. Markiert.

Beste Jahreszeit: Juni bis Oktober.

Einkehr und Unterkunft: Lac des Bouillouses: Auberge du Carlit, Tel. 04 68 04 22 23. Chalet-refuge des Bouillouses du Club Alpin Français, 45 Plätze, Juni bis Oktober bewartet, Tel. 04 68 04 93 88;

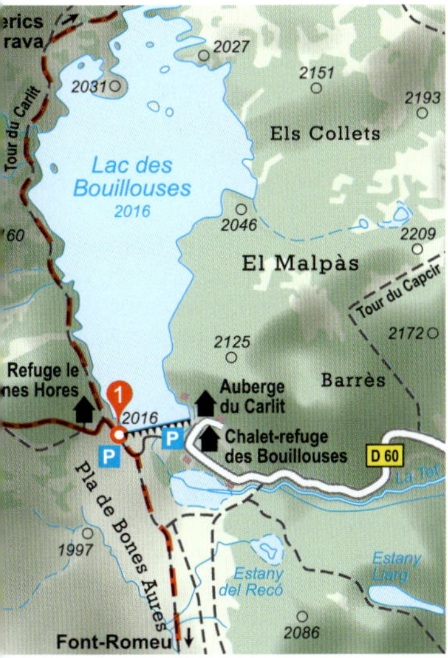

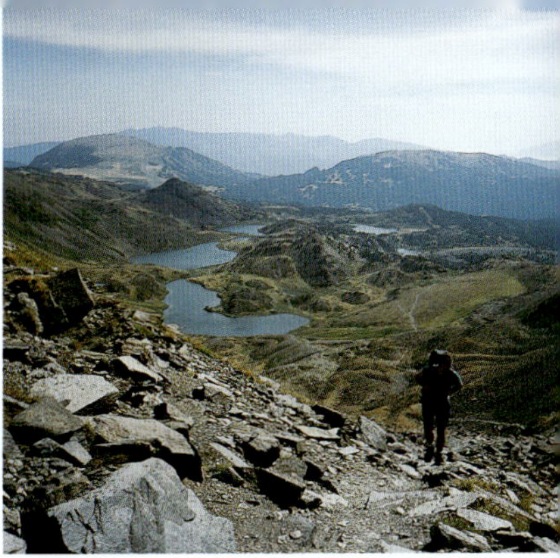

Gut erkennbar: der L-förmige Estany de Sobirans.

Refuge le Bones Hores, Tel. 04 68 04 24 22. In Mont-Louis: Lou Rouballou, Tel. 06 84 67 30 23. Camping Pla des Barrès, Tel. 04 68 04 26 04. In Font-Romeu: Carlit, Tel. 04 68 30 80 30, Y Sem Bé, Tel. 04 68 30 00 54. L'Oustalet in Via, Tel. 04 68 30 11 32.

Variante: Von der Scharte unterm Gipfel westwärts steil im Geröll hinab zum Estany des Forats und durchs Tal abwärts zum Abri de la Guimbarde und dem gestauten Etang de Lanoux, 2213 m; auf dem GR 7 und der Tour du Carlit am See entlang, dann über die Portella de la Grava, 2426 m, wo die Têt, der wichtigste Fluss der Pyrénées-Orientales entspringt, zurück zum Lac des Bouillouses; 8.30 Std., rund 1200 m Auf- und Abstieg.

Tipp: Die von Vauban angelegte Festungsstadt Mont-Louis; die Zitadelle kann nicht besichtigt werden, wohl aber die Wallanlage. – Four Solaire von Mont-Louis, das älteste Solarkraftwerk der Welt. Einen zweiten Sonnenofen mit einem riesigen Parabolspiegel gibt es auch in Odeillo bei Font-Romeu. Tägliche Führungen in beiden Fours solaires.

Karten: IGN Top 25: 2249 ET Font-Romeu; für die Lanoux-Runde 2249 OT Bourg-Madame – Pic Carlit.

Kombinationsmöglichkeit: Mit Tour 27.

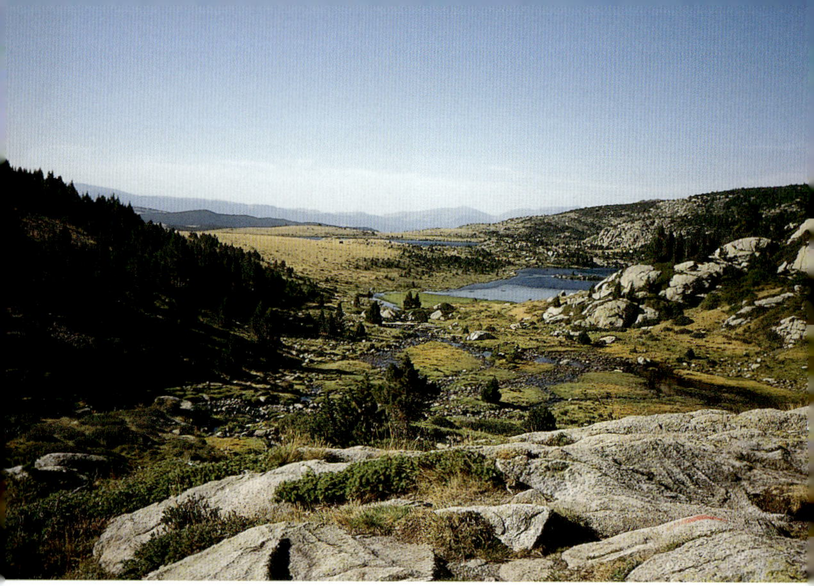

Prägen auch den Weg zum Pic Carlit: tiefblaue Bergseen.

Von der Staumauer des **Lac des Bouillouses (1)**, 2016 m, nordwestwärts zur Wegverzweigung, 2143 m, zwischen den beiden Seen Negre und del Viver. Auf dem linken, westlichen Weg zu einem Unterstand (Abri) bei den **Estany de la Comassa (2)** und **Estany Sec (3)**. Über einen Moränenhügel, 2240 m, zum Abfluss, ca. 2220 m, des **Estany de Vallell (4)**, wo ein Verbindungsweg vom östlichen Hauptweg einmündet.
Weiter ansteigen zur Vereinigung beider Routen, ca. 2360 m. Gemeinsam durchs geröllige Tal in die Scharte unmittelbar nördlich des Pic Carlit, wobei sich eine Steilrinne als Schlüsselstelle erweist. Schließlich in wenigen Schritten hinauf zum **Pic Carlit (5)**, 2921 m, dem höchsten Punkt dieses Führers. Der Abstieg erfolgt zuerst auf der gleichen Route. Dann aber wählt man im Gerölltal den linken, westlichen Weg, der an mehreren Seen wie dem **Estany de Trebens (6)** und zwei Unterständen vorbei ebenfalls zum Anfangsweg und zum **Lac des Bouillouses (1)** zurückführt.

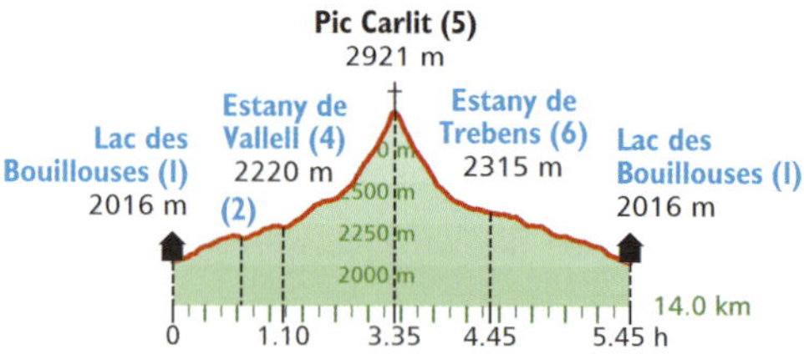

9.00 Std.

Petit Péric, 2690 m – Pic Péric, 2810 m

27

Zwei Hütten und Gipfel, mehrere Seen und viel Geröll

Font-Romeu in der Cerdagne, Formiguères im Capcir: beliebte Sommerfrischen von alters her, seit dem Startschuss zum planmäßigen Liftskifahren auch im Winter oft besucht. Entsprechend sehen Orte und Landschaft aus. Leider ermöglicht es der Calmasella-Sessellift den Wanderern nicht mehr, die Pisten möglichst rasch hinter sich zu lassen. In den Geröllhalden des kleinen und großen Péric wären wir allerdings fast wieder froh um eine minimale touristische Infrastruktur. Die Stille, die gute Luft und die Aussicht über die katalanischen Pyrenäen genießen wir uneingeschränkt.

Talort: Formiguères, 1506 m; an der D 118 zwischen Mont-Louis im Vallée de la Têt (N 116) und Axat.
Ausgangspunkt: Station de Formiguères, 1780 m, 4,5 km westlich von Formiguères.
Höhenunterschied: Insgesamt 1550 m.
Anforderungen: Trittsicherheit und Orientierungssinn nötig. Pfade nur teilweise vorhanden und markiert.
Beste Jahreszeit: Juli bis September. Früh starten, da sich am Nachmittag recht oft heftige Gewitter entladen; immer einen guten Wetterschutz mitnehmen.

Gruß vom Carlit: der kleine und der große Péric (rechts der Bildmitte).

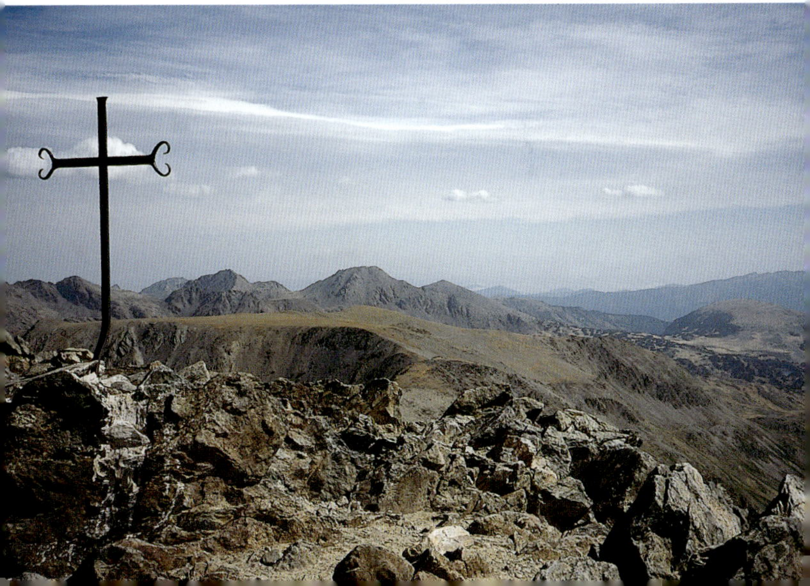

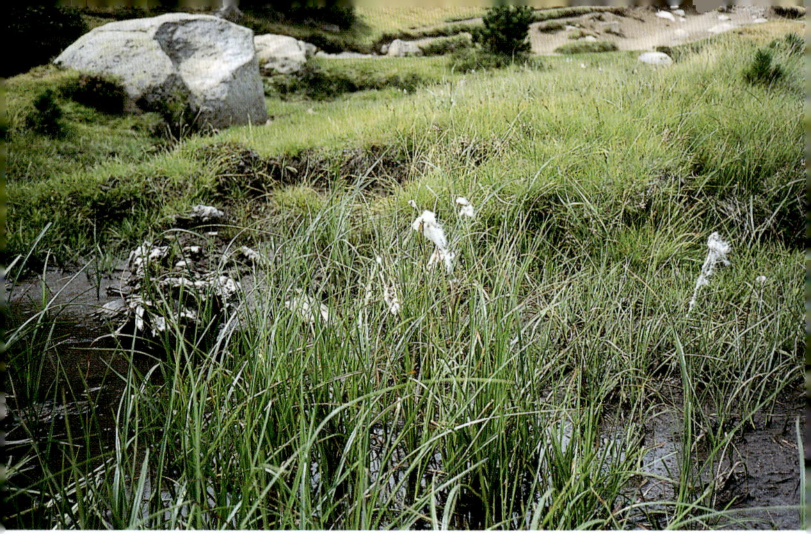

Setzt weiße Tupfer in die Seen: das Wollgras.

Einkehr und Unterkunft: Refuges de Camporells, 2240 m, zwei Hütten, eine ist für Selbstversorger immer offen, die andere nur im Sommer und dann teilweise bewirtschaftet, Tel. 04 68 04 49 86. In Formiguères gibt es mehrere Hotels, z. B. Hôtel Picheyre, Tel. 04 68 04 40 07; Le Coq d'Or, Tel. 04 68 04 42 17. Hotels in Les Angles (einem weiteren Skiort). Am Lac des Bouillouses und in Font-Romeu; vgl. Tour 26.
Variante: Start ist am Lac des Bouillouses, 2016 m, an dem man auf der markierten Tour du Capcir (GR) entlanggeht und am Ende des Sees den Têt überquert. Kurz danach verlässt man den GR nach links und wandert nordwärts oberhalb des Estany de l'Esparver vorbei in eine Hochmulde mit Bach. Nun steigen wir rechts hinauf in den Sattel nördlich von P. 2337 m. Immer Höhe haltend geht es weglos hinüber in die Coma de la Llosa und durch diese Mulde hinauf in den Péric-Sattel und zum Puig Peric; 3½ Std., 850 m, 7,5 km.
Tipp: Parc Animalier des Angles, in dem die ganze Fauna der Pyrenäen inklusive Bären und Wölfe studiert werden kann; täglich geöffnet.
Karte: IGN Top 25: 2249 ET Font-Romeu.

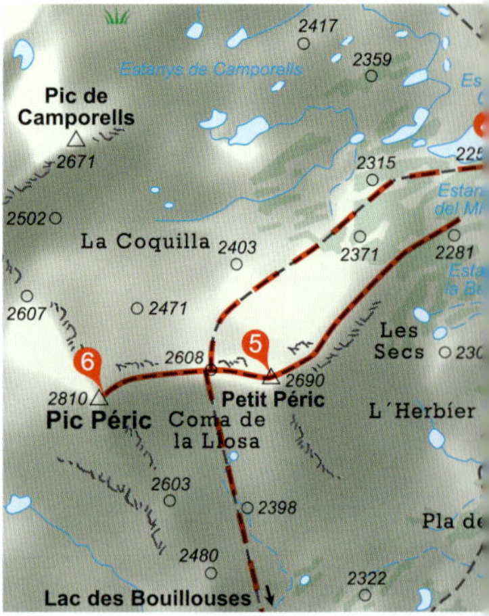

Von der **Station de Formiguéres (1)** auf dem Wanderweg über Pisten und durch Wald hinauf zur **Station supérieure du Télésiège de la Calmasella (2)**, 2095 m. Von hier geht es zuerst auf einem Sträßchen, dann auf einem Weg über den Rücken der **Serra de Mauri (3)**, 2428 m, und hinab gegen die Refuges de Camporells am Estany del Mig, 2240 m. Diese lässt man aber deutlich links liegen und steuert den Steg, 2250 m, am Abfluss des **Estany Gros (4)** an. Kommt man von den Hütten, so folgt man dem Nordufer des Estany del Mig. Nun südwestwärts zum auffälligen Nordostgrat des **Petit Péric (5)**, 2690 m, den man ersteigt. Vom Gipfel über den Westgrat hinab in einen Sattel, 2608 m, und über den Ostgrat hinauf zum großen **Pic Péric (6)**, 2810 m. Die Rückkehr zur **Station de Formiguères (1)** erfolgt auf der gleichen Route mit den Wiederanstiegen auf den kleinen **Péric (5)** und die **Serra de Mauri (3)**. Es ist auch möglich, vom Péric-Sattel nordwärts steil durchs Geröll zum Estany Gros abzusteigen (schwieriger).

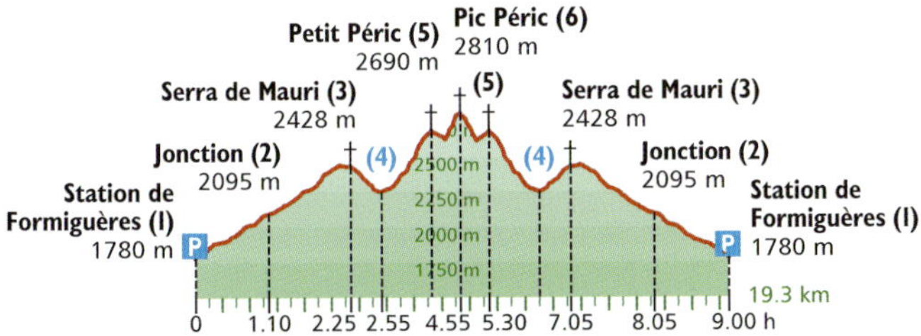

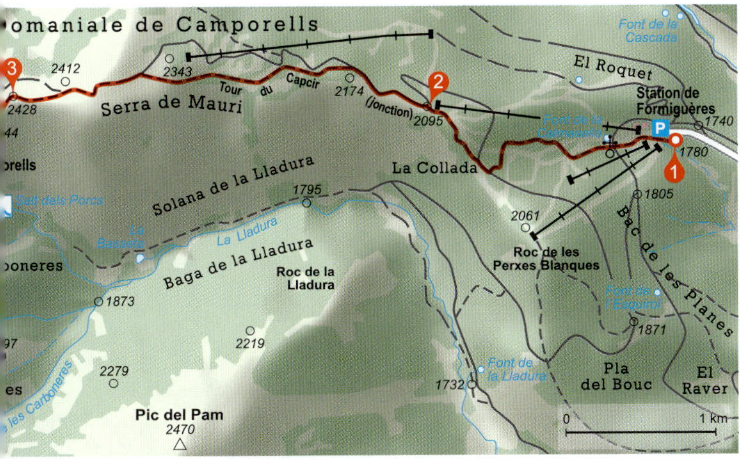

28 Puigmal d'Err, 2910 m

5.30 Std.

Nr. 2 der östlichen Pyrenäen, Nr. 1 bei den Wall- und Skifahrern

»Puig« heisst Pic, Pizzo, Piz, also Horn, »mal« heißt schlecht. Aber so schlecht kann es um den höchsten Gipfel der spanischen Provinz Gerona, um den zweithöchsten Gipfel der französischen Pyrénées Catalanes gar nicht gestellt sein. Weder für die Wintersportler, die auf französischer Seite bis zum Gipfel La Tossa (2662 m) hinauffahren können, noch für die Wallfahrer, die im spanischen Wallfahrtsort Núria starten. Was den einen die Masten, sind den anderen die Gipfelzeichen: Neben dem Vermessungsbolzen und der traditionellen katalanischen Flagge ist der Puigmal d'Err noch mit diversen Kreuzen und Tafeln verziert. Noch etwas zur Aussicht: Sie reicht bei besten Bedingungen bis zum Aneto, 3404 m, dem höchsten Gipfel der gesamten Pyrenäen.

Karge Landschaft während des Anstiegs zum Petit Puigmal de Sègre; im Hintergrund erkennt man das Ziel, fast 3000 Meter hoch.

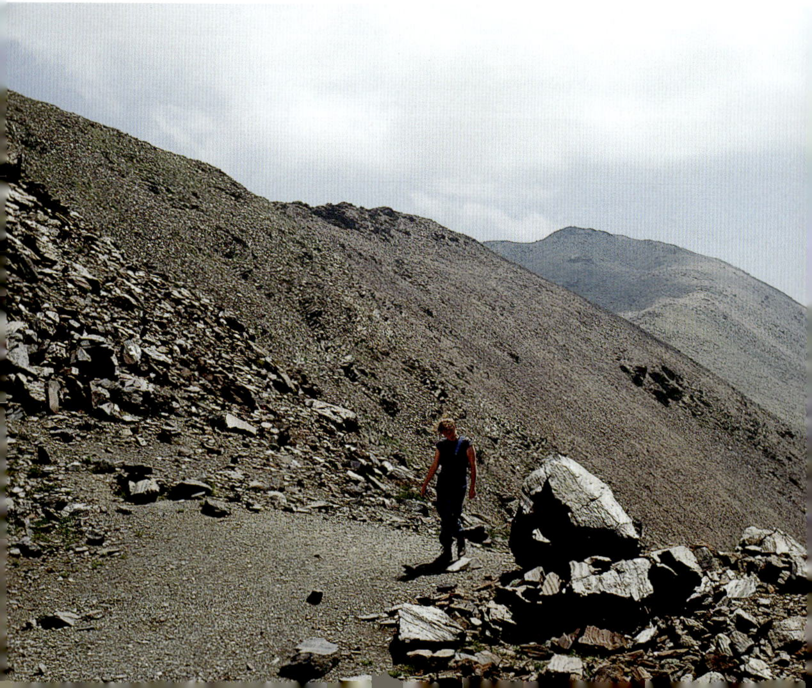

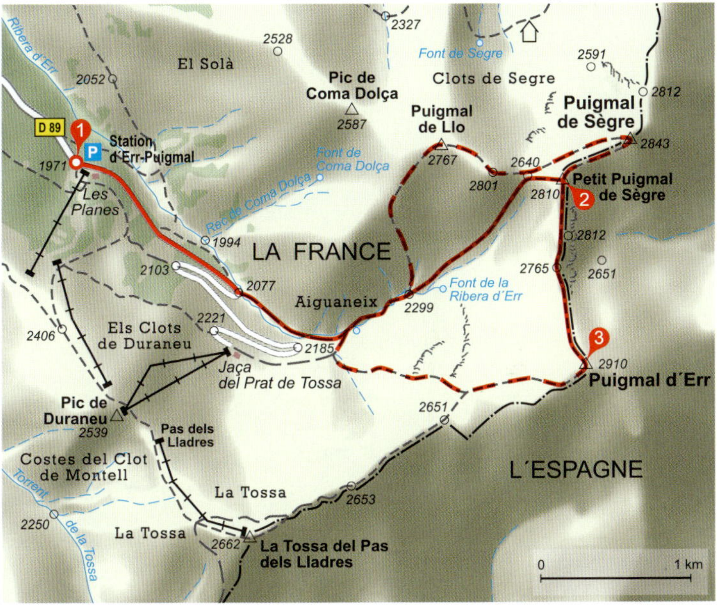

Talort: Err, 1349 m, in der Cerdagne, fast am Ende der N 116 von Perpignan nach Bourg-Madame.
Ausgangspunkt: Station d'Err-Puigmal, Parking Les Planes, 1971 m; direkt von der N 116 westlich von Err auf die D 33 und D 89 abzweigen.
Höhenunterschied: 1030 m.
Anforderungen: Nur Kondition für die 1030 Hm; oft markierte Wege. Auf den Gipfelgraten bläst häufig ein kalter Wind.
Beste Jahreszeit: Juni bis Ende Oktober.
Einkehr und Unterkunft: In Err: Gîte, Tel. 04 68 04 74 20. In Llo: Auberge Atalaya, Tel. 04 68 04 70 04. In Saillagouse: la Vieille Maison Cerdagne, Tel. 04 68 04 72 08; le Christiania, Tel. 04 68 04 72 07; chambres d'hôtes Mas Rondole, Tel. 04 68 04 00 51. In Font-Romeu und Mont-Louis; vgl. Tour 26.
Varianten: Gipfelsammler steigen von P. 2299 unterhalb der Quelle des Err-Baches nordwärts zum Südwestgrat des Puigmal de Llo, 2767 m hoch und queren später vom Sattel 2640 m zum Puigmal de Sègre. Vom Puigmal d'Err kann man auf einem sehr steilen Weg direkt über die Nordwestflanke absteigen. Himmlisch ist die Kammwanderung hinüber zum La Tossa del Pas des Lladres, 2662 m, doch der Abstieg durch die Lift- und Pistenlandschaft ist höllisch.
Tipp: Bains de Llo, um die müden Muskeln zu regenerieren. Musée de la Cerdagne in Sainte-Léocadie bei Err, um den Kopf anzuregen; täglich geöffnet, November/Dezember geschlossen.
Karte: IGN Top 25: 2250 ET Bourg-Madame – Mont-Louis.
Kombinationsmöglichkeit: Mit Tour 47 aus: Rother WF Pyrenäen 3, Spanische Ostpyrenäen.

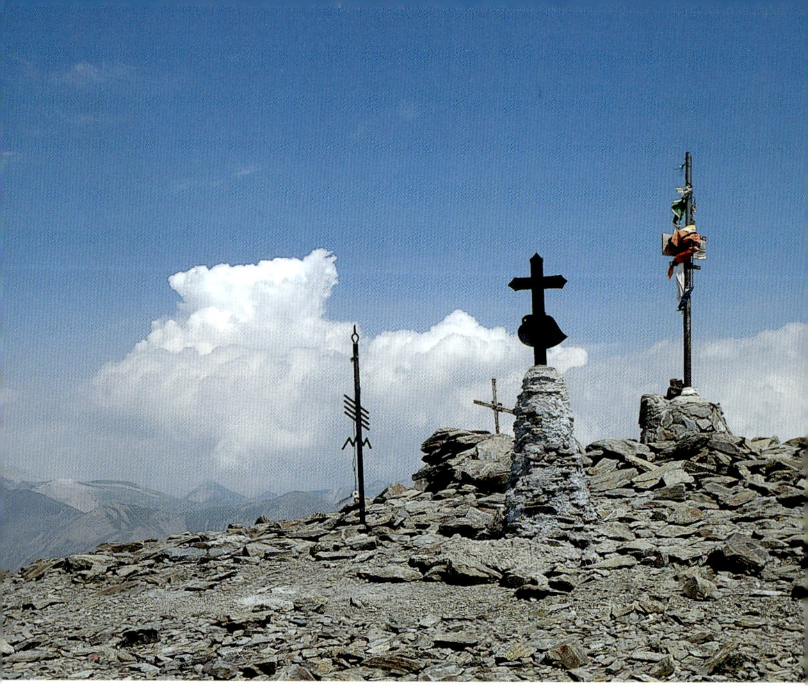

Am Gipfel des üppig dekorierten Puigmal d'Err: Auch die Staatsgrenze verläuft hier.

Vom Parkplatz Les Planes der **Station d'Err-Puigmal (1)** auf der für den Verkehr gesperrten D 89 weiter taleinwärts zur ersten Kurve, 2077 m. Auf einem Weg geradeaus weiter und an einem Bach entlang bis fast zu seiner Quelle (Font de la Ribera d'Err, ca. 2380 m). Der gut erkennbare Pfad zieht links von ihr ziemlich steil hinauf in einen Sattel, ca. 2640 m. Über den Westgrat hinauf auf den **Petit Puigmal de Sègre (2)**, 2810 m. Auf einem Pfad am Grat entlang, eine Erhebung rechts umgehend, in einen Sattel, ca. 2760 m, und weiter auf der französisch-spanischen Grenze zum **Puigmal d'Err (3)**, 2910 m.

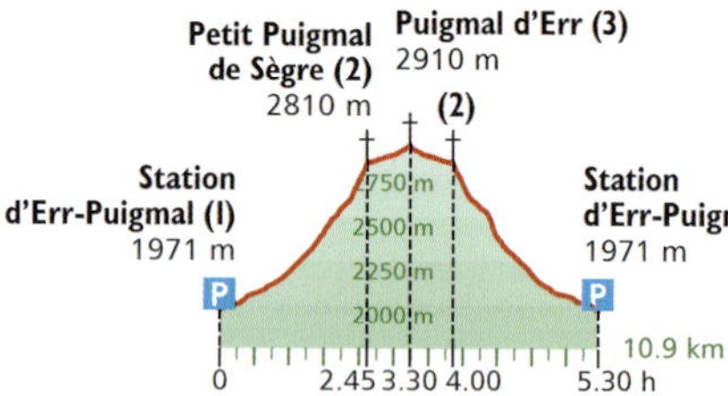

Wie beim Hinweg über den **Petit Puigmal de Sègre (2)** zurück nach Les Planes zur **Station d'Err-Puigmal (1)**.

4.00 Std.

Gorges de la Carança

29 TOP

Schluchterlebnis pur im Haut-Conflent

Wer in den östlichen Pyrenäen eine einzige Tour machen will, sollte den Canigou besteigen. Die große Einsamkeit wird man allerdings dort oben kaum finden. Wer noch eine zweite, ganz andere Wanderung machen will, sollte die Gorges de la Carança im Conflent aufsuchen, ein ebenfalls sehr beliebtes Ziel. Der teilweise aus den Felsen herausgesprengte Weg mit seinen Geländern, Hängebrücken und Leitern in einer eigentlich unzugänglichen Schlucht vermittelt stundenlang sportliches Spektakel – Canyoning für Wanderer.

Ausgangspunkt: Thuès-Entre-Valls, ca. 850 m, an der N 116 durch das Vallée de la Têt. Haltestelle des Petit Train Jaune. Gebührenpflichtiger Parkplatz beim Eingang zur Schlucht.

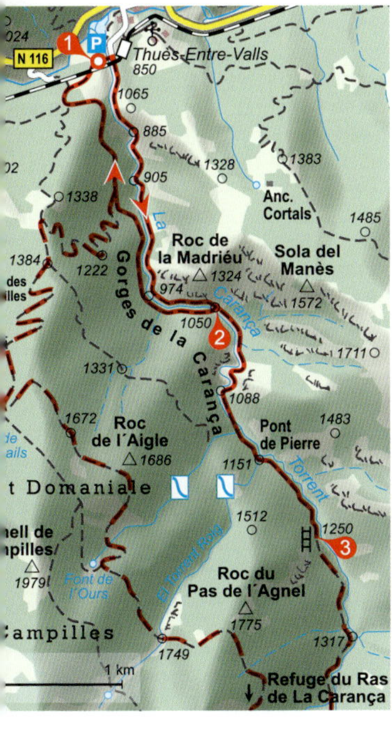

Höhenunterschied: Knapp 500 m.

Anforderungen: Im Allgemeinen gut versicherter, aber teilweise ausgesetzter Weg. Wer schwindelanfällig ist oder schwierig im Zaum zu haltende Kinder hat, sollte im Petit Train Jaune sitzen bleiben.

Beste Jahreszeit: Mai bis Oktober.

Einkehr und Unterkunft: In Thués: Appartements communaux, Tel. 04 68 97 06 96; Gîte d'étape et Camping Mas de Bordes, Tel. 04 68 97 05 00. In Olette; vgl. Tour 30. In Mont-Louis; vgl. Tour 26. Refuge du Ras de La Carança, 1831 m, 20 Plätze, von Juni bis Mitte September bewirtschaftet, Tel. 04 58 00 15 56, refuge.carranca.free.fr.

Variante: Weiter schluchtaufwärts zum Refuge du Ras de La Carança, 1831 m; 1¾ Std. Für die Rückkehr empfiehlt sich der Sentier des Campilles (oder Cami Ramader) über die Anhöhen westlich der Schlucht; er zweigt in dieser auf ca. 1730 m, 1 km unterhalb der Hütte ab. Die ganze Rundtour dauert 8 Std. mit 1300 m Auf- und Abstieg. Von der Hütte kann man auch auf dem GR 10 über den Coll

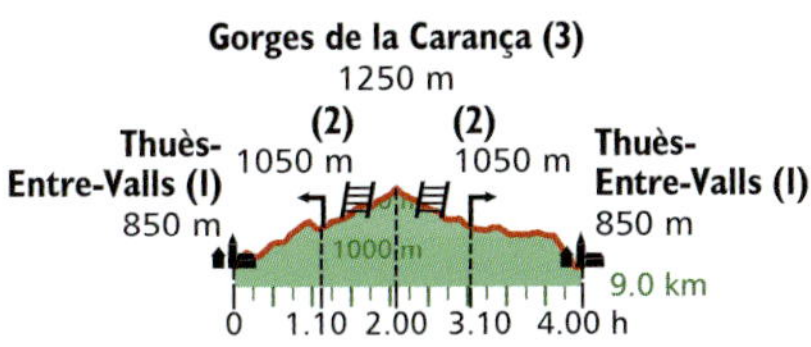

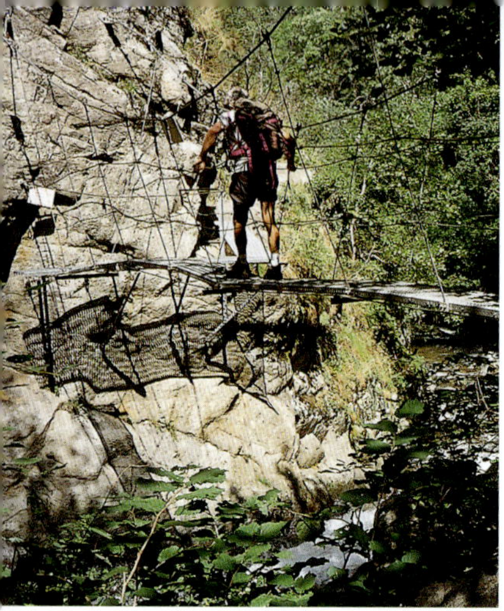

Gebändigte Natur: Hängebrücke in den Gorges de la Carança.

del Pal, 2294 m, nach Mantet, 1530 m; vgl. Tour 32.

Tipp: Le Petit Train Jaune – die im frühen 20. Jahrhundert eröffnete einspurige Eisenbahn durch das Vallée de la Têt verbindet Villefranche-de-Conflent mit Latour-de-Carol: 63 km, 19 Tunnels, 22 Brücken, am eindrucksvollsten die 80 m hohe Hängebrücke Pont Gisclard, insbesondere vom offenen Waggon aus. Beliebte Touristenattraktion mit täglich 7 Fahrten in der Hochsaison; Tel. 0 800 886 091.

Karten: IGN Top 25: 2249 ET Font-Romeu; 2250 ET Bourg-Madame – Mont-Louis.

Kombinationsmöglichkeit: Mit Tour 32.

Vom Parking des Gorges westlich **Thuès-Entre-Valls (1)** unter der Bahnlinie hindurch und hinein in die Schlucht. Bei der ersten Brücke teilen sich die Wege: Nach links aufs rechte, östliche Ufer unter dem Roc de la Madrieu. Der gelb markierte Weg steigt regelmäßig an bis zu einem Punkt, von wo man einen guten Blick auf die gegenüberliegende Schluchtwand mit dem herausgehauenen Weg hat (auf ihm kommt man zurück). Man passiert einen Klemmblock, steigt nochmals eine Viertelstunde weiter bergan, bevor man absteigend den Bach und das linke, westliche Ufer erreicht, in der Nähe einer Wasserfassung und ersten **Metallleiter (2)**; 1.10 Std. vom Parkplatz. Nun weiter etwa 50 Minuten schluchtaufwärts wandern, auf einer Folge von drei Hängebrücken, zwei stationären Brücken und unzähligen Leitern und Passerellen, am Pont de Pierre, 1151 m, vorbei. Auf ca. 1250 m erreicht man die letzte Leiter der **Gorges de la Carança (3)** – und den schwierig zu bestimmenden Umkehrpunkt. Wenn man plötzlich vor dem Refuge du Ras de la Carança steht, ist man jedenfalls zu weit hinaufgewandert … Also wieder schluchtabwärts. An der Stelle, wo der Hinweg zum Wasser herunterkommt, geht man auf der rechten Seite des Baches weiter, quert ihn bald auf einer weiteren Hängebrücke und trifft dann auf den herausgehauenen Hangweg »Balcon de la Têt«. Von ihm sinkt ein Serpentinenweg abwärts zur Brücke, bei der man sich auf dem Hinweg links gehalten hat. Spannender ist es aber, weiter auf dem ausgesetzten Felsenweg zu bleiben; nach einem Tunnel senkt sich der Weg zum Parking des Gorges in **Thuès-Entre-Valls (1)** ab.

Nicht für Wanderer, die unter Schwindelanfällen leiden: der herausgehauene Weg durch die Carança-Schlucht.

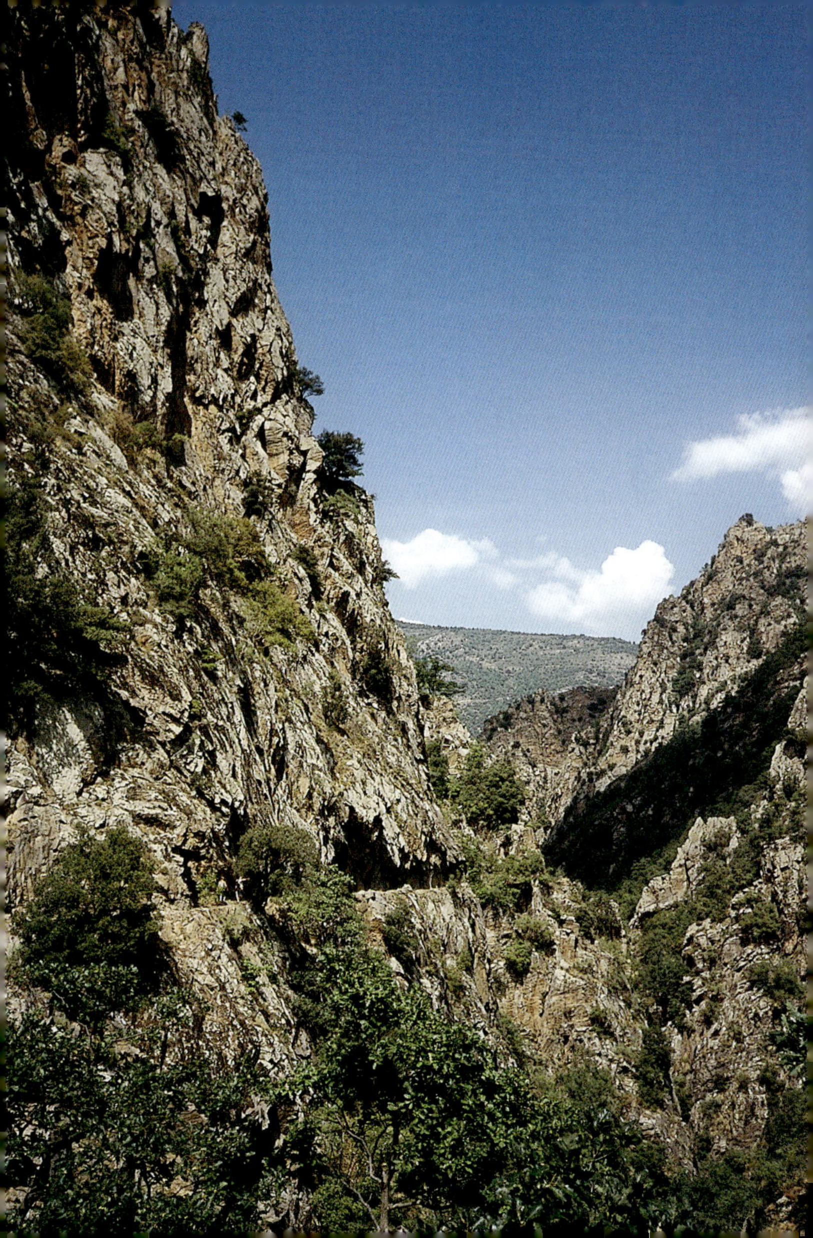

30 Cami Ramader im Vallée d'Evol

8.00 Std.

Auf dem Weg der Transhumanz und des Schiefers zum Gorg Nègre/Lac d'Evol, 2083 m – und vielleicht noch weiter auf den Madres, 2469 m

Die Geschichte(n) der Hirten begleiten uns auf dem alten Weg entlang dem Flüsschen Molina hinauf zum Gorg Nègre (auf Katalanisch) oder Lac d'Evol (auf Französisch). Das Evol-Tal war im 19. Jahrhundert stark bevölkert, und die Tiere wurden im Lauf des Jahres vom Dorf hinauf zu hoch gelegenen Weiden und dann wieder hinuntergebracht; den gleichen Weg nahmen auch die Kühe aus den Ebenen weiter weg. 25 Steinhütten, hier »Cortals« genannt, zeugen von der Transhumanz. Die Bergeries sind mit Schieferplatten gebaut und bedeckt, dem in den Pyrenäen allgegenwärtigen Stein. Im Vallée d'Evol wurde dieses Material seit dem 10. Jahrhundert gewonnen; einige Schiefergruben können wir noch erahnen.

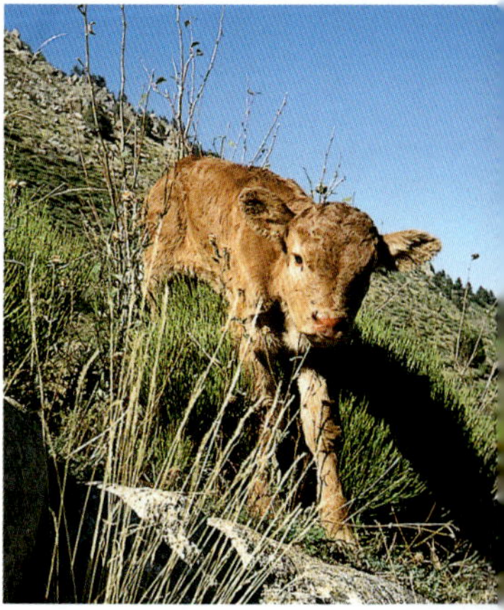

Begegnung im Evol-Tal: Der Talweg wurde einst für die Tiere erbaut.

Talort: Olette, 629 m an der N 116 durchs Vallée de la Têt, von Perpignan nach Bourg-Madame an der Grenze zu Spanien; Bahnlinie des Train Jaune.
Ausgangs- und Endpunkt: Thuir d'Evol, ca. 800 m; 3 km auf der D 4 und D 4a von Olette über Evol. Ob man für den Madres auf dem Col de Portus, 1736 m, starten kann, hängt davon ab, ob die schmale Teerstraße von Thuir d'Evol zum Pass offen oder gesperrt ist.
Höhenunterschied: 1300 m.
Anforderungen: Leicht und lang; gelb markiert.
Beste Jahreszeit: Juni bis Oktober.
Einkehr und Unterkunft: In Thuir d'Evol: Gîte communal, Tel. 04 68 97 02 86. In Olette: Hotel de la Fontaine, Tel. 04 68 97 03 67. Refuge de Nohèdes CAF, etwa 2300 m, Selbstversorgerhütte, 12 Plätze, immer offen, Wasser in der Nähe, Tel. 04 68 96 18 90.
Variante: Vom Gorg Nègre auf Pfadspuren nordwärts zum Pinouseil-Rücken und hinüber zum Refuge de Nohèdes, ca. 2312 m. Nordwärts auf Pfadspuren an der Font de la Perdrix vorbei und über eine Kuppe hinweg auf den Roc Nègre, 2459 m. Über den Grat, einen Zacken (Clos Tort) etwas heikel überkletternd oder nordseitig auf einem Schafspfad umgehend, auf den Madres, 2469 m. Gut 1.30 Std. und 400 Höhenmeter vom Gorg Nègre; vom Col de Portus knapp das

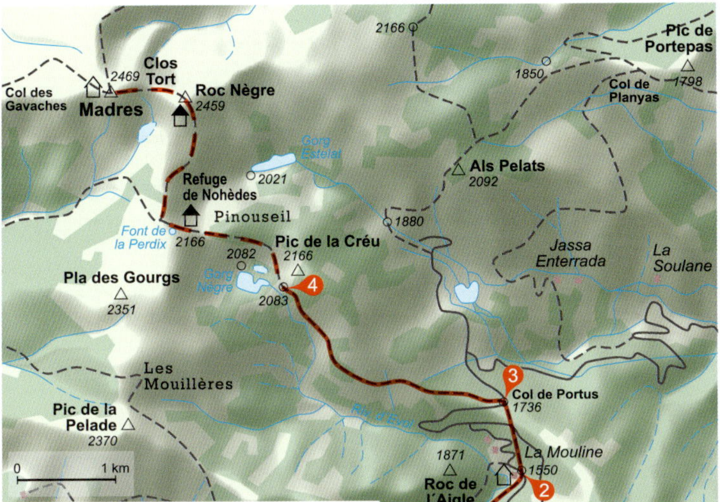

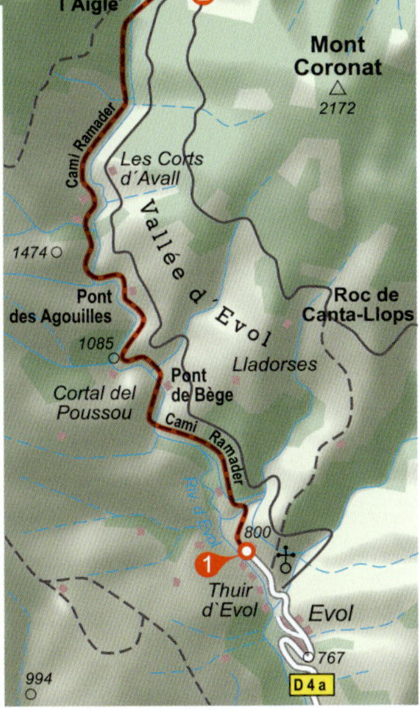

Doppelte.

Tipp: Evol gehört zusammen mit Villefranche de Conflent, Mosset, Eus und Castelnou zu den schönsten Dörfern im Pays Catalan. Und über dem Dorf mit seinen grauen Häusern wacht die Chapelle Saint-Étienne.

Karte: IGN Top 25: 2249 ET Font-Romeu.

In **Thuir d'Evol (1)** den streckenweise gepflasterten Hirtenweg Cami Ramader nehmen, der die Rivière d'Evol begleitet. Durch das gewundene Tal aufwärts, an zahlreichen Cortals vorbei und über einige Brücken wie die Pont de Bège und Pont des Agouilles. Man kommt nach **La Mouline (2)**, 1550 m; Unterstand und Picknickplatz. Ein steiler Weg führt direkt hinauf in den **Col de Portus (3)**, 1736 m, das Teersträßchen kreuzend. Vom Pass wieder taleinwärts am teilweise bewaldeten

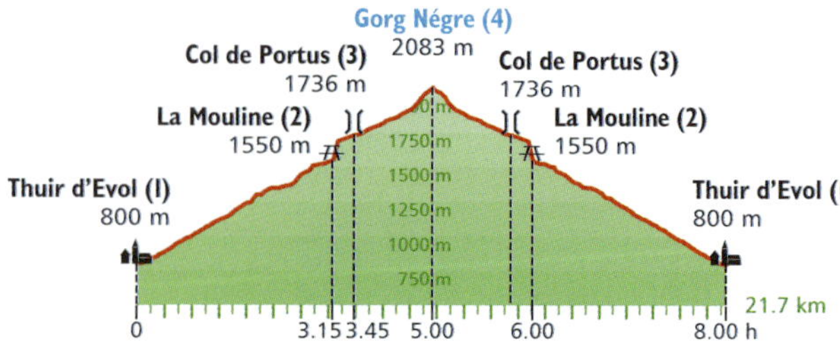

Hang entlang und zuletzt durch die granitblockige und pinienbestückte Landschaft hoch zum malerischen **Gorg Nègre (4)**, 2083 m, dem »schwarzen See«. Der Rückweg nach **Thuir d'Evol (1)** erfolgt am schönsten auf der gleichen Route.

Blaues Auge: Gorg Nègre auf Katalanisch, Lac d' Evol im Französischen.

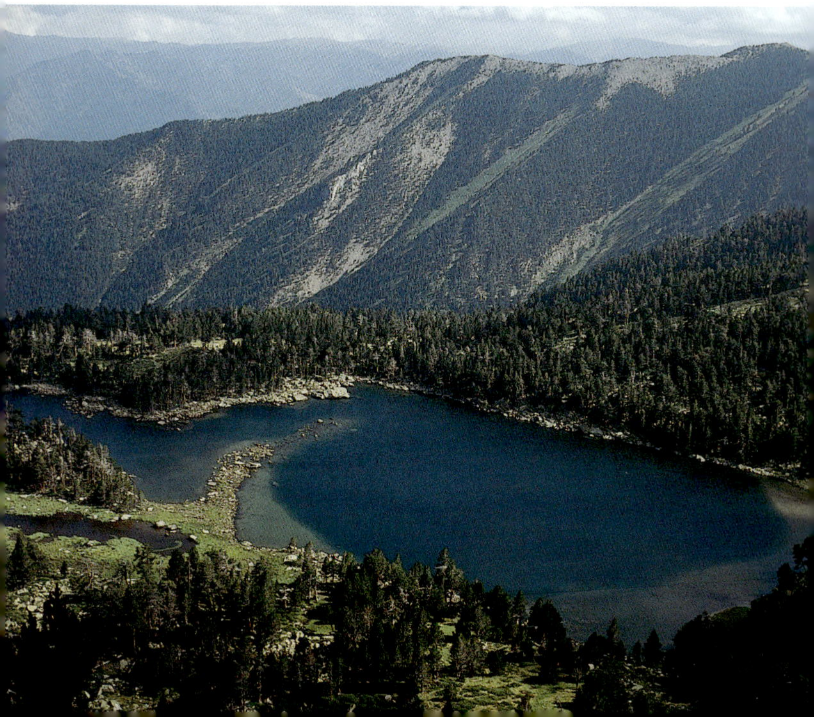

3.45 Std.

Fort Libéria – Chapelle St-Etienne, 1056 m

31

Gut erhaltene Festungen hier, Kapellen und ein Dorf in Ruinen dort

»Villefranche ist von alters her befestigt und hat's schwer, sich auszudehnen; das Tal ist an dieser Stelle sehr schmal. Oben, hundertachtzig Meter über der Stadt, liegt das Fort.« So sah es Kurt Tucholsky in seinem »Pyrenäenbuch« von 1927. Sébastien le Prestre de Vauban (1633–1707) sah es geografisch nicht anders: Um den Pyrenäenfrieden von 1659 zu sichern, mit dem die Cerdagne und der Conflent zu Frankreich gekommen waren, ließ er Villefranche und das Fort Libéria zum uneinnehmbaren Vorposten des Königreichs von Louis XIV. ausbauen. Allerdings diente die Festung nicht nur dazu, mögliche Angreifer abzuschrecken und abzuhalten. Zwei Hauptfiguren der sogenannten »Affaire des Poisons« (Giftskandal), Anne Guesdon und La Chopelin, wurden hier Ende des 17. Jahrhunderts für rund 30 Jahre gefangen gehalten. Sie werden die schöne Aussicht auf den Canigou nicht wirklich genossen haben.

Ausgangspunkt: Villefranche-de-Conflent, 427 m; an der N 116 Perpignan – Bourg-Madame. Bahn von Perpignan.
Höhenunterschied: 660 m.
Anforderungen: Keine, außer etwas Orientierungssinn; die Wege sind nur teilweise markiert.
Beste Jahreszeit: Im Sommer (zu) heiß.
Einkehr und Unterkunft: Gaststätte im Fort Libéria. In Villefranche: Hôtel le Vauban, Tel. 04 68 96 18 03; Auberge du Cèdre, Tel. 07 50 43 90 87; Camping Lastourg, Tel. 04 68 05 35 25.
Variante: Nur Besuch des Fort Libéria – drängt sich mit Kindern fast auf.
Tipp: Fort Libéria: Juni bis Sept. tägl. 9–20 Uhr, Okt. bis Mai tägl. 9–18 Uhr; gebührenpflichtiger Eintritt, www.fort-liberia.com. Die Remparts von Villefranche können täglich besichtigt werden; im Nov. und Dez. nur am Wochenende.
Karte: IGN Top 25: 2349 ET Massif du Canigou.

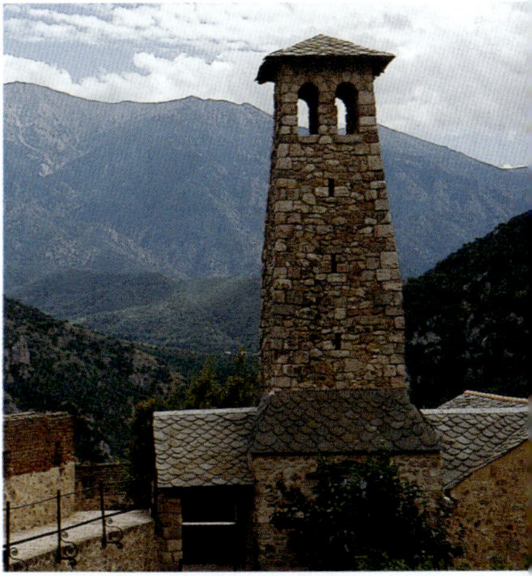

Wird täglich gestürmt: Fort Libéria.

Vom Bahnhof **Villefranche-de-Conflent (1)** auf dem linken Ufer der Têt kurvt ein Sträßchen zum **Fort Libéria (2)**, 620 m, hinauf; die weiten Schlaufen lassen sich abkürzen. Über eine Brücke und durch das einzige Tor gelangt man in den geräumigen Hof der Festung, in der das Museum für Archäologie und Höhlenforschung untergebracht ist. Der Weiterweg nach Belloc führt vom bergseitigen Bug des Forts durch überwucherte Weinberge aufwärts, vorbei an einer Weggabelung, ca. 710 m, wo man sich rechts hält. Nun folgt eine Höhenwanderung talauswärts, mit schönen Blicken in das Vallée de Têt; bei einer weiteren Wegverzweigung links und nach **Belloc (3)**, 883 m – vom Dorf mit der Chapelle St-André stehen bloß noch Ruinen. Kurz auf dem Hinweg zurückgehen, dann rechts in den Weg einbiegen, der in südwestlicher Richtung durch Wald zur **Chapelle St-Etienne (4)**, 1056 m, hinaufführt; die Sakristei dient als Notunterkunft mit Feuerstelle. Weiter in südwestlicher Richtung, oberhalb des Roc Rouge vorbei, bis zu einer Weggabelung, ca. 1090 m. Nach links und in Serpentinen hinab zum **Fort Libéria (2)**, zuletzt auf dem schon bekannten Weg. Hat man das Fort noch nicht besichtigt, sollte man dies nun machen, was allerdings mit dem Kauf einer

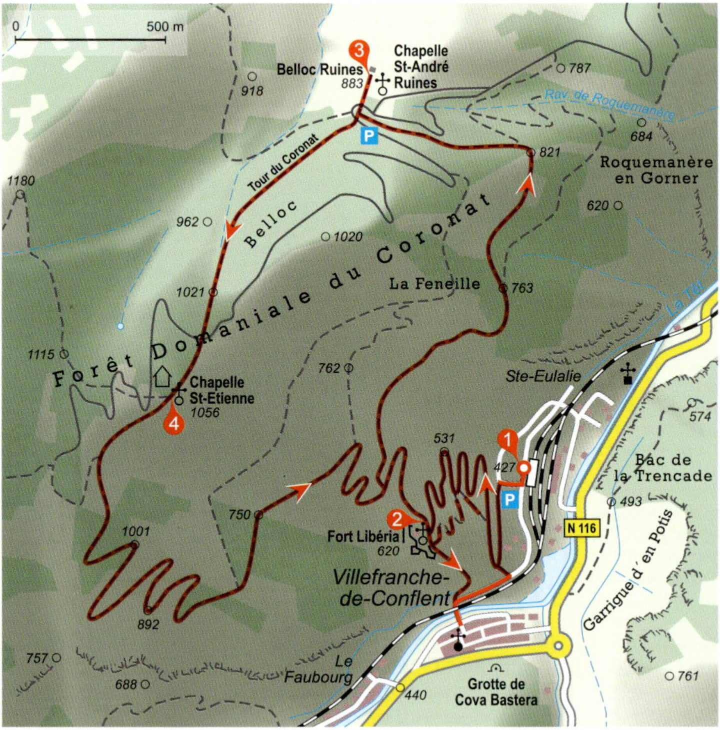

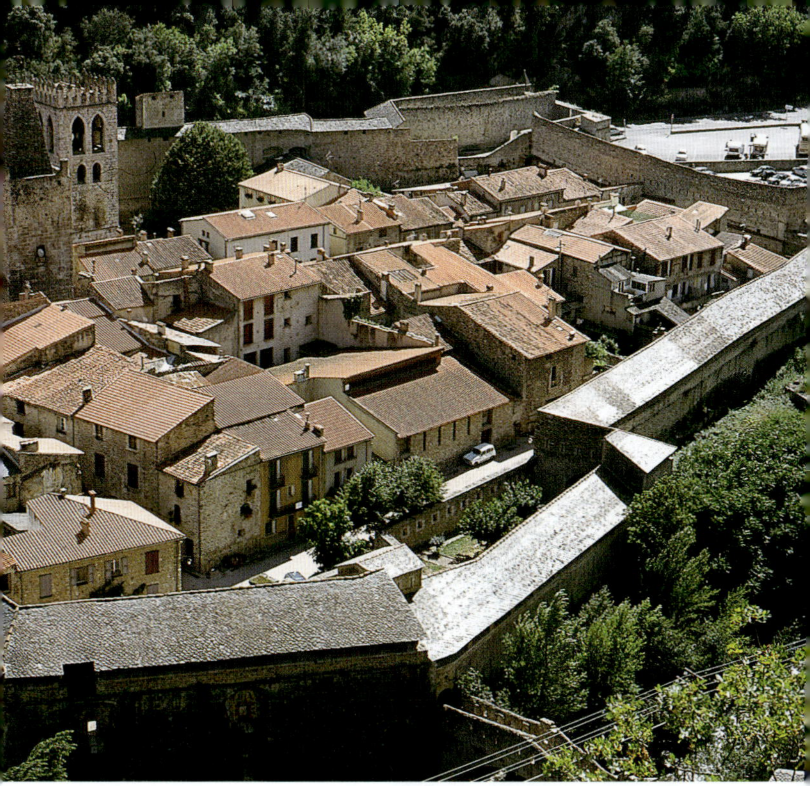

Gut beschütztes Städtchen: Villefranche-de-Conflent. Die Stadtmauern können übrigens erwandert werden.

Eintrittskarte verbunden ist ... Für den Abstieg nach Villefranche benützt man die Escalier des Mille-Marches, eine unterirdische Treppe mit angeblich 1000 Stufen (es sind genau 754). Wieder am Tageslicht nach links zurück zum Bahnhof von **Villefranche-de-Conflent (1)**, oder schöner geradeaus in die Altstadt mit ihren begehbaren Mauern.

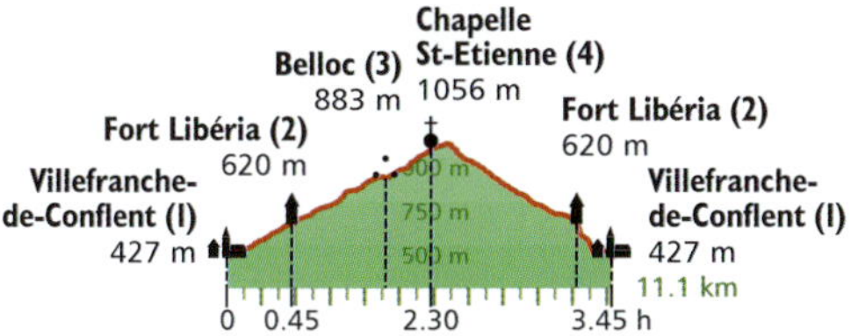

32 *Pic de la Dona, 2702 m*

7.00 Std.

Wanderfreuden und Dorfleben am Ende der Welt

Die Geschichte kennt man auch aus den Alpen. Ein Bergdorf, wo im 19. Jahrhundert weit über 100 Leute lebten, von der Viehzucht und auch ein wenig vom Schmuggel. Keine Straße, kein Tourismus, nur ein Saumpfad. Dann kamen die Veränderungen im 20. Jahrhundert, hier noch verstärkt durch die Wechselfälle des Zweiten Weltkrieges. 1969 verließen die letzten Einwohner das Dorf; dass fünf Jahre zuvor endlich die Erreichbarkeit mit einer Straße verbessert worden war, nützte nichts. Die Häuser begannen zu zerfallen. Doch dann entdeckten junge, fremde Leute das Dorf (und seinen Reiz), und begannen mit dem Wiederaufbau, der mit dem Anschluss ans Stromnetz erleichtert wurde (1985, als letztes Dorf Frankreichs). Heute wohnen wieder 30 Leute im Dorf, die Kinder werden per Jeep in die Schule gefahren. Verschiedene Unterkünfte sorgen dafür, dass Touristen wenigstens eine Nacht in Mantet bleiben.

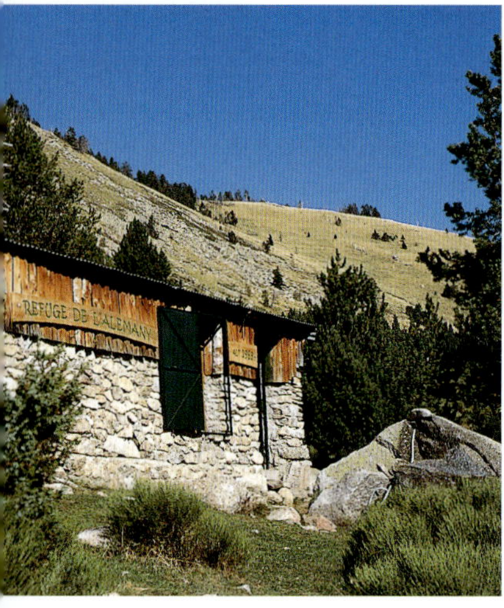

Bescheidene Unterkunft: Alemany-Hütte.

Ausgangspunkt: Mantet, 1530 m; D 6 von Villefranche-de-Conflent über Sahorre, Py und Col de Mantet, 1761 m.
Höhenunterschied: 1400 m.
Anforderungen: Technisch leicht; teilweise nur Wegspuren oder gar weglos.
Beste Jahreszeit: Juni bis Oktober.
Einkehr und Unterkunft: In Mantet: vgl. Tour 33. Refuge de l'Alemany, 1968 m, 8 Plätze, Feuerstelle.
Variante: Vom Sattel, 2537 m, im Nordgrat des Pic de Serre Gallinière nordostwärts direkt weglos über einen Rücken auf den GR 10 absteigen. Zeitersparnis: 30 Min.
Tipp: Die Tour lässt sich z. T. auch per Pferd machen; Infos bei der Gîte La Cavale. – Der Pic de la Dona ist im Frühling eine tolle Skitour. – Maison de la Nature in Mantet: Infos zu Flora, Fauna und Naturreservat.
Karte: IGN Top 25: 2250 ET Bourg-Madame – Mont-Louis.
Kombinationsmöglichkeit: Mit Tour 29 und 33.

Vom Parkplatz oberhalb **Mantets (1)** durch das Dorf hinab zum **Ressec-Bach (2)**, 1466 m, und auf dem GR 10 südwestwärts über den Alemany-Bach ins gleichnamige Tal und in die Réserve naturelle de Mantet. Der Weg steigt auf der linken Talseite regelmäßig an; wo der GR rechts zum Coll del Pal wegzieht, nach links in wenigen Minuten zum **Refuge de l'Alemany (3)**, 1968 m; fließend Wasser vor der Hütte. Südwärts durch Kiefernwald, über Weiden und Bäche zu einer Weggabelung, ca. 1970 m, an der man rechts abzweigt. Weiter aufwärts durch das Alemany-Tal, an einer Hütte vorbei und zur **Porteille de Mantet (4)**, 2412 m; Landesgrenze. Auf Pfadspuren, meist etwas links des Südostgrates, hinauf auf den **Pic de la Dona (5)**, 2702 m. Über den Nordwestgrat hinab und hinauf auf den Nebengipfel, 2691 m, wo

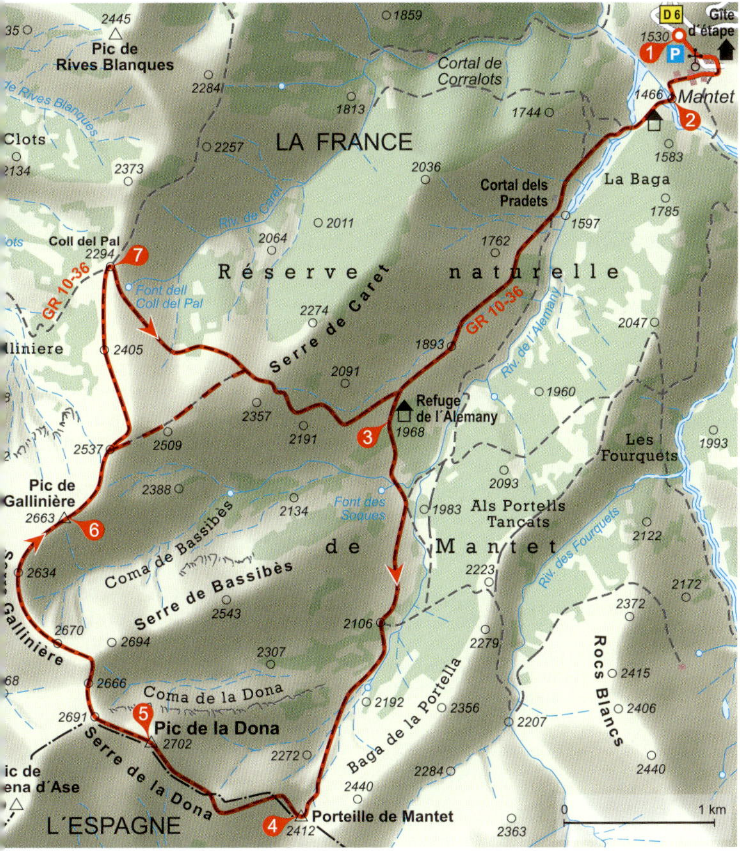

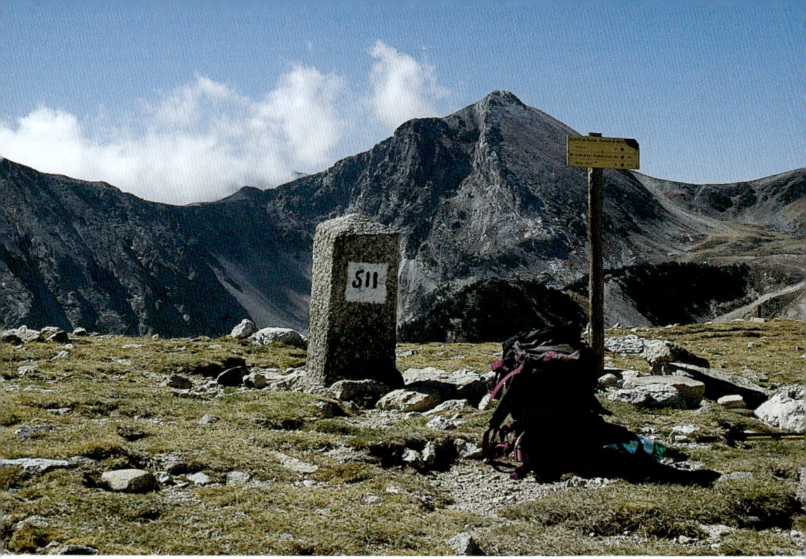

Pass- und Grenzgelände: in der Porteille de Mantet; hinten mächtig der schon in Spanien liegende Gipfel Gra de Fajol de Dalt, 2708 m.

die Landesgrenze westwärts wegzieht. Nordwärts über den Grat, immer auf Pfadspuren und einzelnen Steinmännern folgend, zu einer weiteren Verzweigung des Kammes. Nach links über die Serre Gallinière, 2670 m, welche die tiefe Coma de Bassibes abschließt, und hinauf auf den **Pic de Serre Gallinière (6)**, 2663 m; auf dem Gipfel steht eine Gämse aus Metall.

Über den Nordgrat hinab in einen Sattel, 2537 m; hier lässt sich die Tour abkürzen (vgl. Variante). Auf der Hauptroute über eine Kuppe und weglos hinunter in den **Coll del Pal (7)**, 2294 m. Dort erreichen wir wieder den GR 10 und folgen diesem ostwärts flach und leicht ansteigend, dann steiler hinab ins Alemany-Tal bis fast zur gleichnamigen Hütte. Nun talauswärts wie auf dem Hinweg zurück nach **Mantet (1)**.

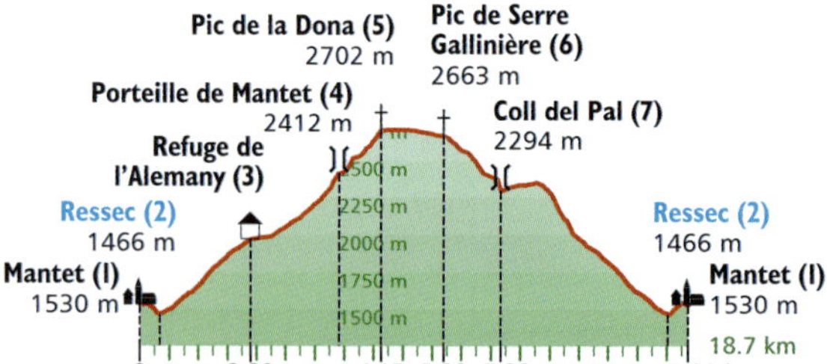

4.00 Std.

Cime de Pomarole, 2456 m

33

Gipfelwärts auf der Grenze zwischen zwei Naturreservaten

Der Weg zur Cime de Pomarole verläuft entlang von zwei Naturreservaten: der 3930 Hektar großen Réserve naturelle de Py und der etwas kleineren Réserve naturelle de Mantet. Beide Reservate sind Teil des regionalen Naturparks Pyrénées Catalanes, der im März 2004 gegründet wurde. Er umfasst insgesamt eine Fläche von 138.000 Hektar mit 64 Gemeinden in der Cerdagne, dem Capcir und dem Haut-Conflent. Mit diesem Park soll der sanfte Tourismus und der Verkauf lokaler Produkte gefördert werden. Die »Réserves naturelles« gingen ja auch aus Gebieten mit einer touristischen, vieh- oder waldwirtschaftlichen Vergangenheit hervor. Dass aber an der Cime de Pomarole oberhalb von 2000 Metern kaum mehr Kiefern zu finden sind, ist nicht auf Abholzung zurückzuführen, sondern auf einen Pilz, der ihre Wurzeln befiel. Die Wiederaufforstung wird mit Lärchen und anderen Nadelbäumen vorangetrieben. Wanderer freilich schätzen beides: das Gehen im Wald und auf offener Flur, mit Blicken über die Bergketten hinweg in ein anderes Land und weit hinüber zum Mittelmeer.

Im Naturreservat von Mantet: Gebirge pur – und blauer Himmel.

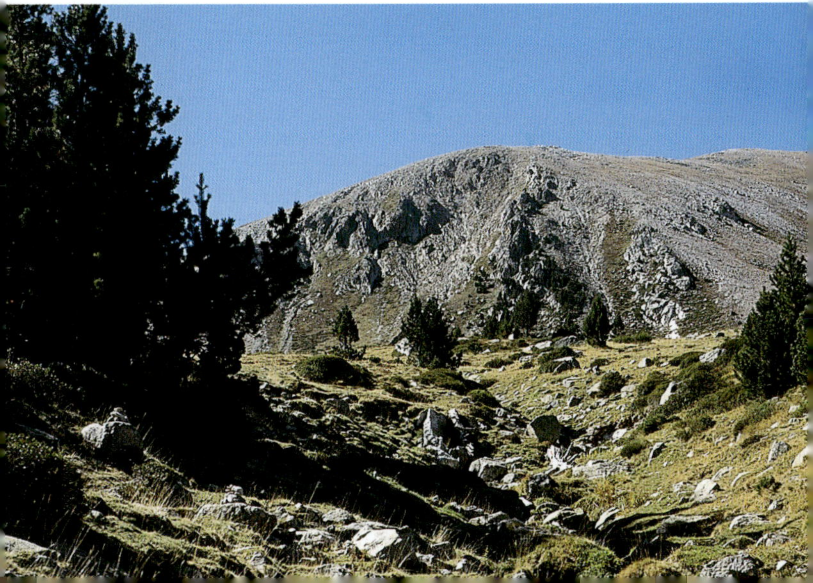

Ausgangspunkt: Col de Mantet, 1761 m; vgl. Tour 32.
Höhenunterschied: 700 m.
Anforderungen: Keine; bei dichtem Nebel kann man sich verlaufen. Gelb markiert.
Beste Jahreszeit: Sommer und Herbst.
Einkehr und Unterkunft: In Mantet: Gîte La Cavale, Tel. 04 68 05 57 59, www.la-cavale.fr; Auberge la Bouf'tic, Tel. 04 68 05 51 76; Chambre d'Hôtes Cazenove, Tel. 04 68 05 60 99; La Girada (ohne Halbpension; Möglichkeit zum Selberkochen), Tel. 04 68 05 68 69, http://girada.free.fr.
Variante: Auf dem Kamm weiterwandern, über den Mont de l'Escoula, 2463 m (man kann ihn aber auch links liegenlassen), bis auf den Roc Colom, 2507 m, an der Grenze zu Spanien; 1 Std., Aufstieg 180 m, Abstieg 130 m, gut 3 km (Hinweg).
Tipp: Tour de Goa, 1268 m, ein Verteidigungs- und Übermittlungsturm aus dem 15. Jahrhundert; gelb markierter Weg vom Coll de Jou, 1120 m, zwischen der D 6 und Vernet-les-Bains, dem traditionellen Ausgangspunkt für eine Besteigung des Canigou.
Karte: IGN Top 25: 2349 ET Massif du Canigou.
Kombinationsmöglichkeit: Mit Tour 32.

In 30 Minuten erreichbar: der ehemalige Verteidigungsturm von Goa.

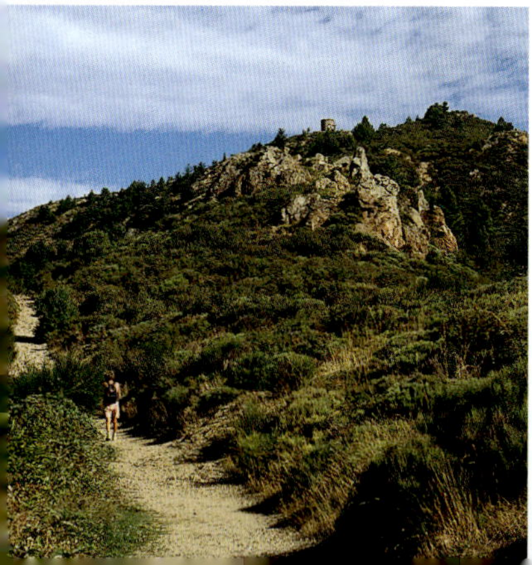

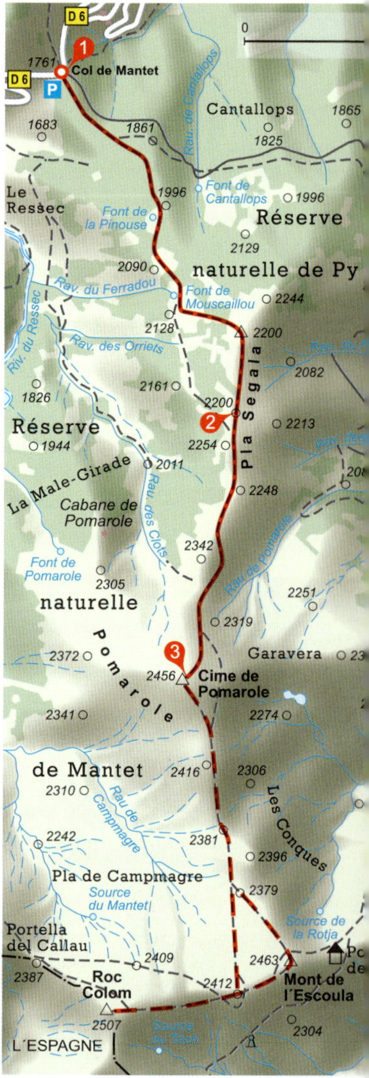

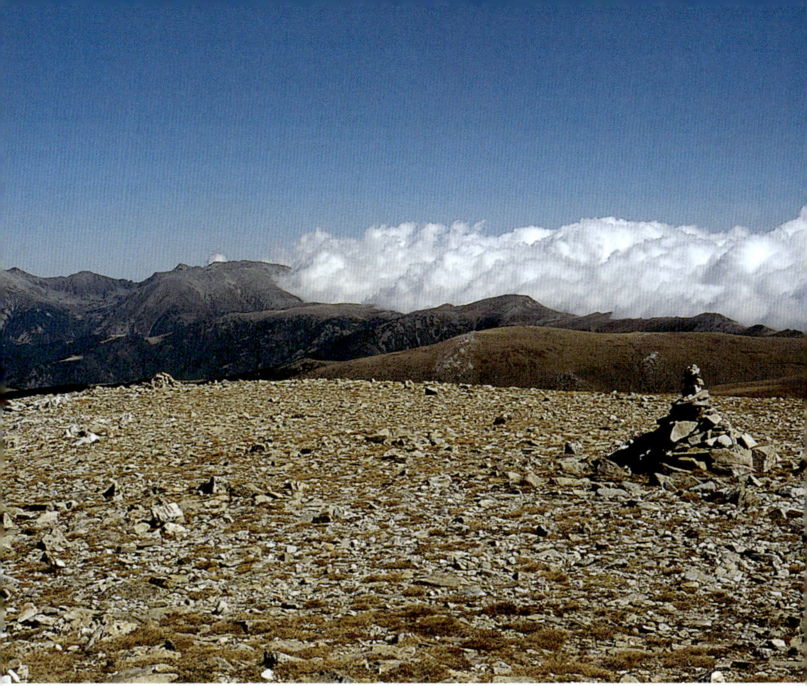

Zum Glück bleiben die Wolken drüben: am Weg zur Cime de Pomarole.

Vom **Col de Mantet (1)** wandern wir auf dem gelb markierten Pfad durch dichten Wald mit schönen Eichen-, Buchen- und Buchsbäumen, zuerst südost-, dann süd- und schließlich ostwärts auf die Hochebene **Pla Ségala (2)**, 2200 m, wo man ganz aus dem Wald herauskommt. Nun geht es in südlicher Richtung über den vegetationsfreien, weiten Rücken, an einer Kuppe, P. 2342 m, vorbei und auf die **Cime de Pomarole (3)**, 2456 m, die sich genau auf der Grenze zwischen den Naturreservaten von Mantet und Py befindet. Ein unübersehbares Steinmännchen markiert den höchsten Punkt auf dem runden Rücken. Für den Rückweg zurück in den **Col de Mantet (1)** verwenden wir die gleiche Route wie auf dem Hinweg.

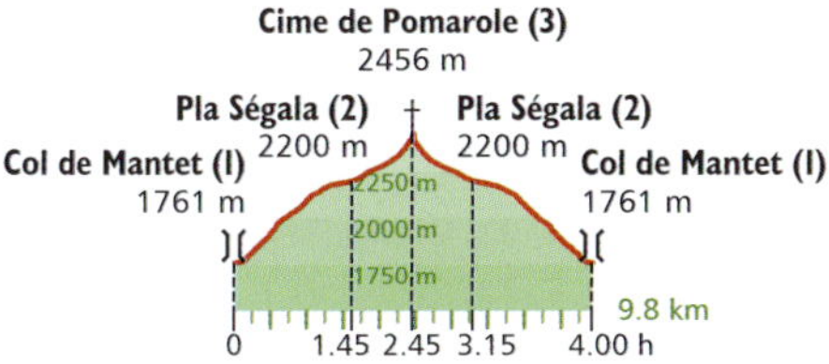

TOP **34**

Pic du Canigou, 2784 m

7.00 Std.

Der heilige Berg der Katalanen

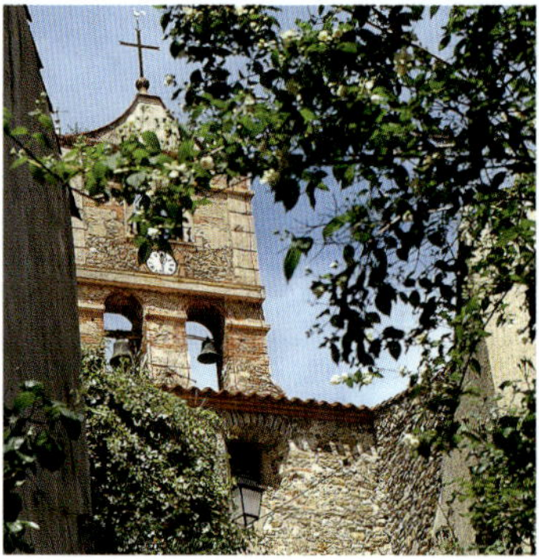

Ist ebenfalls eine Pilgerstätte, aber leichter erreichbar: die Abtei Saint-Martin-de-Canigou.

Le Canigou! Der Olymp Kataloniens, der Herr(scher) der östlichen Pyrenäen. Ein mächtiger Bergstock zwischen dem Conflent und dem Vallespir, mit weit ausladenden Graten himmelhoch über den Tälern der Têt und des Tech. Nur 30 Kilometer von der Küste entfernt, galt er lange als höchster Gipfel der Pyrenäen. Misst man ihn an seiner relativen Höhe, so ist die Annahme gar nicht so falsch: Um 2400 Meter überragt er Prades, das unmittelbar am Nordfuß liegt. Die Griechen nannten ihn »Feuerberg« (pyrene), weil in seinen Flanken seit prähistorischer Zeit Erz abgebaut wurde. Die Erstbesteigung machte König Pedro III. von Aragón (und II. von Katalonien) im Jahre 1285 – alleine, weil seine Begleiter verängstigt zurückblieben. Wer heute alleine oben stehen möchte, muss schon Glück erwischt und einen ungewöhnlichen Zeitpunkt gewählt haben: Im Sommer pilgern täglich Hunderte von Leuten auf den Canigou.

Talort: Vernet-les-Bains, 639 m; D 116 von Villefranche-de-Conflent im Vallée de la Têt. Busverbindung von Perpignan; oder Zug nach Villefranche und Bus nach Vernet. Von Vernet evtl. mit dem Taxi zum Refuge de Mariailles.
Ausgangspunkt: Coll de Jou, 1125 m; von Vernet auf der D 116 über Casteil. Vom Pass führt eine schmale, kurvenreiche Schotterstrasse zum Parkplatz (1699 m) beim Refuge de Mariailles, 1718 m; im Juli und August ist diese Strasse nur bis zum Parkplatz Le Randé (ca. 1520 m) befahrbar. Auskunft über die Befahrbarkeit der Strasse beim Canigou Grand Site, Tel. 04 68 96 45 86. Coll de Jou bis Refuge de Mariailles: GR 10, 570 m Höhenunterschied, 2 Std. Aufstieg, 1 Std. Abstieg; Parkplatz Le Randé bis Refuge: GR 10, 180 m Höhenunterschied, 40 Min. Aufstieg, 20 Min. Abstieg.
Höhenunterschied: Je nach Ausgangspunkt 1100 m, 1280 m oder 1670 m.
Anforderungen: Viel begangener, markierter Weg; Trittsicherheit beim Gipfelanstieg nötig, vor allem im sogenannten Kamin, wo man zuweilen die Hände braucht.
Beste Jahreszeit: Juni bis Oktober.
Einkehr und Unterkunft: In Vernet-les-Bains: mehrere Hotels, z.B. le Mas Fleuri, Tel. 04 68 05 51 94, www.hotellemasfleuri.com; Princess, Tel. 04 68 05 56 22. In Casteil: Le Molière, Tel. 04 68 05 50 97; Camping Domaine St-Martin, Tel. 04 68 05 52 09. Refuge de Mariailles, 53 Plätze, bewirtet und offen von Mai bis Oktober,

Tel. 04 68 05 57 99, www.refugedemariailles.fr. Refuge Saint-Martin-du-Canigou, 1050 m, 7 Plätze, Tel. 04 68 05 50 03. Chalet des Cortalets, 2150 m, Club Alpin Français, 85 Plätze, bewirtet und offen von Ende Mai bis Anfang Oktober, Tel. 04 68 96 36 19 oder 04 68 05 63 57. Refuge de Bonne-Aigue, 1741 m, Selbstversorgerhütte, immer offen, außer im Sommer, wenn ein Schäfer dort wohnt.

Varianten: 1. Nordroute vom Chalet des Cortalets, 2150 m: Von Villerach südlich von Prades auf abenteuerlicher Schotterstraße durch das Vallée du Llech (20 km) zur Hütte; von dort 3 Std. Auf- und Abstieg über Pic Joffre und Nordgrat, etwas mehr bei der Rundtour über die Crête du Barbet und Porteille de Valmanya. 2. Traversierung des Canigou von Vernet-les-Bains: Am ersten Tag über die Tour de Goa, 1268 m, in den Coll de Jou und entlang dem Sentier de découverte (Bewässerungskanal) ins Refuge de Mariailles; 4.30 Std. Am nächsten Tag auf den Pic de Canigou, über den Nordgrat hinab zum Pic Joffre, auf dem GR 10 zum Refuge de Bonne-Aigue und über Porteilla de Dalt hinab nach Vernet-les-Bains. 8 Std. und sehr zu empfehlen. 3. Abbaye St-Martin du Canigou, 1050 m: von Casteil, 797 m, auf einem Weg leicht erreichbar; das Bergkloster kann nur mit einer Führung besichtigt werden, aber der Blick vom Aussichtsfelsen oberhalb lohnt auf jeden Fall den Aufstieg. 4. Ebenfalls lohnenswert ist die Wanderung durch die kühle, gewundene Gorges de Cadi südl. von Casteil; 2.30 Std. hin und zurück.

Tipp: Am ersten Augustsonntag findet jeweils der Championnat du Canigou statt, mit Start und Ziel in Vernet-les-Bains, 30 km, über 2000 Höhenmeter, Rekord 2 Std. 53 Min. Dieser Berglauf geht auf einen Wettkampf zurück, den sich die Eisträger von Vernet-les-Bains 1905 lieferten; sie holten vom Canigou-Gletscher Eis für die reichen Touristen, die das Thermalbad ebenso schätzten wie einen kühlen Drink.

Karte: IGN Top 25: 2349 ET Massif du Canigou.

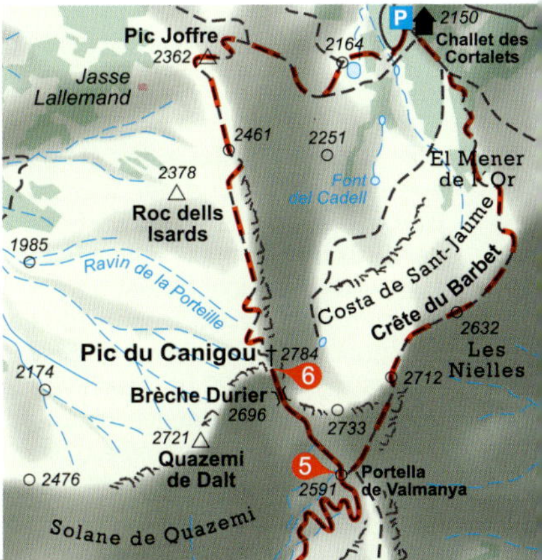

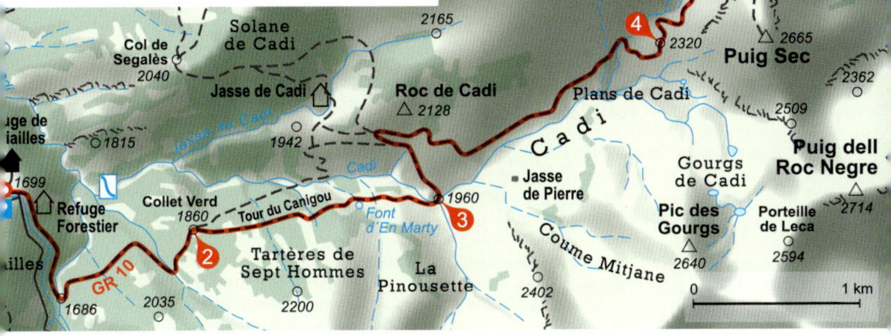

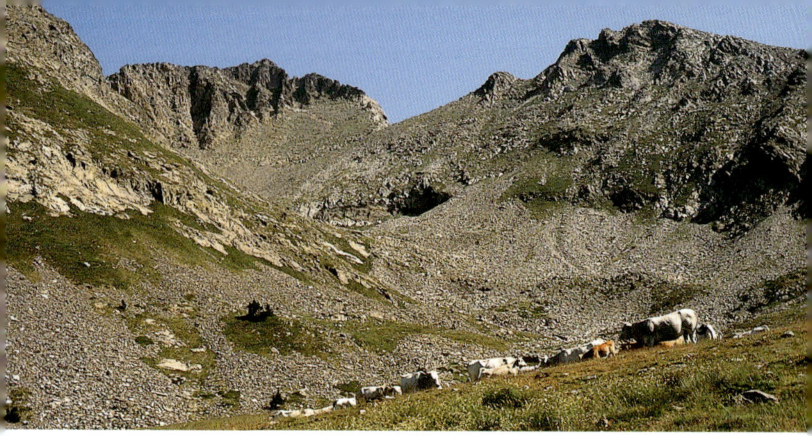

Noch rund 500 Höhenmeter bis zum viel besuchten Gipfel: im Hochtal von Cadi mit dem Pic du Canigou links und dem Puig Sec rechts.

Vom **Refuge de Mariailles (1)** bzw. vom dazugehörigen Parkplatz, 1699 m, auf dem GR 10 (und der Tour du Canigou) südwärts zur Brücke über den Llipodère-Bach, dann ostwärts durch wohltuenden Tannenwald zum **Collet Verd (2)** und gemütlich weiter zum Fluss **Cadi (3)**, der weiter unten durch eine wilde Schlucht braust und in Villefranche-de-Conflent schließlich in die Têt mündet. Vom Cadi noch 10 Minuten dem GR 10 folgen; bei der Wegverzweigung, 2017 m, scharf rechts weg und hinauf zum geschlossenen Refuge Arago, ca. 2120 m. Taleinwärts auf die **Plans de Cadi (4)**, ca. 2320 m, und in vielen Serpentinen hinauf in die **Portella de Valmanya (5)**, 2591 m. Der Weg führt etwas unterhalb des Passes vorbei, zieht hinüber in die Brèche Durier, 2696 m, und erklimmt eine felsige, gut gestufte Rinne (la Cheminée) zum eisernen Gipfelkreuz und zu der am 24. Juni 2000 eingeweihten, neuen Panoramatafel des **Pic du Canigou (6)**, 2784 m. Der Abstieg zurück zum **Refuge des Mariailles (1)** erfolgt wie der Aufstieg.

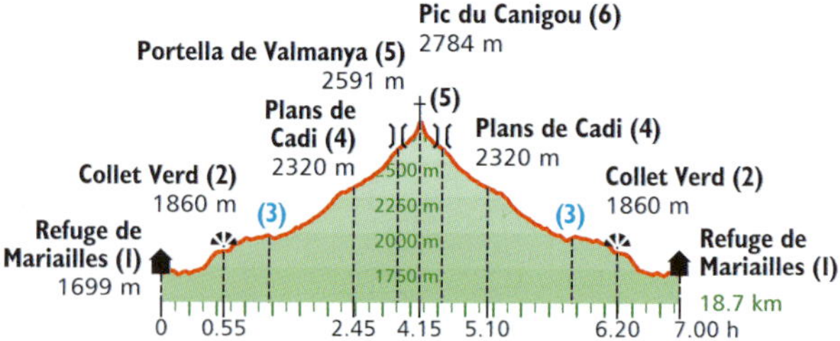

3.15 Std.

Roca Roja, 1015 m

35

Weltliche Aussicht und kirchliche Eindrücke in den Aspres

Les Aspres heißt die Region westlich von Perpignan, halb Ebene, halb Vorgebirge zwischen den Flüssen Têt und Tech, dominiert vom Canigou (aber der beherrscht ja sowieso das ganze Roussillon). Einen guten Blick über die Aspres ermöglicht der Gipfel Roca Roja. Kirchliche Architektur bewundern wir am Ausgangs- und Zielpunkt der Wanderung, in der wunderschönen romanischen Abtei Sainte Marie de Serrabona (auch Serrabonne und Serrabone geschrieben). Dass »Serra bona« übersetzt »guter Berg« heißt, entzückt uns noch mehr.

Talort: Bouleternère, 192 m, südwestlich von Ille-sur-Têt an der N 116 von Perpignan nach Prades.
Ausgangspunkt: Ancien Prieuré de Serrabona, 601 m; von Bouleternère auf der D 618 Richtung Amélie-les-Bains, dann rechts hinauf zur Abtei.
Höhenunterschied: Rund 600 m.
Anforderungen: Meist markierter Weg.
Beste Jahreszeit: Frühling bis Herbst; recht häufig Nebel, also früh starten.
Einkehr und Unterkunft: Vor Ort keine, unterwegs kein Wasser. In Bouleternère das Café des Sports. In Prades: Hostalrich (wo schon Pablo Casals nach seiner Flucht aus Spanien abstieg), Tel. 04 68 96 05 38. In Ille-sur-Têt: Camping mit Bungalows, Tel. 04 68 84 72 40.

Malerisch: das Kloster von Serrabona.

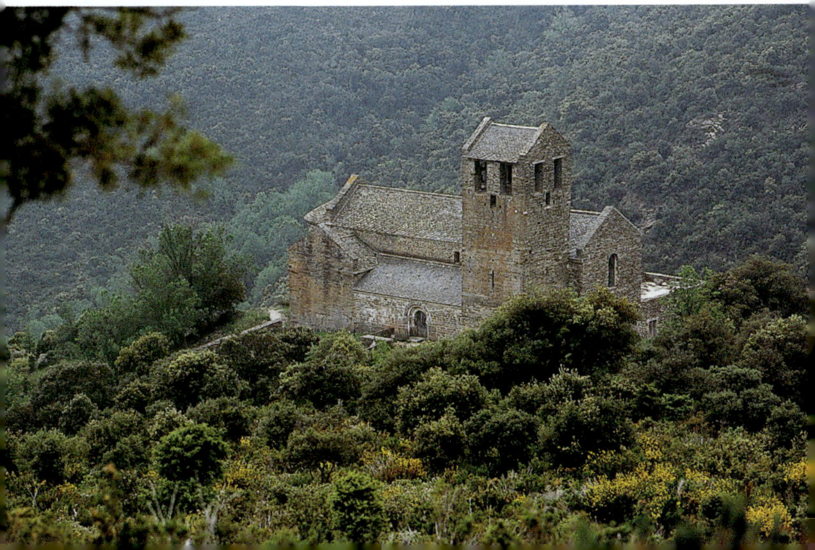

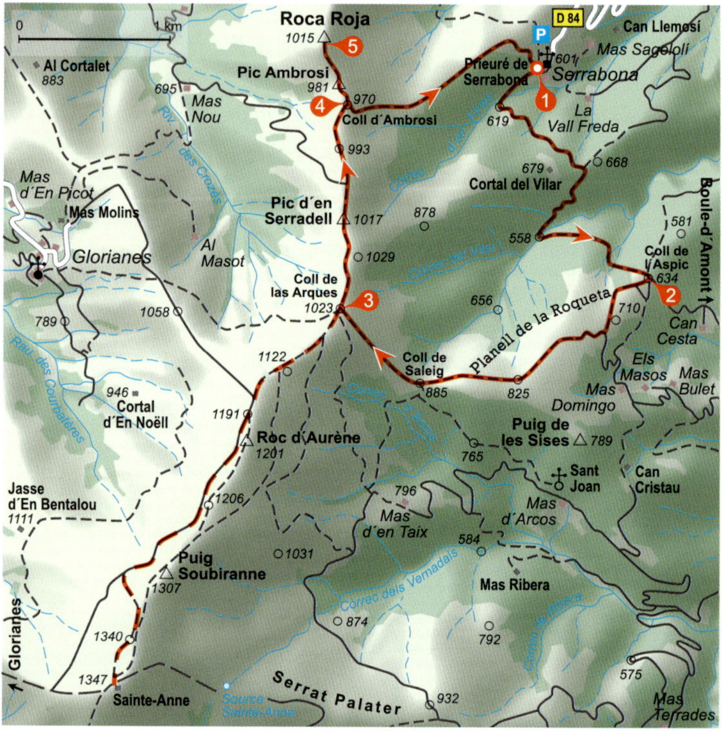

Varianten: 1. Vom Coll des la Arques auf dem Kammweg, den Roc d'Aurène und den Puig Soubiranne rechts umgehend, bis auf den Gipfel von Sainte-Anne, 1347 m, wo einmal eine Kapelle stand; 2.15 Std. für Hin- und Rückweg. 2. Sentier botanique von Serrabona, mediterran, erfrischend und lehrreich.

Tipp: Der Skulpturenschmuck der Empore aus dem 12. Jahrhundert in der Augustinerabtei von Serrabona, einem Meisterwerk der katalanischen Romanik; täglich geöffnet von 10–17.45 Uhr. – Les Orgues d'Ille-sur-Têt: von der Erosion bizarr geformter Wald mit Sandsteintürmen, durch den Pfade verlaufen; das Areal der Orgelpfeifen ist täglich offen, von Oktober bis Mitte Juni allerdings mit der obligaten Mittagspause.

Karten: IGN Top 25: 2349 ET Massif du Canigou; 2449 OT Céret.

Vom Parkplatz unterhalb der **Prieuré de Serrabona (1)** hinauf zum Kloster; rechts steht ein kleiner Wegweiser »Boule d' Amont«, und diesem Weg – der sich bald nach links wendet – folgt man. Er ist teilweise gepflastert, quert in allgemein südlicher Richtung zwei tiefe Gräben, wobei er beim zweiten deut-

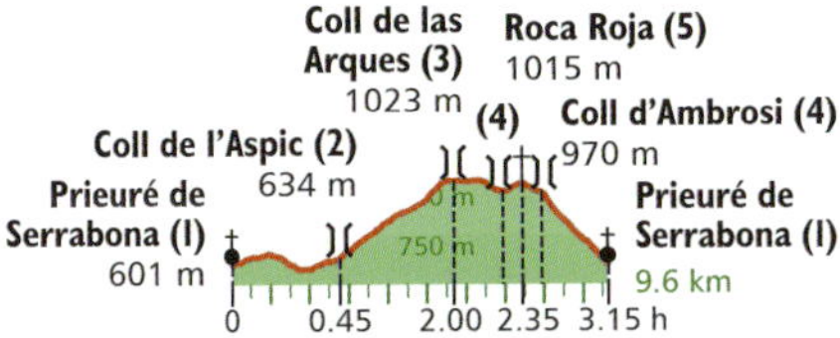

lich absinkt, und erreicht den **Coll de l'Aspic (2)**, 634 m, wo ein alter blauer Kleintransporter zur letzten Ruhe gebettet ist. Westwärts über den Rücken von Planell de la Roqueta hinauf in den **Coll de las Arques (3)**, 1023 m. Nun auf dem Kamm nordwärts über ein paar Erhebungen hinweg in den **Coll d'Ambrosi (4)**, ca. 970 m; ohne Namen auf der IGN-Karte; kleiner Steinmann. Entlang dem Südgrat, den Pic Ambrosi, 981 m, westlich mit einem kurzen Zwischenabstieg umgehend, hinauf auf den **Roca Roja (5)**, 1015 m, auch Roque Rouge genannt. Zurück in den **Coll d'Ambrosi (4)** und ostwärts auf einem Weg hinab zur **Abtei von Serrabona (1)**.

Wander- und Kulturgenuss: romanischer Säulenschmuck in Serrabona.

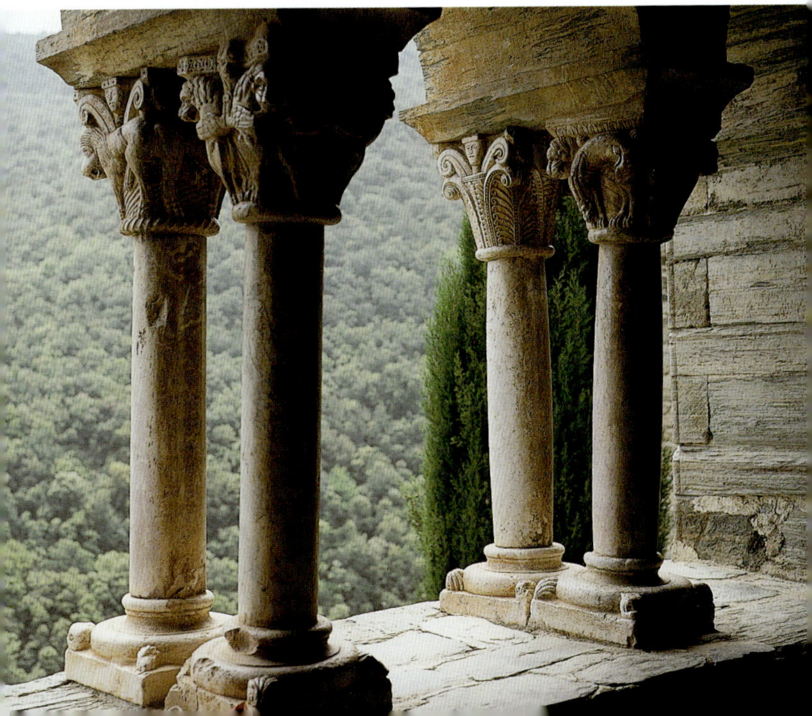

36 Pic de les Salines, 1333 m – Roc de Frausa, 1450 m

8.30 Std.

Gipfel- und Grenzgang vom Künstler- und Kirschenort in den Kurort

Welcher Name trifft am besten auf diesen Aussichtsberg hoch über dem Bas Vallespir zu? Der katalanische, der auf zerklüfteten Fels hinweist: Roc de Frausa. Der französische, der die Grenze betont, aber auch nur ein Verschreiber sein könnte: Roc de France. Beide Namen passen. Was auch passt: der Blick von oben über die Ebenen von Roussillon und Katalonien, mit den östlichsten Pyrenäenausläufern dazwischen, die sich zum Meer hin staffeln, und die Wege durch Buchenhaine, Wacholdersträucher und – am schönsten beim Abstieg nach Amélie-les-Bains – durch ausgedehnte Kastanienselven.

Ausgangspunkt: Céret, 160 m; vgl. Tour 37.
Endpunkt: Amélie-les-Bains, 219 m, an der D 115 durch das Vallespir, auch Vallée du Tech genannt; täglich mehrere Busverbindungen, auch sonntags, zurück nach Céret im gleichen Tal (und weiter nach Le Boulou – Perpignan).
Höhenunterschied: Aufstieg 1520 m, Abstieg 1460 m.
Anforderungen: Sehr gute Kondition und Trittsicherheit; bei der Traversierung des felsigen Roc de France leichte Kraxelei. Unterschiedlich, streckenweise auch nicht markiert.
Beste Jahreszeit: April bis November.
Einkehr: Keine.
Unterkunft: In Céret; vgl. Tour 37. Zahlreiche Hotels in Amélie-les-Bains, z. B. Les Bains et les Gorges, Tel. 04 68 39 29 02; Paris, Tel. 04 68 39 00 86. Einfache Schutzhütte Refugi de les Salines, 1070 m, bei der gleichnamigen Einsiedelei im Südhang des Pic de les Salines.
Varianten: Puig de Fontfreda und Roc de la Graula weglassen; Zeitgewinn 45 Min. Abstecher vom Coll de Ric, 961 m, auf dem gelb markierten, gut begehbaren und aussichtsreichen Dickichtpfad über den Südostgrat auf die Peira Baixa, 1030 m, – und zurück; 30 Min. In Amélie-les-Bains bietet der Weg durch die Gorges de Mondony Spektakel.
Tipp: Personalausweis mitnehmen. – 5 Minuten östlich der Fontfreda-Quelle befindet sich in einer Straßenkurve die Stèle des Evadés, ein Gedenkstein für die Menschen, die im Zweiten Weltkrieg vor den Nazis nach Spanien flüchteten.
Karte: IGN Top 25: 2449 OT Céret.
Kombinationsmöglichkeit: Mit Tour 37; Rother WF Costa Brava, Tour 7.

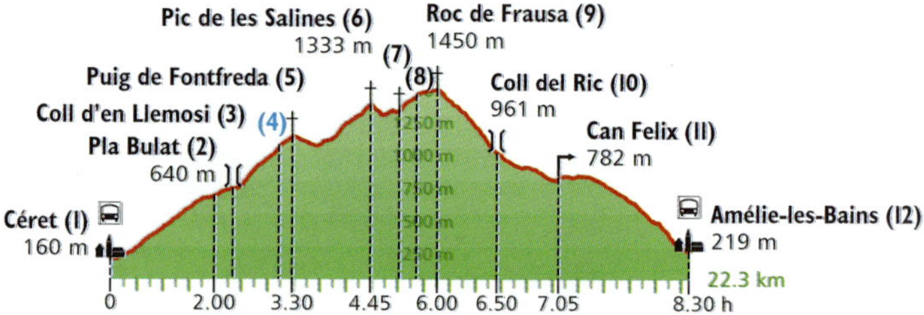

Von der Place Picasso im Zentrum von **Céret (1)** ostwärts Richtung Maureillas und rechts in die Rue de Capucins. Durch sie hinauf, bis rechts der gelb-blau markierte Wanderweg nach Fontfreda abzweigt. Er steigt zuerst durch Gärten, später durch Wald, eine Straße dreimal kreuzend, südwärts hoch nach **Pla Bulat (2)**, 640 m. 1 km auf der Stra-

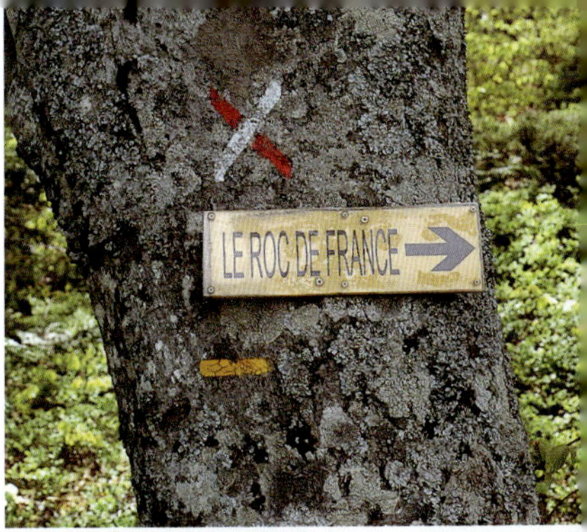

Ob France oder Frausa: Der Name passt.

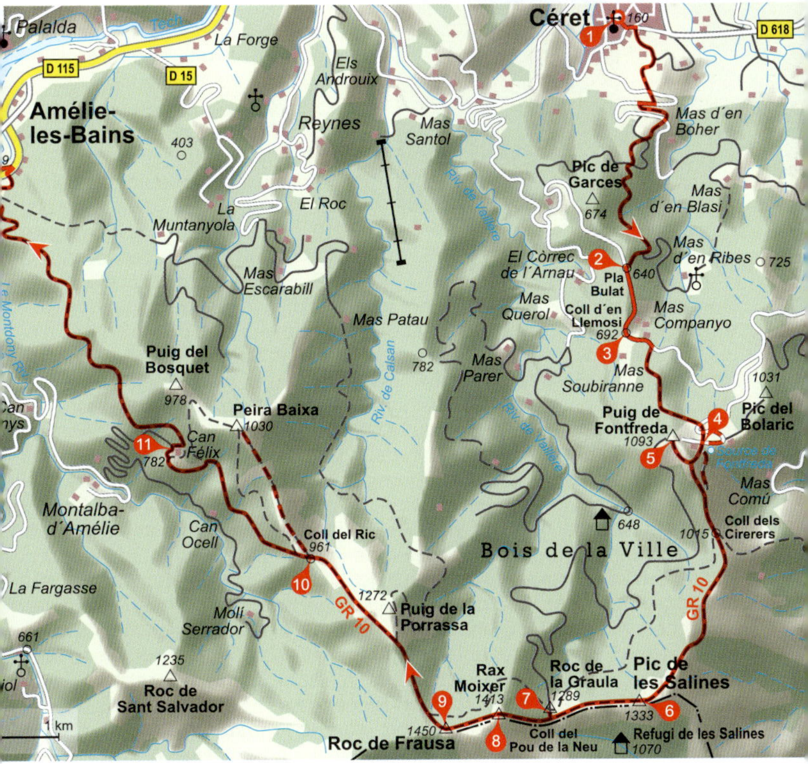

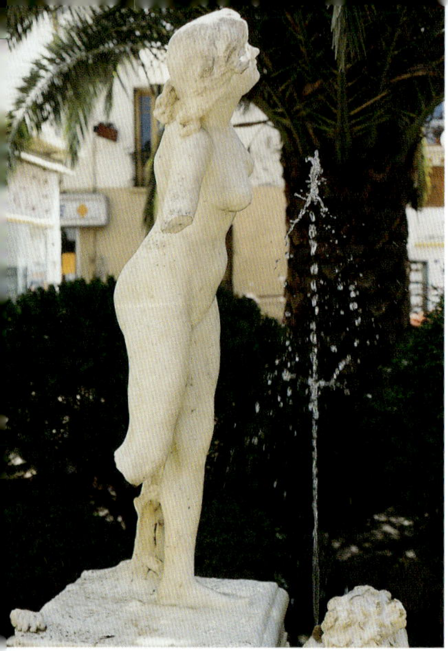

Brunnenfigur in Amélie-les-Bains.

ße flach in den **Coll d'en Llemosi (3)**; hier nicht den direkten Weg zum Roc de France einschlagen, sondern noch kurz der Straße nach links folgen und dann rechts den Wanderweg hinauf zur **Quelle von Fontfreda (4)**, 1021 m. Gleich hinter dem Brunnen nicht links auf den gelb markierten Weg, sondern rechts durch den Wald auf einem breiten Weg, der um den Südrücken zu einem Picknickplatz mit Holztischen kurvt; ein Pfad führt schließlich zum höchsten Punkt des **Puig de Fontfreda (5)**, 1093 m, mit Häuschen und Masten. Zurück in die Kurve am Südrücken und südwärts auf undeutlicher Wegspur mit rötlichen Markierungen an den Bäumen hinab auf den gelb markierten Weg in den Coll dels Cirerers, 1010 m, zuletzt gemeinsam mit dem GR 10, dem Weitwanderweg durch die Pyrenäen. Er geht links nach las Illas, wir jedoch auf dem gelb, orange und rot markierten Weg über den Nordrücken, in immer offenerem Gelände, teilweise an Felsblöcken vorbei, hinauf zur weißen Vermessungssäule des **Pic de les Salines (6)**, 1333 m. Vom Gipfel ein paar Schritte südwärts durch Ginster und Wacholder, dann westwärts an der spanisch-französischen Grenze entlang auf dem meist gelb markierten Pfad durch die grasig-buschig-felsige Landschaft. Der Pfad geht knapp südlich des Felskopfes **Roc de la Graula (7)**, 1289 m, auch Roc del Pou de la Neu, vorbei; auf einer Pfadspur in wenigen Schritten, zuletzt über Felsen, auf den höchsten Punkt. Mit viel Gipfelfreude hinunter in den Coll del Pou de la Neu, ca. 1250 m. Von hier könnten wir auf dem geteerten Sträßchen zur Sendeanlage auf dem Roc de Frausa marschieren; schöner und schneller ist der direkte, weglose Aufstieg durch den lichten Buchenwald auf die Hügelkuppe **Rax Moixer (8)**, 1413 m, und südwestwärts zum erwähnten Sträßchen. Auf dem Ostgipfel des Roc de Frausa befinden sich mehrere Vermessungszylinder. Weiter auf Pfadspuren (teilweise mit roten Punkten markiert) über den felsturmbesetzten Grat, meist in Spanien. Zuletzt in Frankreich über Blöcke zu einer felsigen Rinne, darin hinauf in eine Lücke und nach rechts zum höchsten Punkt des **Roc de Frausa (9)**, 1450 m. Abstieg durch eine zu Beginn etwas schwierige Rinne und auf einer Wegspur unterhalb der Felstürme, teilweise im lichten Wald, westwärts auf eine grasige Fläche, wo der Pfad deutlicher wird. Wo er wieder ansteigt, rechts einen abzweigenden Pfad einschlagen. Bei der nächsten Verzweigung wieder rechts hinab zu Felstürmen im Wald; links von ihnen versteckt sich eine Glacière (Schacht zur Lagerung von Eis). Nordwärts hinab auf den rot-weißen GR 10 und auf ihm in den **Coll del Ric (10)**, 961 m. Weiter auf dem GR 10 nach **Can Felix (11)**, 782 m, und um das Gelände von Can Felix herum in eine Waldlichtung; hier, den GR verlassend, nach rechts, den Zufahrtsweg zum Gut kreuzen und noch etwas gegen das Gebäude ansteigen, wo der alte Saumweg durch den Kastanienwald ansetzt. Auf ihm anfänglich horizontal, dann stetig absteigend nach **Amélie-les-Bains (12)**; auf der Autostraße rechts und gleich wieder links in die am Tech entlangführende Avenue du 8 mai mit der Gare routière. Oder vielleicht im südlichsten Thermalbad Frankreichs doch besser zuerst die müden Beine kurieren?

Links Frankreich, rechts Spanien, darüber der Weg: Roc de Frausa.

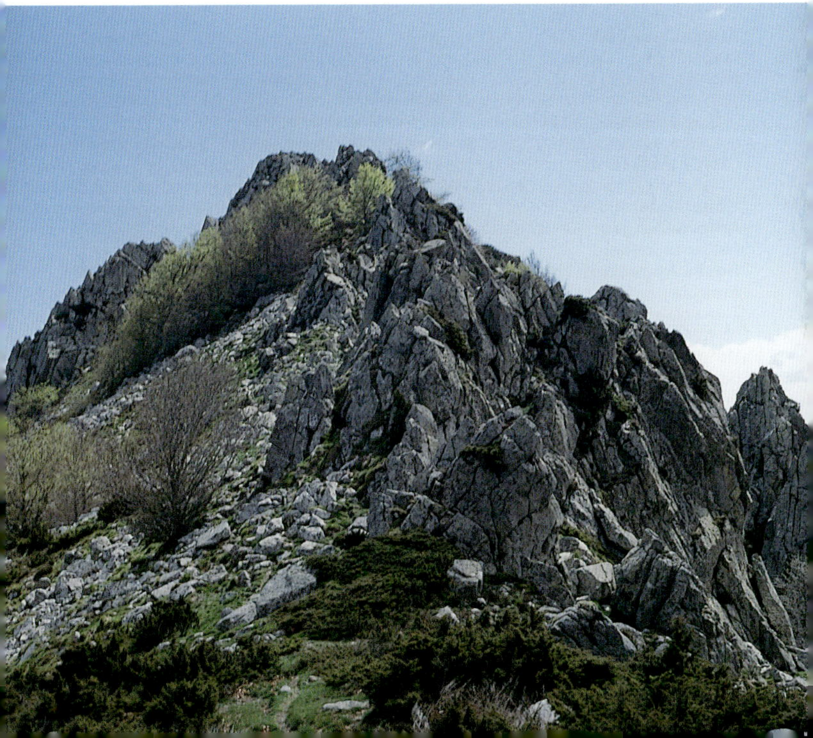

37 Le Ventous, 314 m

1.15 Std.

Künstler und Kirschen, Rebstöcke und Restaurants

Mit dem Mont Ventoux in der Provence kann sich der El Ventos, wie der Hügel westlich von Céret auf der IGN-Karte heißt, natürlich nicht messen. Als Verdauungsspaziergang nach einem katalanischen Essen, zum Beispiel im Restaurant mit dem ungewöhnlichen Namen »Les Pieds dans le Plat«, bietet sich der Ventous aber geradezu an. Vom Weg durch Felder und Hecken blicken wir immer wieder auf das hübsche Städtchen, in dem zu Beginn des 20. Jahrhunderts die modernen Künstler Pablo Picasso, Juan Gris und Georges Braque lebten und malten – ja, von oben gleicht die Sicht einem kubistischen Gemälde. Auf dem höchsten Punkt dann, an dem der offizielle Wanderweg schnöde vorbeizieht, wachsen Trauben und Kirschen nebeneinander. Und letztere sind bestens bekannt in Frankreich: les cerises de Céret kommen als Erste auf den Markt, noch vor den Kirschen aus der Provence.

Ausgangspunkt: Céret, 160 m; 8 km westlich der Autobahn la Catalane, erreichbar auf der D 115 oder D 618; Parking des Tins westlich der Altstadt. Direkte Busverbindung mit Perpignan; manchmal hält der Bus nur in Pont de Céret, dann 20 Minuten Marsch ins Dorfzentrum (Courriers Catalans, Tel. 04 68 55 68 00).
Höhenunterschied: 150 m.
Anforderungen: Keine. Gelb markiert (außer Gipfelweg).
Beste Jahreszeit: Immer.
Einkehr: Restaurants Les Pieds dans le Plat und del Bisbe; Markt am Samstag Morgen.
Unterkunft: In Céret: Hôtel Vidal, Tel. 04 68 87 00 85, www.hotelvidalceret.com; La Terrasse au Soleil, Tel. 04 68 87 01 94; Mas Trilles, Tel. 04 68 87 38 37; Camping Les Cerisiers (der Name passt perfekt; mit Fußweg ins Zentrum), Tel. 04 68 87 00 08.
Variante: Der gratis im Office du Tourisme ausliegende Führer »Randonnées en Bas Vallespir« beschreibt weitere einfache Wanderungen rund um Céret. Und natürlich lohnt sich ein Bummel durch die Altstadt mit der erfrischenden Fontaine des Neuf Jets.
Tipp: Musée d'Art Moderne, täglich geöffnet von Mai–September, Di. geschlossen von Oktober–April, www.musee-ceret.com.
Karte: IGN Top 25: 2449 OT Céret.
Kombinationsmöglichkeit: Mit Tour 36.

Von der Porte de France im Zentrum von **Céret (1)** über die gepflasterte Rue du Commerce durch die Altstadt hinauf. Südwestwärts weiter durch die Rue de la Fusterie, die Rue des Evadés de France und die Rue Edmond Brazés. In der Kurve am P. 199 m verlässt man die D 13f nach links und folgt einem Weg entlang von Mauern hinauf zu einem Flachstück beim Mas Gasconet, wo man die D 13f wieder kreuzt. Auf einem Teersträßchen westwärts, schon bald aber oberhalb davon auf einem Weg, der zum **Coll de Bos-**

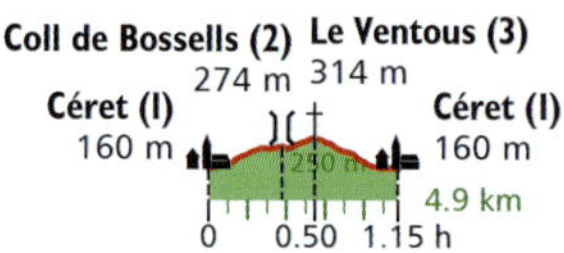

sels (2), 274 m, führt. Rechts in ein Teersträßchen, das in einen Schotterweg übergeht; bei der ersten Verzweigung erneut rechts bis zur nächsten Wegkreuzung. Hier verlässt man die Wanderroute, steigt linker Hand durch Rasen hinauf zu einem Sitzplatz mit Bank und weiter an einem Wasserreservoir vorbei in Wegspuren auf die Gipfelhochfläche des **Ventous (3)**, 314 m; El Ventos auf der IGN-Karte.
Zurück zur Kreuzung und auf dem Schotterweg kurvenreich bergab; schöne Ausblicke auf Céret. Schließlich steiler auf einem Waldpfad zu einer Villa und durch einen schmalen Durchlass rechts daran vorbei auf die Route de Ventous. Über den großen Bewässerungskanal Richtung Céret. Durch die Rue Salvador Allende zur Infotafel über den Maler Chaïm Soutine, zum Parking des Tins und hinein ins Städtchen zum Musée d'Art Moderne.

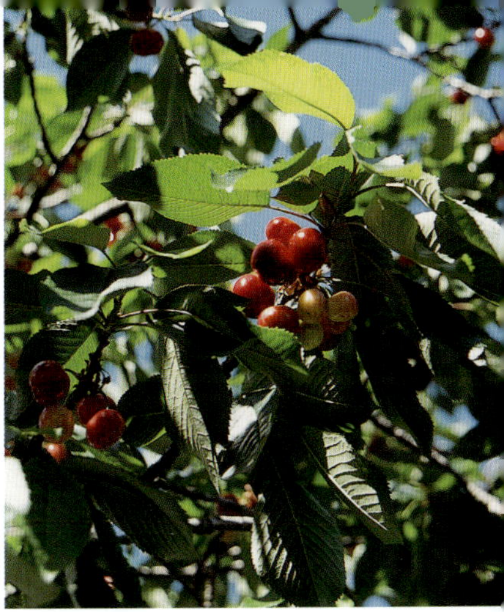

Sind die ersten und deshalb begehrt: die Kirschen von Céret.

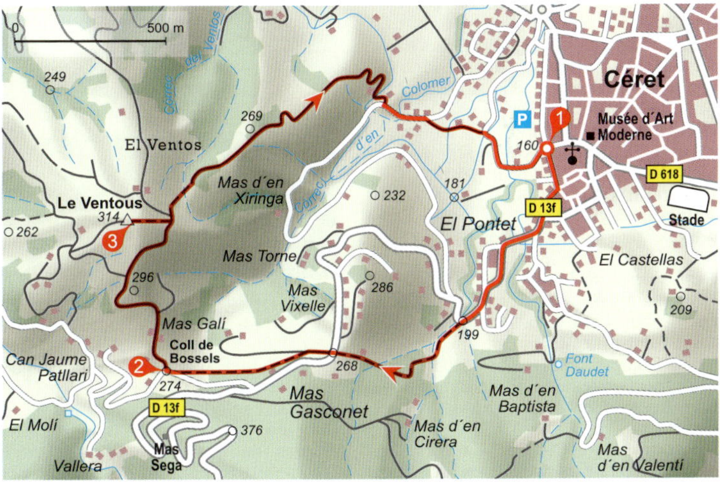

TOP **38**

Côte Vermeille von Cerbère nach Argelès Plage

9.45 Std.

Merveilleuse Côte Vermeille, stunden-, ja tagelang

Klar, der Zug wäre schneller, 20 Minuten nur. Ganz sicher schneller als mit dem Auto, etwa noch im Hochsommer, wenn Collioure oder Banyuls-sur-Mer täglich von den Touristenhorden erobert wird. Zu Recht natürlich, denn malerischer sind keine Orte der Côte Vermeille. So heißt der südlichste Abschnitt von Frankreichs Mittelmeerküste, und hier schufen Henri Matisse und seine Kollegen neue Bilder in neuen Farben. Ihre Epigonen sitzen in Collioure immer noch hinter der Staffelei. Aber wissen Sie, wie schön die Côte Vermeille abseits der Ortschaften ist? Wie blau das Meer, wie verlockend die Buchten, wie duftend die Vegetation, wie stachelig die Agaven, wie vielsprechend die Weinberge, wie windgepeitscht die Kaps, wie verlotternd die Festungen und Bunker, wie explosiv die 1984 stillgelegte und seit 2008 als Freilichtmuseum und Landschaftspark hergerichtete Dynamitfabrik von Alfred Nobel und Co. in Paulilles? Wie unglaublich malerisch einfach das Gehen auf dem Sentier littoral ist, welcher seit Kurzem an der ganzen Küste entlang verläuft? Klar, der Zug wäre schneller. Wir können mit ihm ja hin- oder zurückfahren. Oder unterwegs sitzen bleiben. Bei einem Glas Küstenwein.

Ausgangspunkt: Cerbère, 22 m; Züge von Argelès-sur-Mer, Perpignan und Narbonne. Bus Nr. 400 von Perpignan.
Endpunkt: Argelès Plage, 0 m; Bus nach Argelès-sur-Mer (Mo bis Sa, außer an Feiertagen). Im Sommer Bus Nr. 422 über Collioure bis Banyuls; Tel. 04 68 80 80 80. Man kann natürlich schon von Le Racou mit dem Taxi zum Bahnhof in Argelès-sur-Mer fahren; z.B. Tel. 04 68 81 05 12.
Höhenunterschied: Rund 900 m.
Anforderung: Die teils schmalen Klippenpfade verlangen teilweise Trittsicherheit. Vorsicht vor Windböen; am Cap Béar werden im Durchschnitt die stärksten Winde von Frankreich gemessen! Der Sentier littoral ist gelb markiert.
Beste Jahreszeit: Immer; am schönsten im Sommer und Herbst – für ein Bad.
Einkehr: Restaurants an ein paar Stränden (in der Hochsaison) sowie in den Ortschaften.
Unterkunft: In Cerbère: La Dorade, Tel. 04 68 88 41 93. In Banyuls; vgl. Tour

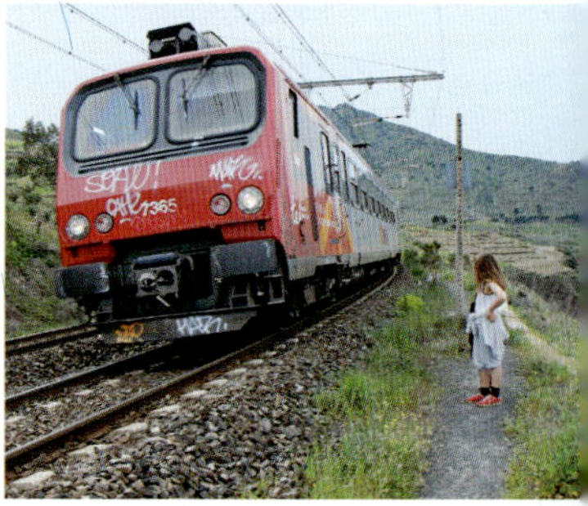

Am Beginn: Sentier littoral bei Cerbère.

40. In Paulilles: Chambre d'hôtes Domaine de Valcros, Tel. 04 68 82 04 27. In Port-Vendres: Le Cèdre, Tel. 04 68 82 01 05. In Collioure; vgl. Tour 41. Camping Les Criques de Porteils (mit Bungalows), Tel. 04 68 81 12 73. In Argelès-sur-Mer

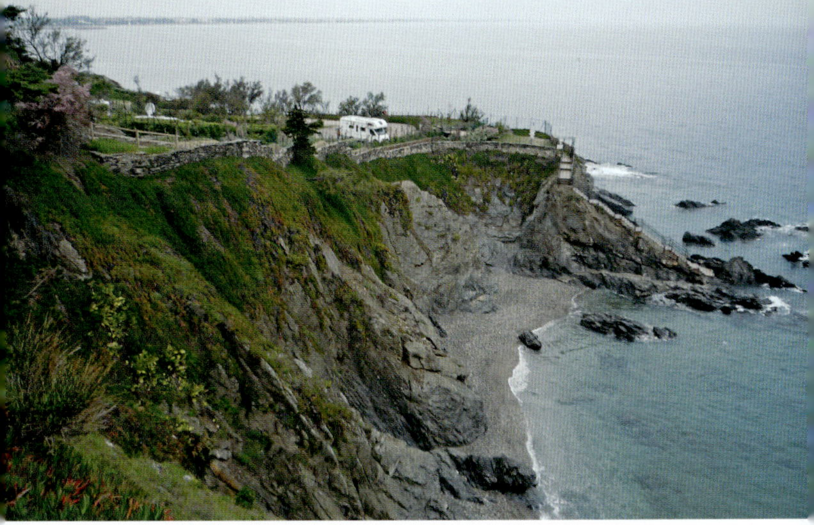

Gegen das Ende: Der Küstenweg verläuft um den Camping Les Criques de Porteils.

viele Hotels und unzählige Campingplätze (gilt als Campinghauptstadt Europas). **Varianten:** 1. Nur Teilstücke machen: Cerbère – Banyuls-sur-Mer 3 Std.; Banyuls – Collioure 4.45 Std., Collioure – Argelès Plage 1.45 Std. 2. Umrundung des Cap d'Ullastrell: Wo der Sentier littoral nordwärts nach El Forat zieht, weiter auf einem schmalen Pfad durch die Küstenflanke zum Cap d'Ullastrell; man könnte sogar bis zur äußersten Klippe vordringen. Dann hinauf aufs Kap und entlang der Klippenkante nordwärts auf die nächste Anhöhe. Um eine Fort-Ruine meerseitig herum, hinab zum Wasser und zum Strand von El Forat. 3. In Collioure der Chemin du Fauvisme: Weg mit Reproduktionen von Gemälden, welche die jungen Wilden vor 100 Jahren gemalt haben; Infos dazu im Office du Tourisme.
Tipp: In Banyuls: Das 1883 eingeweihte Aquarium, auch unter dem Namen Laboratoire Arago bekannt, ist eines der ältesten Frankreichs; täglich offen von 9 bis 18.30 Uhr, im Hochsommer bis 20 Uhr, mit der obligaten Mittagspause – die Seepferdchen genießen die Siesta ebenfalls. In Collioure: Château Royal, täglich offen; Musée d'Art Moderne (Musée Peske), Juli/August täglich, sonst Dienstags und über Mittag geschlossen. Markt am Mittwoch und Sonntag von 8 bis 13 Uhr. Die Sardellen (Anchovis) werden öfters gefangen und verarbeitet. Die traditionelle Fischversteigerung findet in Port-Vendres statt.
Karte: IGN Top 25: 2549 OT Banyuls.
Kombinationsmöglichkeit: Mit den Touren 39, 40, 41.

Vom internationalen Bahnhof von **Cerbère (1)** hinab auf die Küstenstraße und auf ihr nordwärts. Sie überquert die Gleise. Rund 100 m danach beginnt der Sentier littoral; Hinweistafel aus Keramik (ca. 40 m). Er geht als Treppenweg gegen die Küste hinab, oberhalb eines kurzen Eisenbahntunnels, und

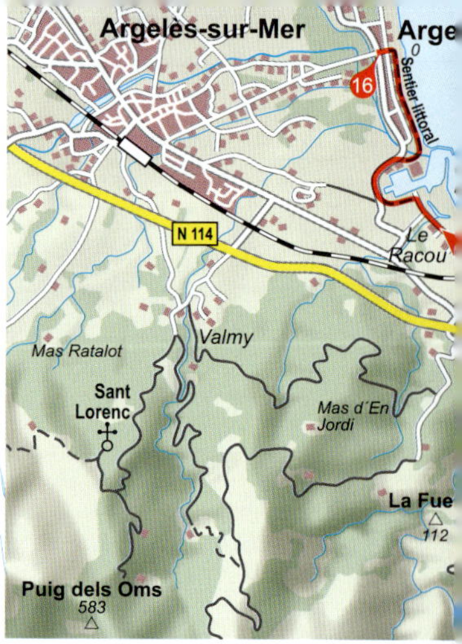

zieht dann gegen das Cap Canadell hinaus; eine gemauerte runde Sitzbank mit Tisch liegt ein paar Schritte rechts des Küstenweges. Der Sentier littoral verläuft auf dem schmalen, grasig-felsigen Landstreifen zwischen Eisenbahn und Meer, meistens oberhalb der Klippen, teilweise durch Reben, einmal auch ganz nahe der Gleise. Er sinkt gegen die Ansa de Terrimbo ab (ein ausgesetzter Pfad zweigt zur Bucht ab), steigt gleich wieder hoch und gelangt zu der modernen, in dezenten Farbtönen gehaltenen Village de Vacances Les Aloès, wo man fast wieder auf Meereshöhe ist. Der Weg klettert wieder 50 Höhenmeter hoch und geht bald darauf außen an einem Zeltplatz und an einem Wald vorbei bis hinaus zum **Cap de Peyrefite (2)**, ca. 30 m, auch Peyrefitte und Perafita geschrieben. Auf der Nordseite des Kaps gegen das große Gebäude des Centre medical, das man östlich umgeht bis auf ein Zufahrtssträßchen. Dieses verlässt der Sentier littoral aber schon bald wieder und erreicht über eine nächste Anhöhe die breite **Plage de Peyrefite (3)**. Über den Kieselstrand zur Fortsetzung des Sentier littoral. Schräg oberhalb der Klippen hinauf und gegen die Punta d'en Cames hinaus. Nordwärts der Felsküste entlang, hinab gegen die Anse du Pin Parasol und hinauf gegen das Cap Rédéris, dem Steilabbruch entlang bis hinauf zu einer Aussichtsplattform an der **Küstenstraße D 914 (4)**, 120 m; zuweilen findet man hier eine Buvette mit Weinverkauf. An der Straßenkurve findet man die Fortsetzung des Küstenweges, der sich rechts eines kurvigen Sträßchens absenkt und dieses dann auf Meereshöhe bei zwei kleinen Buchten trifft. Weiter auf dem Sentier littoral der Steilküste zum **Cap de l'Abeille (5)**, 64 m folgen, wo der Weg nach Westen umbiegt und unterhalb eines Hauses erneut in ein Sträßchen mündet. Es führt oberhalb einer Badebucht vorbei in ein Villenviertel und auf die Küstenstraße. Auf ihr marschieren wir nach **Banyuls-sur-Mer (6)**, 0 m; nach dem Hafen kommt man an den Strand, und von dort westwärts zum Bahnhof. Auf dem Sand (oder bequemer und erfrischender auf dem Quai …) bis ans Nordende des Strandes von Banyuls-sur-Mer. Nun könnte man weiter mit der Straße vorlieb nehmen; schattiger und schneller ist es, nordwärts durch die Stadt zu gehen, zum Beispiel durch die Rue Voltaire und ihre Fortsetzung, dann links haltend hinab zurück auf die Hauptstraße. Diese queren und durch die Ancienne Route Nationale 114 zur feinsandigen **Plage**

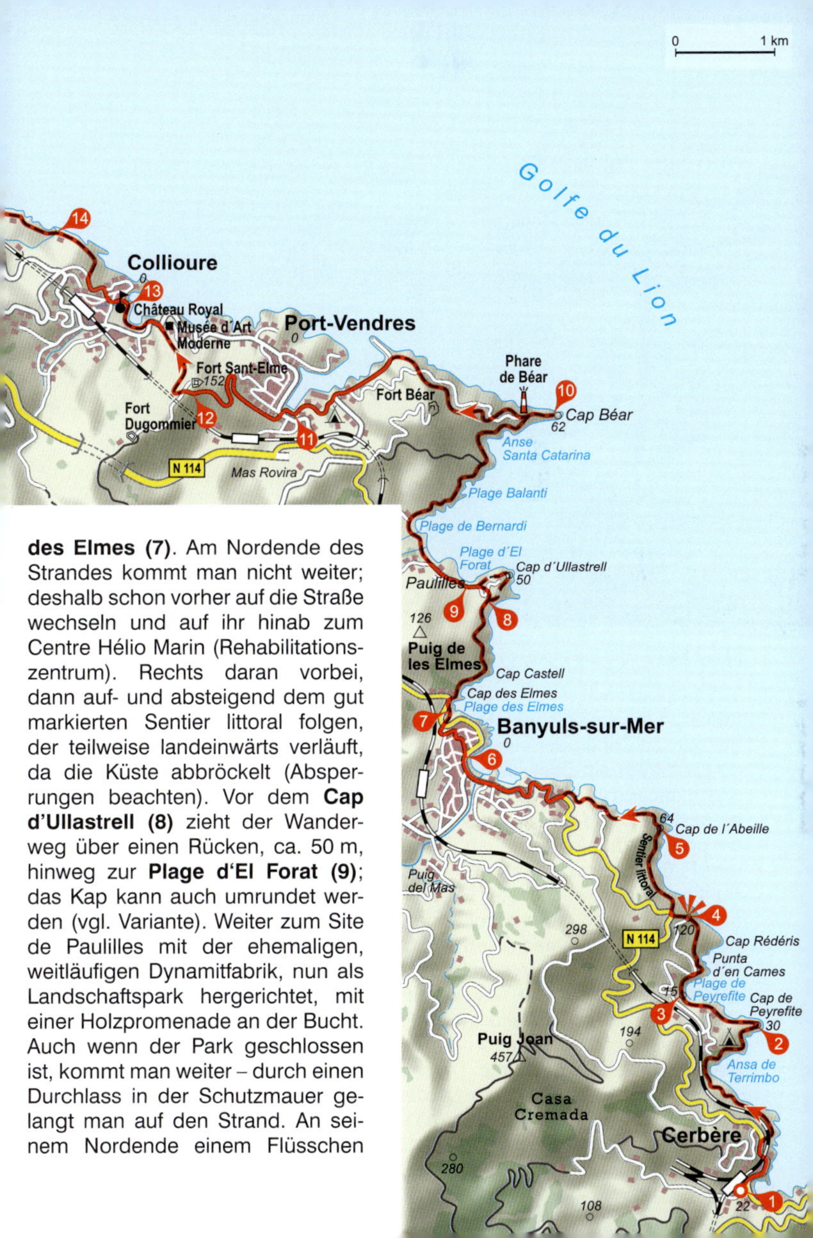

des Elmes (7). Am Nordende des Strandes kommt man nicht weiter; deshalb schon vorher auf die Straße wechseln und auf ihr hinab zum Centre Hélio Marin (Rehabilitationszentrum). Rechts daran vorbei, dann auf- und absteigend dem gut markierten Sentier littoral folgen, der teilweise landeinwärts verläuft, da die Küste abbröckelt (Absperrungen beachten). Vor dem **Cap d'Ullastrell (8)** zieht der Wanderweg über einen Rücken, ca. 50 m, hinweg zur **Plage d'El Forat (9)**; das Kap kann auch umrundet werden (vgl. Variante). Weiter zum Site de Paulilles mit der ehemaligen, weitläufigen Dynamitfabrik, nun als Landschaftspark hergerichtet, mit einer Holzpromenade an der Bucht. Auch wenn der Park geschlossen ist, kommt man weiter – durch einen Durchlass in der Schutzmauer gelangt man auf den Strand. An seinem Nordende einem Flüsschen

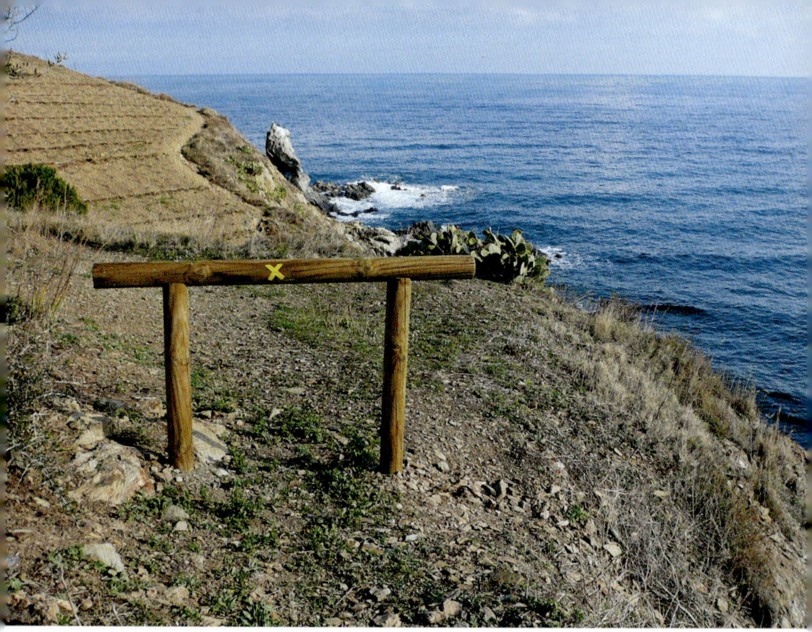

In der Mitte: Da geht der Weg zum Cap d'Ullastrell nicht durch – links davon schon.

folgen, dann steil hinauf und nach rechts. Durch einen Tunnel und zwischen gesperrten Zonen der einstigen Fabrikanlage hindurch zur Plage de Bernardi. Es folgen ein paar kleinere Buchten, dann führt der Sentier littoral der Küste entlang zur Plage Balanti. Hier steigt er an, biegt rechts ab, ist teilweise gesichert und erreicht auf- und absteigend die Anse Santa Catarina, wo ein paar Strandhäuser stehen. Gegen den Leuchtturm aufsteigen und rechts den Fußweg einschlagen, der zur Spitze des **Cap Béar (10)**, 62 m, führt; Bunkeranlagen, südlichster FKK-Strand von Frankreich. Zurück zum Phare (oder auch nicht ...). Von hier könnte man einfach auf seiner Zugangsstraße bis Port-Vendres marschieren; schöner ist natürlich der gelb markierte Sentier littoral, der zuerst unterhalb von ihr verläuft, kurz darauf oberhalb von ihr, später wieder unterhalb. Man kommt zu einem kleinen Strand mit dem Restaurant Le Gibraltar. Weiter geht's auf einer Straße, dann wieder auf dem Küstenweg, scharf bewacht von der Redoute Béar, einer von Vauban geplanten Befestigungsanlage. Die folgende große Hafenanlage muss in einer großen Schlaufe umgangen werden, dann ist die Uferpromenade des Fischerstädtchens **Port-Vendres (11)** erreicht; der Bahnhof befindet sich südlich oberhalb davon. Der Weiterweg nach Collioure beginnt auf der Stirnseite

des Hafenbeckens: Auf einer Treppe gelangt man auf die Place de Castellane, geht durch die Rue de Paquebots weiter aufwärts, zuletzt wieder auf Treppen. Anschließend rechts auf der Route du Fort St-Elme nordwestwärts nach la Creu Blanca, 87 m, hinauf, wo die Straße eine scharfe Linkskurve beschreibt und zum **Fort Saint-Elme (12)**, 152 m, hinaufzieht. Auf einem Weg nordwärts hinab zur alten, renovierten Ölmühle von Collioure. Durch einen Ölbaumhain direkt zum Garten des Musée d'Art Moderne. Auf der Route de Port-Vendres nach links, dann rechts hinab zur Plage de Port d'Aval und meerseits um das Château Royal von **Collioure (13)** herum, zuletzt westwärts zur baumbestückten Place du Maréchal Leclerc im Zentrum; von hier weiter westwärts durch die Avenue Aristide Maillol zum Bahnhof.
Wer aber die Wanderung entlang der ganzen Côte Vermeille fortsetzen (oder wiederaufnehmen) will, geht durch den Boulevard Mirador nordwärts zu einem Kreisel (hierher auch, wenn man die Altstadt umrundet, was aber länger dauert). Weiter durch die Route du Pla de las Fourques aufwärts zu einem Parkplatz, wo eine Übersichtstafel zum Sentier littoral steht. Rechter Hand befindet sich das große Fort Miradou, linker Hand auf einer Kuppe oben das Fort Carré. Wir gehen geradeaus an die Steilküste. Ihr entlang wie auf einem Höhenweg, mit einem Zwischenabstieg; in der Tiefe am Wasserrand sieht man die Überreste des Sentier de la Moulade. Steiler und steinig geht's hinab zur **Plage de l'Ouille (14)**, wo man manchmal einen Bach überspringen muss. Über den Kieselstrand, auf Treppen hoch und auf einem eingezäunten Weg in ständigem Auf und Ab am Camping Les Criques de Porteils vorbei. Anschließend wird die Küste etwas flacher; hinab in eine Bucht und – zuletzt etwas abseits der Brandung – hinauf zur **Table d'Orientation (15)**, 45 m. Ein Waldweg sinkt hinab nach Le Racou (man kann sich den Aufstieg zur Orientierungstafel auch ersparen und einem Sträßchen direkt nach Le Racou folgen). Durch die von Restaurants und Boutiquen gesäumte Dorfstraße und beim Kreisel geradeaus weiter zum Port Argelès (oder auch auf dem Sandstrand am Meer). Zwischen Booten und Werften, Häuserzeilen und Parkplätzen um den großen Hafen herum und zurück gegen das Meer. Auf einer Passerelle den Fluss La Massane überqueren und auf der Promenade oder dem Strand zur Esplanade Charles Trenet von **Argelès Plage (16)** flanieren, dann links zum Rond-Point de l'Arrivée – besser könnte der Endpunkt der Wanderung entlang der ganzen Côte Vermeille nicht heißen, n'est-ce pas?

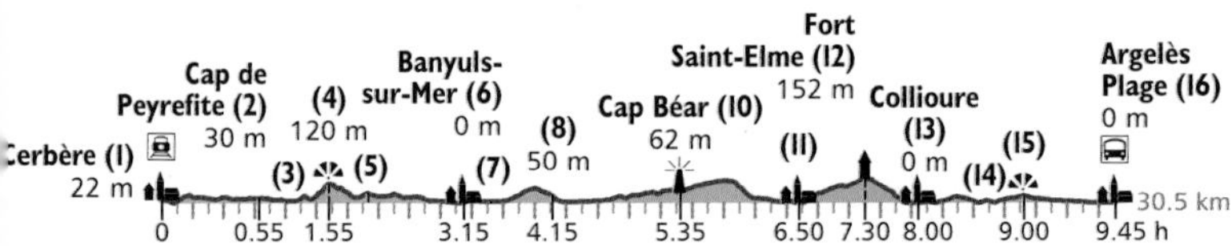

39 Torre de Querroig, 670 m

5.15 Std.

Auf den Spuren von Lisa Fittko, Walter Benjamin – und Aristide Maillol

»Nach dem Aufstieg durch die grünen Hügel, die sacht ins Meer ausliefen, verlief unser Pfad parallel zur wohl bekannten ›offiziellen‹ Straße, die am Gebirgskamm entlangführte und leicht gangbar war. Unser Weg – la route Lister und ein uralter Schmugglerpfad – lag unterhalb der Straße und war durch den Gebirgsüberhang verdeckt, sodass er von den französischen Grenzwachen, die oben patrouillierten, nicht gesehen werden konnte.« So beschreibt Lisa Fittko in ihrem Buch »Mein Weg über die Pyrenäen« die Route, über welche sie und ihr Mann Hans von 1940 bis 1941 zahlreiche Flüchtlinge nach Spanien schmuggelten, die vor den deutschen Nazis und ihren Helfern in Frankreich fliehen mussten. Am 26. September 1940 hatte Lisa Fittko die Route Lister – sie wurde später in F-Route umgetauft – zum ersten Mal gemacht, mit dem deutschen Schriftsteller und Philosophen Walter Benjamin. Die Flucht von Banyuls über Puig des Mas und den Col de Rumpissa nach Port-Bou gelang. Weil aber die spanische Zollstation geschlossen war und Benjamin (zu Unrecht) befürchtete, nach Frankreich zurücktransportiert zu werden, nahm er sich in seiner Verzweiflung mit einer Überdosis Morphium das Leben. Sein Manuskript, das er in einer Aktentasche auf dem Weg über die Pyrenäen ständig bei sich trug, ist seither verschollen.

Katalonien scheint ganz nah zu sein: Panorama vom Torre de Querroig.

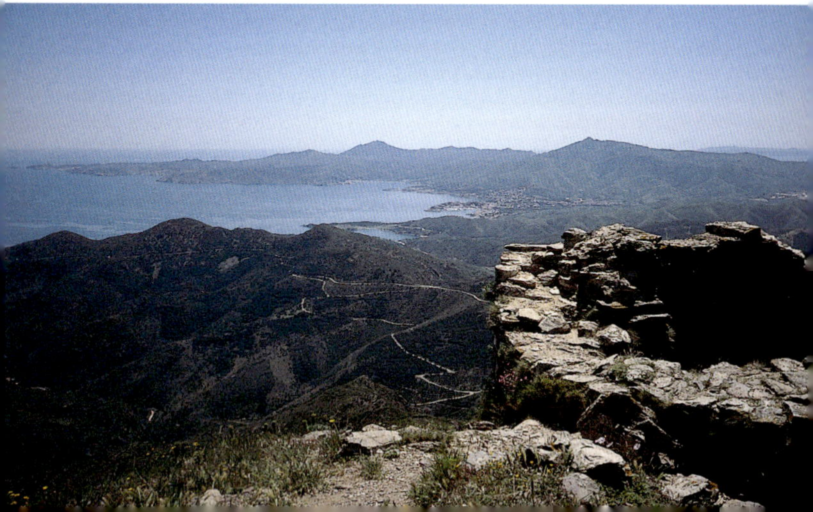

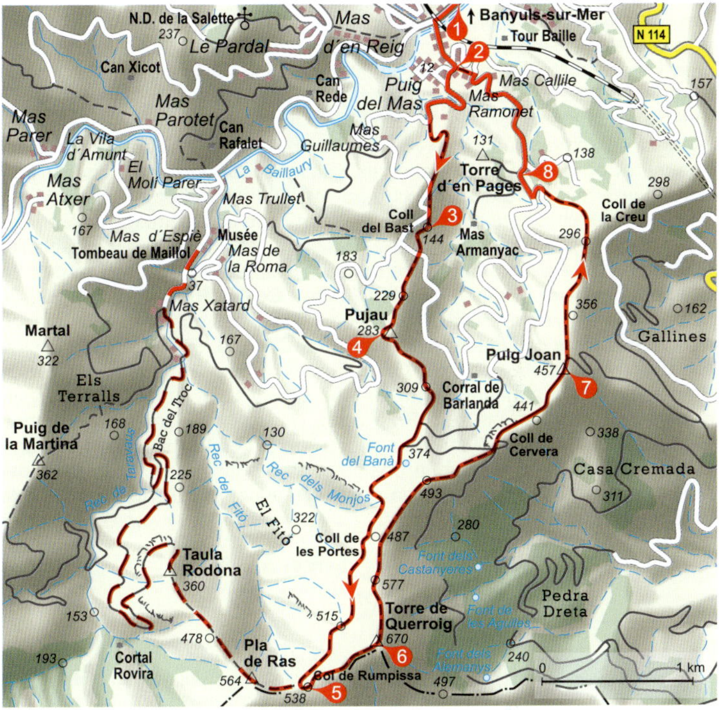

Ausgangspunkt: Banyuls-sur-Mer, 0 m; Züge von Collioure, Perpignan und Narbonne. Auch Busverbindungen.
Höhenunterschied: Ca. 750 m.
Anforderungen: Kondition, Orientierungssinn. Bis zum Col de Rumpissa als »Chemin Walter Benjamin« ausgeschildert.
Beste Jahreszeit: Frühling, wegen der Blumenpracht. Allerdings immer machbar.
Einkehr und Unterkunft: Vgl. Tour 40.
Variante: Vom Col de Rumpissa nach Pla des Ras, über den Rücken zur Taula Rodona und auf einem Weg, dann Sträßchen beim Bac del Troc vorbei zum Musée Maillol, 37 m; 1.30 Std.

Tipp: Musée d'Aristide Maillol an der Route des Mas, sozusagen am Nordfuß des Torre de Querroig; der Bildhauer ruht unter seiner Skulptur La Méditerrannée im Garten seines Wohnauses und Ateliers, das nun ein Museum ist; täglich geöffnet, über Mittag geschlossen. Und: Walter Benjamin ist in Port Bou, dem ersten Ort nach der Grenze, begraben; gleich neben dem Friedhof schuf der israelische Künstler Dani Karavan eine Gedenkstätte für Benjamin und die europäischen Flüchtlige der Jahre 1933 bis 1945.
Karte: IGN Top 25: 2549 OT Banyuls.
Kombinationsmöglichkeit: Mit Tour 38, 40 und 41; Rother WF Costa Brava, Tour 15.

Der »Chemin Walter Benjamin« beginnt auf der Uferpromenade von **Banyuls-sur-Mer (1)**, an der Ecke mit dem Schild des GR 10. Auf der Avenue du Général de Gaulle stadteinwärts. Unter der Eisenbahn hindurch, gleich nach links über den Fluss und hinauf nach **Puig del Mas (2)**. In südlicher Richtung einer Straße folgen. Nach 500 m biegt man links in einen Weg ein. Nun wieder in allgemein südlicher Richtung durch Rebberge hinaufwandern, wobei beim **Coll del Bast (3)** mehrmals Sträßchen berührt und gekreuzt werden. Man erreicht die Grathöhe **Pujau (4)**, 283 m. Weiter auf und entlang dem Grat in Richtung des Kammes, der vom Torre de Querroig gekrönt wird. Auf einem kurzen Straßenabschnitt (P. 374 m) zieht man in die Westflanke dieses Kammes hinein, durch die man um mehrere Rippen herum und an der Font del Banà (Quelle) vorbei bis in den **Col de Rumpissa (5)**, 538 m, schräg und teils ziemlich geröllig ansteigt. Vom Pass auf der Landesgrenze hinauf zum **Torre de Querroig (6)** oder **Tour Carroig,** 670 m; vom Turm sind allerdings nur noch spärliche Grundmauern übrig. Nun wieder ganz in Frankreich immer auf dem Kamm ab- und aufsteigend, vom Coll de Cervera auf einem Sträßchen bis zum **Puig Joan (7)**, 457 m. Nordwärts über den Grat absteigen, auf ca. 230 m links gegen **Torre d'en Pages (8)** hinüber und zuletzt auf einer kleinen Straße über Mas Ramonet zurück nach **Puig del Mas (2)**. Wie beim Hinweg hinab und nach vorne auf die Uferpromenade von **Banyuls-sur-Mer (1)**.

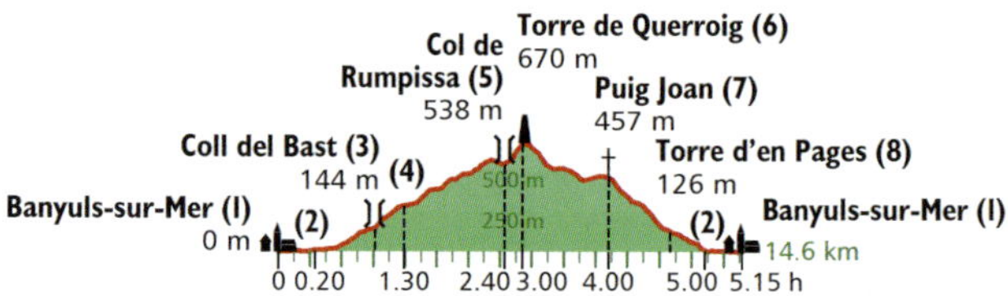

Kein Durchkommen außer auf einem Pfad: blühende Sträucher am Tour Carroig.

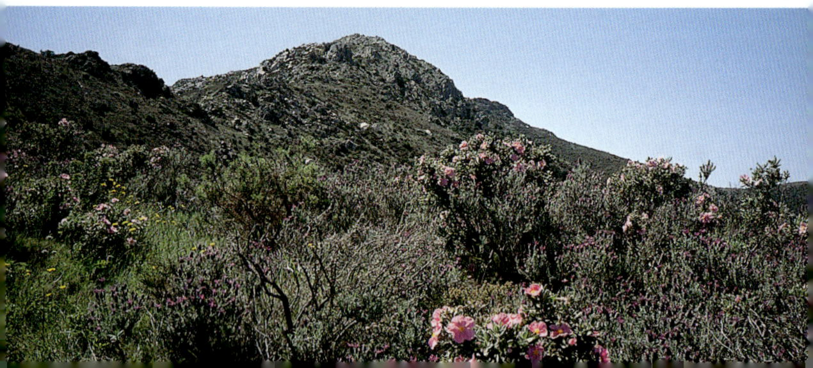

3.00 Std.

Chapelle Notre-Dame de la Salette – Pic des Gascons, ca. 390 m

40

Da kommt der berühmte Wein her – und der weite Weg vom Atlantik

Der Gipfel ist sicher nicht das Ziel, man merkt kaum, dass man oben angelangt ist. Aber der Gratweg von der Kapelle zur Passstraße ist besonders schön – mit dem Blick zurück zum Meer, nach vorne auf die Pyrenäen sowie nach links und rechts auf die Rebberge. Malerisch wirken die vielen Schiefersteine, aufgeschichtet zu Mäuerchen und Steiniglus, um Platz zu schaffen für die Rebstöcke. Der Abstieg erfolgt dann auf dem letzten Stück des Weitwanderweges GR 10, der vom Atlantik über die ganze Pyrenäenkette führt. Was für ein Gefühl, wenn man jetzt von dort käme.

Ausgangspunkt: Banyuls-sur-Mer; vgl. Tour 39.
Höhenunterschied: 400 m.
Anforderungen: Keine. Wege markiert, außer auf dem obersten Gratabschnitt.
Beste Jahreszeit: Immer; am farbigsten im Frühling.
Unterkunft: In Banyuls-sur-Mer zahlreiche Hotels, z. B. in der Alstadt, Manoir, Tel. 04 68 88 32 98 und Canal, Tel. 04 68 88 00 75; Le Catalan, Tel. 04 68 88 02 80; Les Elmes an der gleichnamigen Bucht, Tel. 04 68 88 03 12; Camping La Pinède, Tel. 04 68 88 32 13.
Variante: Von Collioure auf Tour 41 über die Tour de Madaloc bis zur Batterie 500, auf der Straße, die Kurven evtl. abkürzend, in den Col des Gascons und auf einem der Wege hinab nach Banyuls-sur-Mer; 5 Std.
Tipp: Weinverköstigung im Cellier des Templiers an der Route du Mas d'en Reig: eine der großen Kellereien von Banyuls, Tel. 04 68 98 36 92; Cave Saint-Jacques, Avenue du Puig del Mas 25, Tel. 04 68 88 11 97, auch zum Essen. Zahlreiche Weingeschäfte ebenfalls in der Hauptstraße.
Karte: IGN Top 25: 2549 OT Banyuls.
Kombinationsmöglichkeit: Mit den Touren 38, 39 und 41.

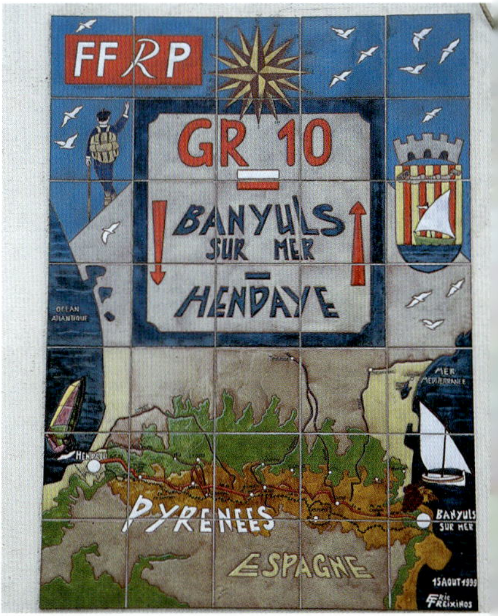

Schild in Banyuls-sur-Mer: Start oder Ziel der Grande Randonnée 10, des Weitwanderweges durch die Pyrenäen.

Wir beginnen die Tour an der Brücke über den Fluss Baillaury hinter dem Strand von **Banyuls-sur-Mer (1)**. Ein schmaler, eingezäunter Weg führt entlang dem westlichen Ufer und geht in die Avenue du Général de Gaulle über.

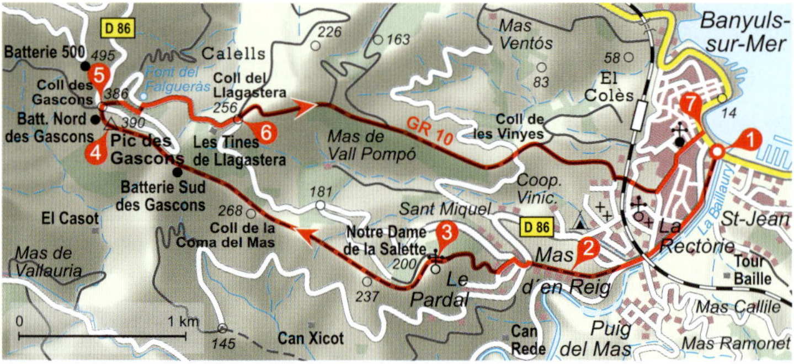

Auf ihr südwestwärts; vor der Eisenbahnbrücke mündet der Weg vom Bahnhof ein. An der Kreuzung nach der Brücke rechts – und hinter der Gendarmerie links in einen Weg einbiegen. Er führt hinauf zum Weiler **Mas d'en Reig (2)**, 49 m. Quer hindurch und schnurstracks auf Villensträßchen und einem steilen Weg hinauf zur **Chapelle Notre-Dame de la Salette (3)**, 200 m. Auf dem Zufahrtssträßchen leicht abwärts, dann links weg und auf dem Gratweg zwischen Reben sehr schön ansteigen. Man kommt zu einer Haarnadelkurve der D 86; die gelb markierte Route benützt nun die Straße. Es ist aber auch möglich, linker Hand einen Schotterweg zu nehmen (Weg-

Von diesen Rebhängen stammt der bekannte Wein: der schwere, süße Banyuls.

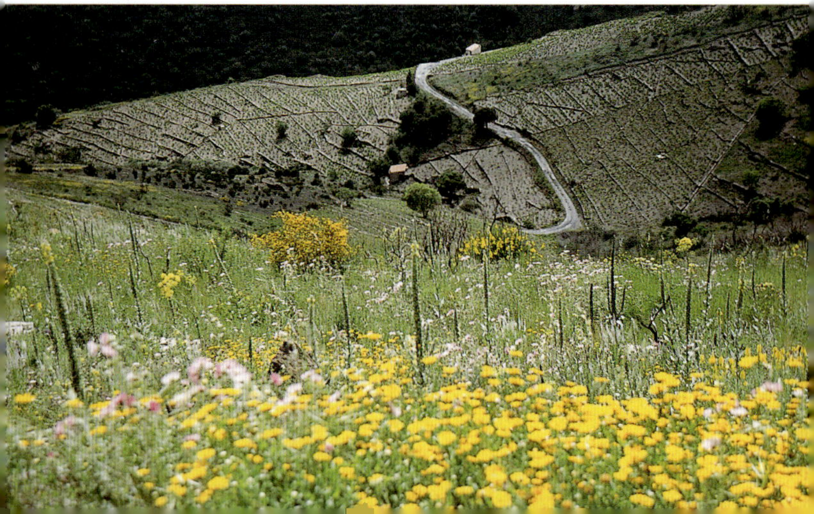

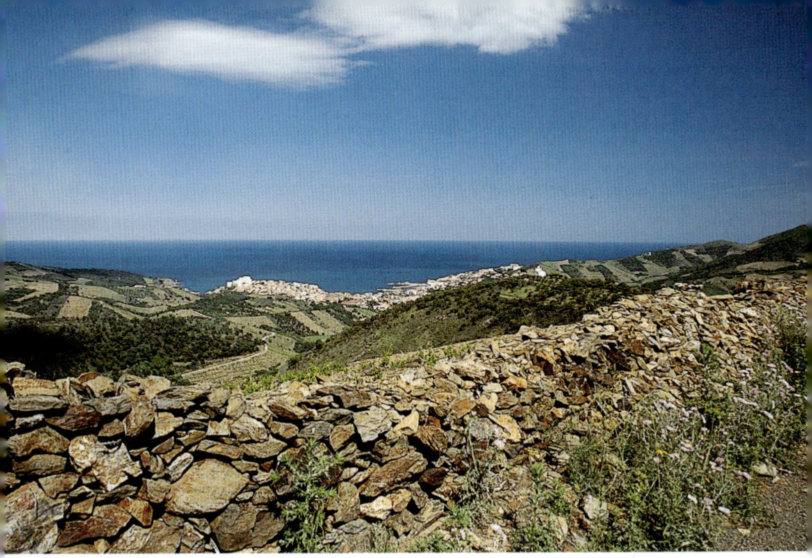

Das Mittelmeer bestimmt den Horizont: Banyuls vom Gascons-Kamm.

weiser »Ball Trap«) und weiter über den Kamm aufzusteigen (geht natürlich nicht, wenn geschossen wird ...). Der Weg kommt ebenfalls wieder zur D 86; vor der Vereinigung zweigt aber eine Pfadspur links ab und führt in kratzbürstiger Vegetation auf den **Pic des Gascons (4)**, ca. 390 m, wo sich Überreste der Batterie Nord des Gascons befinden. Die südlichen Bunkeranlagen verstecken sich auf dem Vorgipfel weiter unten, der laut IGN-Karte der Pic des (oder Puig dels) Gascons ist. Vom Hauptgipfel sind es nur ein paar Schritte zum **Coll des Gascons (5)**, 386 m, wo man auf den berühmten GR 10 stößt. Er folgt zuerst der Passstraße abwärts, zweigt dann links ab, quert sie noch zweimal und gelangt zur Fontaine del Falgueras. Bald wieder auf der Straße gelangt man in den **Coll del Llagastera (6)**, 256 m; Orientierungstafel. Links abbiegen, ostwärts auf breiten und schmalen Wegen über einen Rücken hinab in den Coll de les Vinyes. Auf Wegen weiter, zuletzt steil hinab ins Städtchen. Unter der Bahnlinie durch (links geht's zum Bahnhof), einem trockenen Bachbett folgen und durch Straßen zur Uferpromenade von **Banyuls-sur-Mer (7)**. An den Strand, hinein ins Mittelmeer und vom Atlantik träumen.

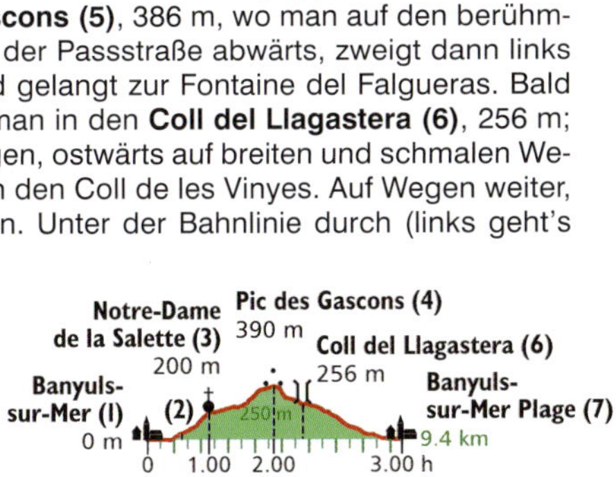

41 Tour de Madaloc, 656 m

4.00 Std.

Pilgerfahrt zu einem Wächter der Pyrenäen über die Côte Vermeille

So schön kann ein Gebirgszug anfangen (oder enden). Aus dem tiefblauen Mittelmeer über die grüne Albères-Kette hinweg Richtung Atlantik. Dabei bieten die ersten Anhöhen einen vorzüglichen Blick – aufs Wasser, aufs Land und auf die Dörfer. Kein Wunder also, dass die Herrscher diese Lage nutzten, um ein Überwachungssystem aufzubauen, das gleichzeitig der Übermittlung diente. Zeuge davon ist die Tour de Madaloc, die um 1287 errichtet wurde. Später kamen weitere militärische Anlagen hinzu, die nun langsam wieder zerfallen. Die Zugangswege jedoch benützen Automobilisten, Velofahrer und Wanderer, die Tour de Madaloc dient als Satellitenempfangsstation. Und in der Ermitage Notre-Dame de Consolation logieren heute Hotelgäste statt Einsiedler. Immer gleich faszinierend ist die Aussicht geblieben.

Talort: Collioure, 0 m; Bahn und Bus.
Ausgangspunkt: Ermitage Notre-Dame de Consolation, 110 m; vom Nordrand von Collioure auf der kurvenreichen D 86, bis links die Stichstraße zur Einsiedelei abzweigt.
Höhenunterschied: 720 m.
Anforderungen: Die Strecke von der Ermitage bis zur Batterie de Taillefer ist an der Grenze zu rot. Wege mehrheitlich gelb markiert. Für den schmalen Weg von der Ermitage bis zur D 86 empfehlen sich lange Hosen.
Beste Jahreszeit: Immer; am duftigsten im April, wenn alles blüht (und das Meer noch zu kalt zum Baden ist).
Einkehr: Die Qual der Wahl in Collioure: empfehlenswert sind Amphytrion, La Plage, Les Templiers und La Marinade. Snacks in der Batterie 500 (nur in der Hochsaison).
Unterkunft: In Collioure: Hôtel Les Templiers, Tel. 04 68 98 31 10, www.hotel-templiers.com; Le Bon Port, Tel. 04 68 82 06 08, www.bon-port.com; Hôtel Les Caranques, Tel. 04 68 82 00 92, www.les-caranques.com; Relais des Trois Mas, Tel. 04 68 82 05 07. Ermitage de Consolation, Tel. 04 68 82 17 66.
Variante: Vom Zentrum Collioures auf dem Chemin de Consolation südwestwärts, zuerst Richtung Le Petit Consolation, dann unter der Autobahn hindurch zur Ermitage hinaufpilgern; 45 Min.

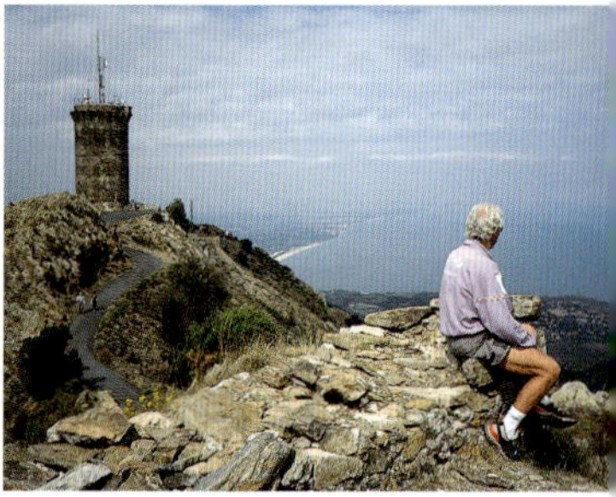

Bewacht die Côte Vermeille: Tour de Madaloc.

Tipp: Die Tour de la Massane, 793 m, erreichbar von el Rimbau, 138 m, im Tal westlich der Tour de Madaloc gehört wie der Torre de Querroig (vgl. Tour 39) ebenfalls ins System der Wacht- und Warntürme.
Karte: IGN Top 25:2549 OT Banyuls.
Kombinationsmöglichkeit: Mit den Touren 38, 39 und 40.

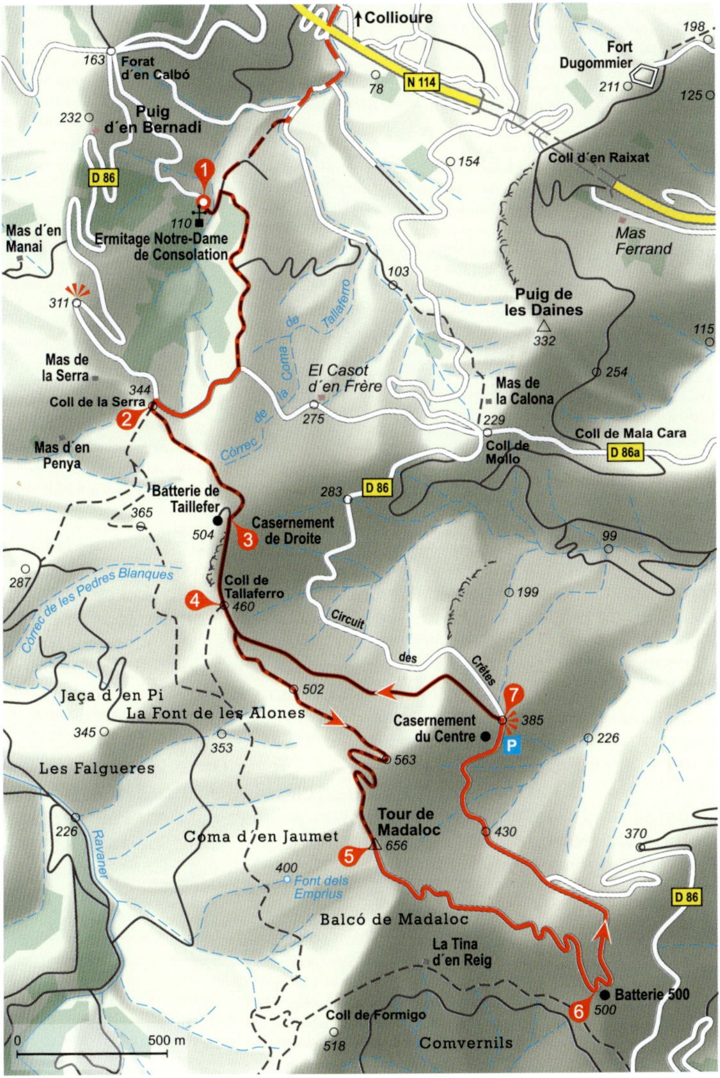

Collioure
N 114
Fort Dugommier
198
211
125
78
163
Forat d´en Calbó
232
Puig d´en Bernadi
154
Coll d´en Raixat
D 86
1
110
Ermitage Notre-Dame de Consolation
Mas d´en Manai
Mas Ferrand
103
311
Puig de les Daines
332
115
Mas de la Serra
El Casot d´en Frère
254
344
Coll de la Serra
275
Mas de la Calona
229
Coll de Mala Cara
2
Mas d´en Penya
Coll de Mollo
D 86a
283
D 86
Batterie de Taillefer
365
504
Casernement de Droite
3
99
287
Còrrec de les Pedres Blanques
Còrrec de la Coma de Tallaferro
Coll de Tallaferro
460
4
199
Circuit des Crêtes
502
7
Jaça d´en Pi
La Font de les Alones
Casernement du Centre
385
P
345
353
226
563
Les Falgueres
Tour de Madaloc
430
370
226
Ravaner
Coma d´en Jaumet
5
656
400
Font dels Emprius
D 86
Balcó de Madaloc
La Tina d´en Reig
Batterie 500
6
500
Coll de Formigo
518
Comvernils
0
500 m

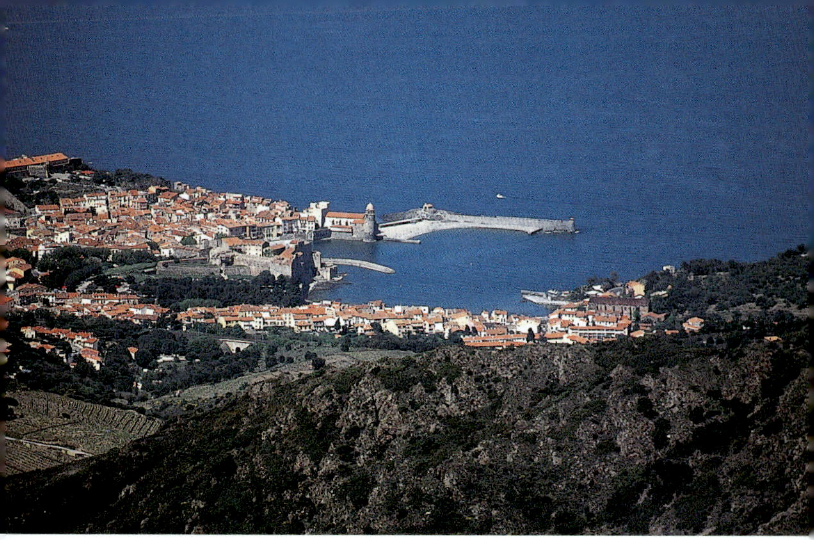

Perle der karminroten Küste: die Stadt Collioure.

Durch das Gelände der **Ermitage Notre-Dame de Consolation (1)** hindurch und südwärts über einen Rücken hinauf zur D 86. Dort folgt man der Straße ungefähr 400 m nach Westen, zweigt dann links ab und steigt hinauf zum **Coll de la Serra (2)**, 344 m, im Bergkamm, der von der Tour de Madaloc gekrönt wird. Der Weg verläuft an diesem Kamm entlang, erreicht die **Batterie de Taillefer (3)**, 504 m,) und senkt sich in den **Coll de Tallaferro (4)**, 460 m, und zu einem Fahrweg ab. Diesen verlässt man jedoch schon bald nach rechts und folgt wieder dem Kammweg, der sich teilweise auf der Meerseite entlangzieht, bis hinauf zur **Tour de Madaloc (5)**, 656 m, mit herrlicher Rundumsicht. Weiter auf dem Kamm bis zur **Batterie 500 (6)** absteigen. Nordwärts auf der Straße bis zur D 86 und auf dieser zu den Ruinen des **Casernement du Centre (7)**, 385 m, von wo man auf dem Fahrweg zum **Coll de Tallaferro (4)**, 460 m, marschiert. Auf der vom Hinweg bekannten Route gelangt man zurück zur **Ermitage Notre-Dame de Consolation (1)**.

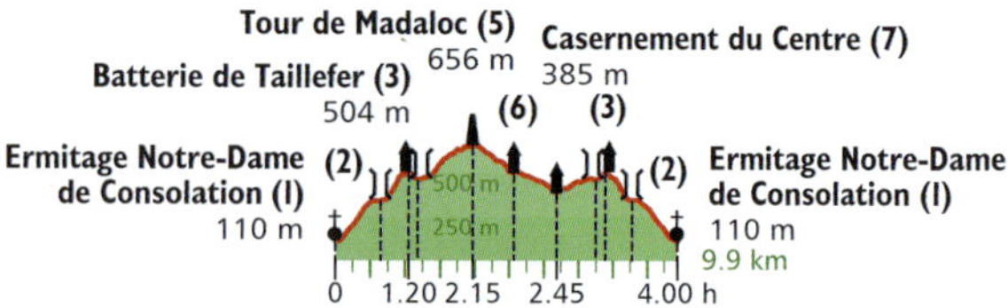

Cap Leucate

Im alten Badeort La Franqui: Küstenroute und Plateauweg an den schönsten Klippen des Languedoc–Roussillon

Wer nach La Franqui kommt, merkt sofort: Dieser Badeort ist anders als die meisten Sommerfrischen an der südlichen Mittelmeerküste Frankreichs. Nicht diese kilometerlangen Betonburgen an den flachen Sandstränden von La Grande-Motte bis hinunter vor die alten Fischerdörfer der Côte Vermeille. So wie mit dem »plan neige« die Retortenstationen in den französischen Alpen entstanden, wurde ab Mitte der 1960er-Jahre die Küste des Languedoc–Roussillon mit dem »plan mer« (v)erbaut. Von nun an blieben die Franzosen im Sommer brav im eigenen Land. In La Franqui aber sind die Pinien so alt wie die Villen aus der Belle Epoque; Paul Gauguin gefiel es hier auch. Ob er die Klippen des Cap Leucate, an deren Nordfuß sich La Franqui schmiegt, erwandert und gemalt hat? Leucate kommt übrigens vom griechischen »leukos«, was »weiß« bedeutet. Den Seefahrern dienten die weißen Klippen sozusagen als Leuchtturm. Den Bauern von Leucate als natürliche Begrenzung ihres windgepeitschten Terrains, das sie mit Reben und Mandelbäumen bepflanzen. Und uns Wanderern als Spielplatz für sportliche und kulturelle Erkundungen.

Die Klippen von Leucate: oben der Spazier-, unten der »Kletterweg«.

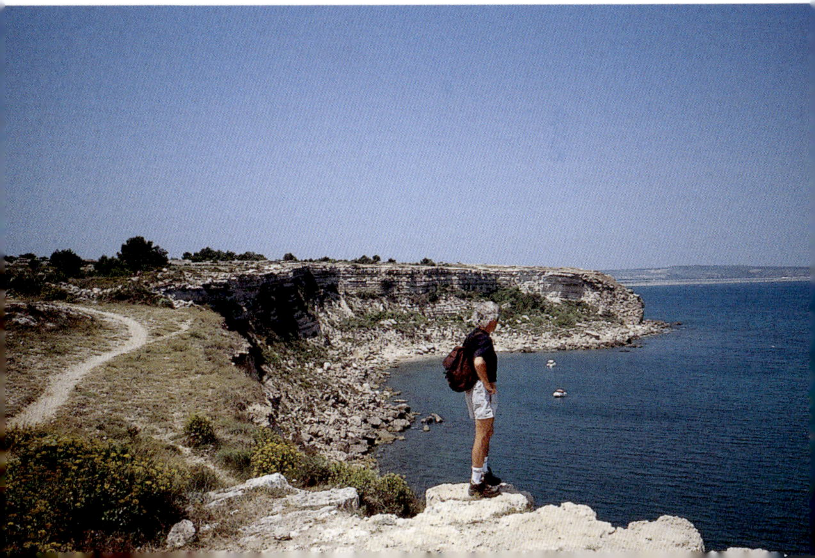

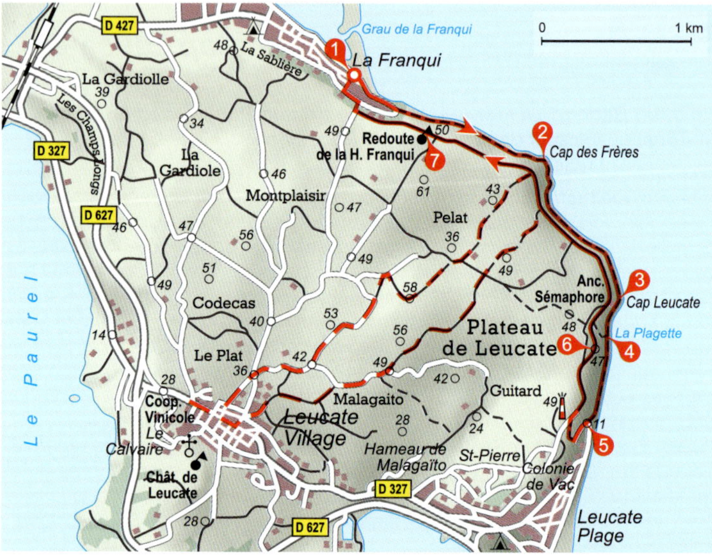

Ausgangspunkt: La Franqui, 0 m; von der Autobahn A 9, auf der D 627 und D 427; Parkplätze im Dorf. Für Leucate Village, 28 m, bleibt man 2,5 km länger auf der D 627 und parkiert bei der Coopérative Vinicole am Westeingang des Dorfes. Bahnhof Leucate La Franqui an der Linie Narbonne – Perpignan; 2 km auf der Straße nach La Franqui.
Höhenunterschied: 70 m.
Anforderungen: Trittsicherheit, um beim Hinweg über die teils rauen bis scharfkantigen Uferblöcke zu turnen; eine kurze Kletterstelle, wo man an guten Griffen absteigen kann. Rückweg leicht, wie auch die Rundwanderung über das Plateau de Leucate. Badebekleidung und Handschuhe nicht vergessen!
Beste Jahreszeit: Immer, außer bei stürmischer See. Auf dem Plateau oben natürlich am schönsten im Frühling, wenn alles blüht, aber nicht während der Meisterschaft »Mondial du vent« im April. La Franqui und Leucate gelten als Mekkas der Windsportarten zu Wasser und auf dem Sand.
Einkehr und Unterkunft: In La Franqui: Hôtel de la Plage, Tel. 04 68 86 13 84. In Leucate Village: Leukos, Tel. 04 68 40 20 20; Mer, Sable et Soleil, Tel. 04 68 40 00 90; la Closerie (nur Restaurant).
Variante: Rundtour über das Plateau de Leucate; die klassische Tour durch die sogenannte »Petite Grèce« zwischen dem Dorf Leucate und den Klippen, markiert mit einem steinernen Speichenrad. Von der Coopérative Vinicole ins Dorf hinein, links zur Place du Foyer und durch die Rue des Vignerons hinauf zur alten Mühle und zur folgenden Kreuzung. Nun nordostwärts auf Sträßchen und Wegen über die Hochebene mit ihren kleinen Äckern, Weinbergen und Mäuerchen bis nach vorne auf den Klippenweg beim Cap des Frères; man folgt ihm 250 m südwärts und zweigt dann rechts wieder

landeinwärts ab. Ähnlich wie beim Hinweg über das Plateau de Leucate zurück nach Leucate Village; 2.15 Std., 7 km.
Tipp: Liebevoll gemachter Wanderführer zu Leucate: »Perièra – le Plateau auquel on ne s'attend pas«.
Karte: IGN Top 25: 2547 OT Durban-Corbières – Leucate.

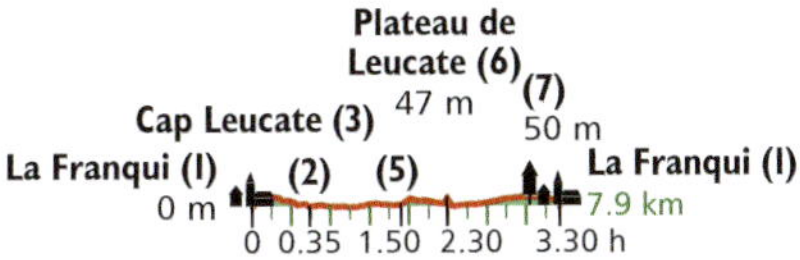

Am Ende der Straße durch **La Franqui (1)** geht man weiter an der Küste entlang, wobei man zuerst durch eine überraschend artenreiche Vegetation mit Zypressen und Rosensträuchern kommt. Nach rund 30 Minuten Marsch hört der Pfad auf. Man steigt zum Wasser hinab und folgt einer Wegspur, worauf man in eine kleine Bucht gelangt, in der häufig ein paar Schiffe ankern. Nach der Umrundung des **Cap des Frères (2)** unterhalb der 50 m hohen Felsklippe bleibt man in der Nähe des Wassers und turnt von Block zu Block um das **Cap Leucate (3)** herum bis in die Bucht von **La Plagette (4)**. Weiter über Blöcke am Ufer entlang bis zum Nordzipfel von **Leucate Plage (5)**. Die Kletterei über die Steinblöcke kann man an einigen Stellen durch die Nutzung von Trampelpfaden, die etwas höher im Hang verlaufen, vermeiden, aber zwischen La Franqui und Leucate Plage gibt es keine Fluchtmöglichkeit. Von Leucate Plage auf Treppen quer durchs Villenviertel hoch auf das **Plateau de Leucate (6)** und nordwärts auf dem Weg am Klippenrand zum neuen Leuchtturm und zum Cap Leucate. Auf dem breiten Klippenweg, am alten Leuchtturm und an der **Redoute de la Haute Franqui (7)** vorbei, zurück nach **La Franqui (1)**, das man nach einem kurzen Abstieg erreicht.

Nur Baden ist bequemer: unterwegs in den weißen Felsen des Cap Leucate.

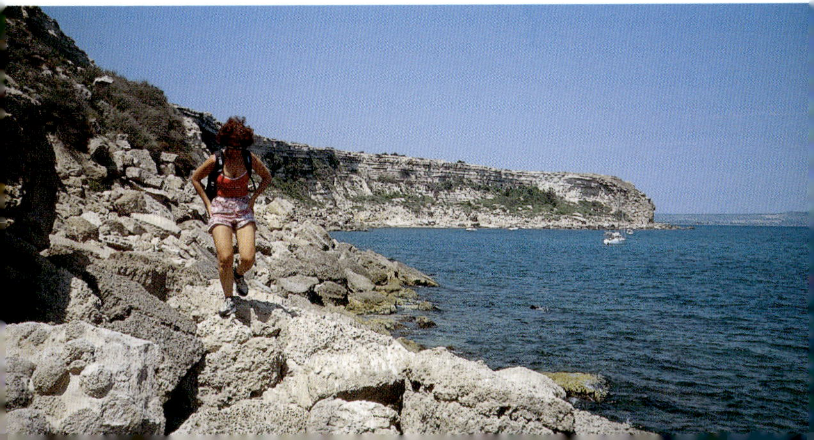

43 Les Eoliennes de Garrigue Haute

2.00 Std.

Auf dem Sentier Cathare zu einem Windkraftwerk

Der Wind! Dieser Wind! Verflucht und ersehnt zugleich. Es ist vor allem der Tramontane, der zwischen den Pyrenäen und den Cevennen Richtung Mittelmeer braust, ähnlich wie der Mistral durchs Rhônetal. Surfer lieben den Tramontane, die Etangs gelten als ihre Mekkas. In La Franqui südlich von Port-la-Nouvelle findet alljährlich der Mondial du Vent statt. Das Windkraftwerk auf dem Plateau der Garrigue Haute war das erste im Languedoc-Roussillon. Wer windstille Wanderungen vorzieht, sollte dort nicht wandern. Aber eindrücklich ist es schon, diese Windkraftanlagen aus der Nähe zu sehen und zu hören.

Ausgangspunkt: Port-la-Nouvelle, 3 m; vgl. Tour 44. Die Rundwanderung beginnt im Südwesten der Stadt, an der D 709 (Avenue de Catalogne) Richtung La Palme, und zwar dort, wo der Boulevard du Général de Gaulle von der Plage herkommend auf die D 709 trifft. Man parkt am Sträßchen durch die Combe de Buis, 100 bis 200 m westlich der Nationalstraße.
Höhenunterschied: Rund 120 m.
Anforderungen: Keine; gute Wege, teils gelb-rot markiert (Sentier Cathare).
Beste Jahreszeit: Immer; im Hochsommer ziemlich heiß, aber der Wind bläst ja dauernd – évidemment...
Einkehr und Unterkunft: In Port-la-Nouvelle; vgl. Tour 44.

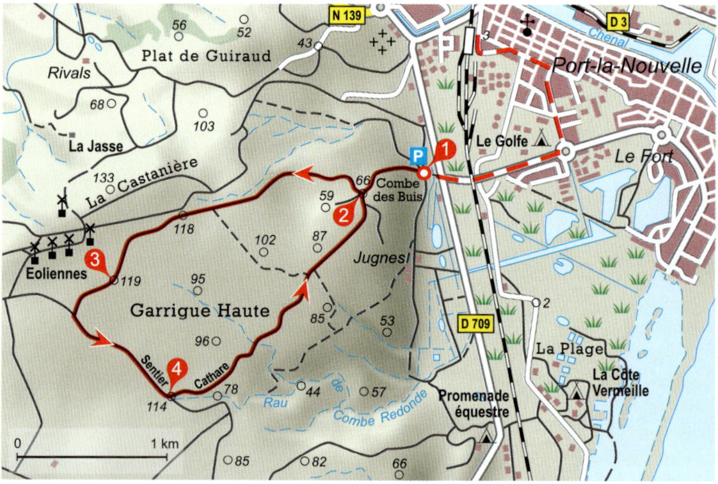

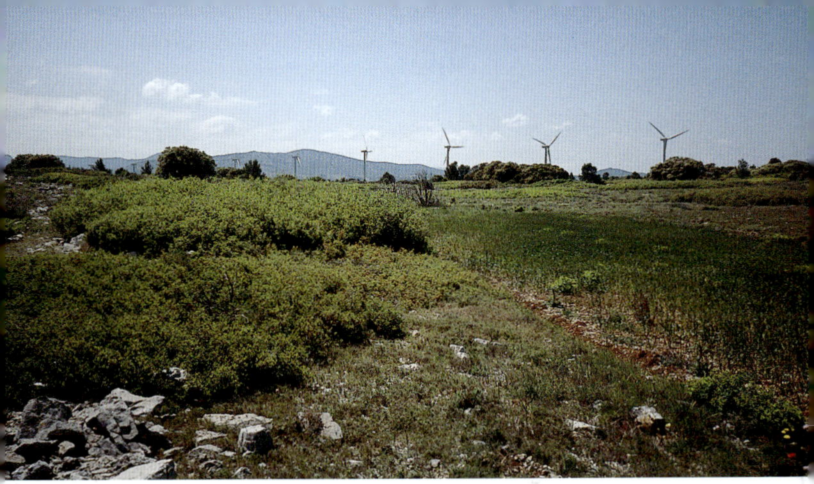

Für wind- und kratzfeste Wanderer: die Windräder im hohen Gesträuch.

Varianten: 1. Start am Bahnhof Port-la-Nouvelle; durch die Avenue Jean Moulin, den Boulevard de l'Avenir und Boulevard Francis Vals zum großen Kreisel beim Camping le Golfe, dann westwärts auf dem Boulevard du Général de Gaulle zur D 709 und zur Combe des Buis; 2 km. 2. Auf dem Sentier Cathare nach Foix weitergehen; 200 km.
Tipp: Die erste Etappe des Sentier Cathare von Port-la-Nouvelle bis Durban-Corbières misst 29 km und dauert ungefähr 7 Std., bei Gegenwind noch ein wenig mehr. – Hafenbummel in Port-la-Nouvelle; im Port de Mer legen Schiffe aus dem ganzen Mittelmeer an, im Port de Pêche werden jeweils am Abend die Fänge versteigert.
Karte: IGN Top 25: 2547 OT Durban-Corbières – Leucate.
Kombinationsmöglichkeit: Mit den Touren 19 und 45.

Von **Port-la-Nouvelle (1)** auf dem Sentier Cathare durch die **Combe des Buis (2)** aufsteigen, an einigen Bunkerruinen vorbei. Schon bald nach dem Start (rund 300 m) verlässt man den Sentier Cathare nach rechts und nimmt den breiten Weg westwärts durch die **Garrigue Haute (3)**; schöne Sicht auf die Etangs – und natürlich die **Eoliennes**. Schließlich geht man südlich an den Windrotoren vorbei und trifft wieder auf den **Sentier Cathare (4)**, dem man nun nach links folgt. In östlicher Richtung an Ruinen vorbei, dann wieder durch die Garrigue Haute und durch zwei trockene Bachbette. Zurück zur **Combe des Buis (2)** und nach **Port-la-Nouvelle (1)**.

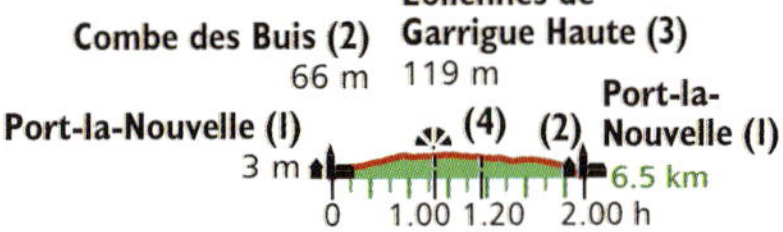

44 Île Sainte Lucie

2.00 Std.

Möwen- und Lokomotivpfiffe, Salzwasser- und Garriguedüfte

Eine Insel hinter der Uferlinie des Mittelmeeres, gelegen zwischen zwei Lagunen, welche die Küste des Languedoc–Roussillon prägen. Zwischen dem Etang de Bages et de Sigean und dem Etang de l'Ayrolle erstreckt sich die 227 Hektar große Île Sainte Lucie, im Westen begrenzt durch die internationale Bahnlinie Paris – Port-Bou und Genf – Barcelona, im Norden und Osten durch den Canal de la Robine, der vom Mittelmeerhafen Port-la-Nouvelle Narbonne zustrebt und dann durch den Canal de jonction mit dem Canal du Midi verbunden ist. Zur Römerzeit diente die Île Sainte Lucie als Ankerplatz zwischen Narbonne und dem Mittelmeer. In der Ära Napoleon logierten die Zöllner, welche die Salzausfuhr kontrollierten, in der Vigie. Auch die Mönche wählten die Insel der heiligen Luzia zu ihrem Domizil, und sie dürften auch Reben kultiviert haben. Muss das ein Tropfen sein, dessen Trauben in der salzigen Brise gedeihen!

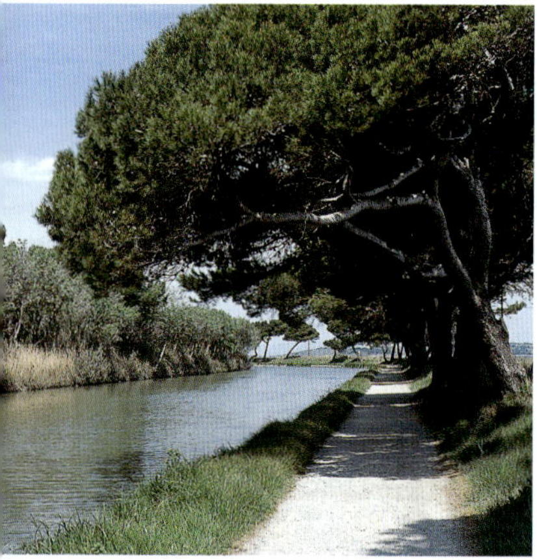

Im Sommer angenehm schattig: Weg am Canal de la Robine.

Ausgangspunkt: Ecluse Sainte Lucie am Canal de la Robine, 3,5 km nördlich von Port-la-Nouvelle, dem Endpunkt der N 139 und Bahnstation der Linie Narbonne – Perpignan. Vom Kreisel beim Port de Plaisance der Kanalstraße folgen bis zum Parkplatz 500 m vor der Schleuse, wo ein Verbot die Weiterfahrt untersagt.
Höhenunterschied: Geringfügig.
Anforderungen: Keine. Durchgehend markierte Wege.
Beste Jahreszeit: Immer, auch im Hochsommer, da der Weg teilweise im Schatten verläuft.
Einkehr und Unterkunft: In Port-la-Nouvelle, z.B. das Hôtel-Restaurant du Port, Tel. 04 68 48 65 59; Camping Côte Vermeille, Tel. 04 68 48 05 80.
Varianten: 1. Nur die kleine Rundtour bis zu den Voies Ornières machen; 1,25 km. 2. Von Port-la-Nouvelle entlang dem Canal de la Robine bis Narbonne (23 km); zu Fuß zu lang(weilig), aber warum nicht mit dem Rad – und mit dem Zug in 12 Minuten zurück?
Tipp: In der Domaine de Sainte Lucie befindet sich eine kleine Ausstellung zur Geschichte der Insel. Seit 1983 ist sie im Rahmen des Conservatoire du Littoral geschützt.
Karte: IGN Top 25: 2546 OT Narbonne.
Kombinationsmöglichkeit: Mit Tour 43.

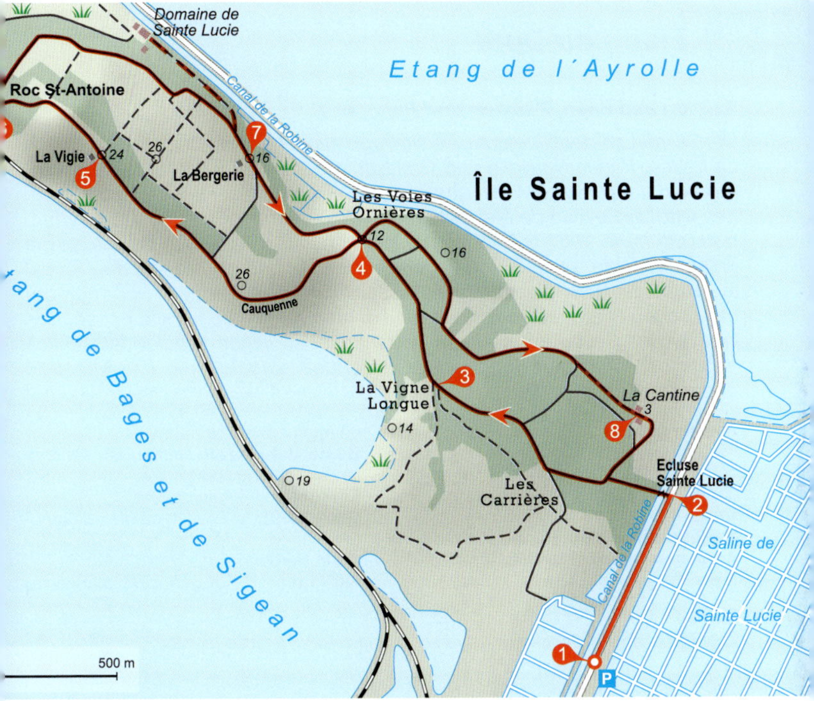

Vom Parkplatz am **Canal de la Robine (1)** zur **Ecluse Sainte Lucie (2)** und auf einer Passerelle über den Kanal. Nun im Uhrzeigersinn um die Île Sainte Lucie herum, also zuerst die Eisenbahnseite kennenlernen, dann diejenige des Kanals. Über Les Carrières (wo man Kalksteine abbaute) und **La Vigne longue (3)** zum Kreuzungspunkt **Les Voies Ornières (4)**. Dort nach links weg, über Cauquenne und **La Vigie (5)**, Ruine, zum **Roc St-Antoine (6)**, 28 m, dem höchsten Punkt der Insel. Hinüber zur Kanalseite wechseln und immer schön in erhöhter Lage dem Weg folgen; von der **Bergerie (7)**, Ruine, kann man noch zur Domaine de Sainte Lucie hinabsteigen. Weiter nach **Les Voies Ornières (4)** und über **La Cantine (8)** die Rundtour bei der Schleuse beenden. Entlang dem Canal de la Robine zurück zum Start **(1)**.

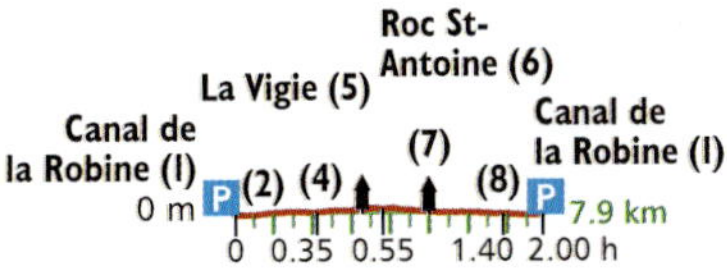

TOP **45**

Etang du Doul

2.00 Std.

Salinen und Seen, Planken und Panorama

Die Salinen an der Côte audoise sind von alters her bekannt; diejenigen von La Palme, Port-la-Nouvelle und Gruissan produzieren heute Streusalz, während auf der Île Saint-Martin das beste Speisesalz, das Fleur de sel, gewonnen wird. In Peyriac-de-Mer begann der Salzgewinn bereits im 14. Jahrhundert und hörte 1967 auf. Daraufhin kaufte das Conservatoire du Littoral die Anlage, machte sie zu einem Vogelschutzgebiet und gleichzeitig den Touristen zugänglich mit einem übers Wasser führenden Holzsteg. Über den benachbarten Etang du Doul hingegen könnten sie fast ohne Hilfe gehen. Das Wasser des Sees, der in einem Vulkankrater zu liegen scheint (tatsächlich höhlte der Wind den Krater aus), ist doppelt so salzig wie das Meer: 70 Gramm pro Liter.

Ausgangspunkt: Peyriac-de-Mer; von Narbonne bzw. Sigean auf der N 9, dann auf die D 105 abzweigen; Parkplatz bei der Saline. Buslinie 10 von Narbonne; Tel. 04 68 90 18 18.
Höhenunterschied: Rund 150 m.
Anforderungen: Orientierungsfähigkeit (viele Wege!) und etwas Trittsicherheit nötig; nur teilweise markiert.
Beste Jahreszeit: Immer, am schönsten im Frühling und Herbst.
Einkehr: In Peyriac-de-Mer.
Unterkunft: In Peyriac-de-Mer: Chambres d'hôtes du Moulin, Tel. 06 03 00 22 71. In Narbonne; vgl. Tour 17.
Varianten: 1. Auf dem gelb markierten

Vom Trubel des Küstentourismus verschont geblieben: Peyriac-de-Mer.

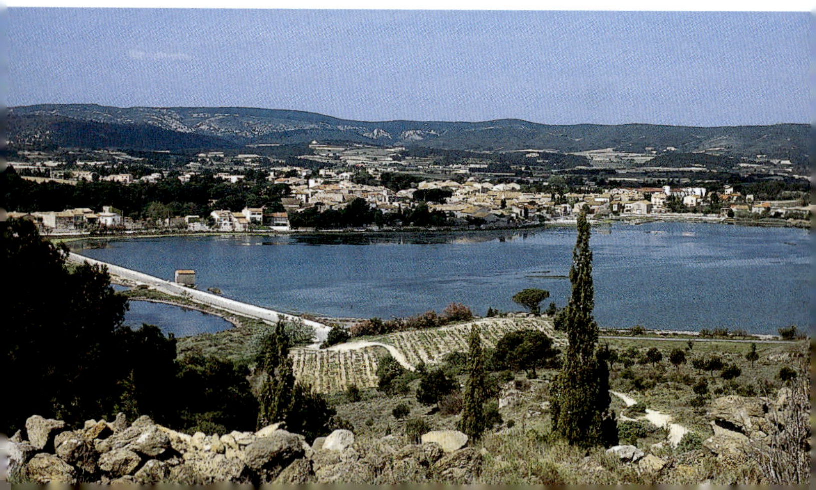

Sentier bleiben, also ohne Le Mour und Roc de Berrière (weniger Aussicht und viel Straße!). 2. Auf kleinen Straßen und Pfaden rund um den Etang du Doul wandern.
Tipp: Réserve africaine de Sigean – auf Safari in Südfrankreich (südlich des Autobahndreiecks A 9 / A 61).
Karte: IGN Top 25: 2546 OT Narbonne.

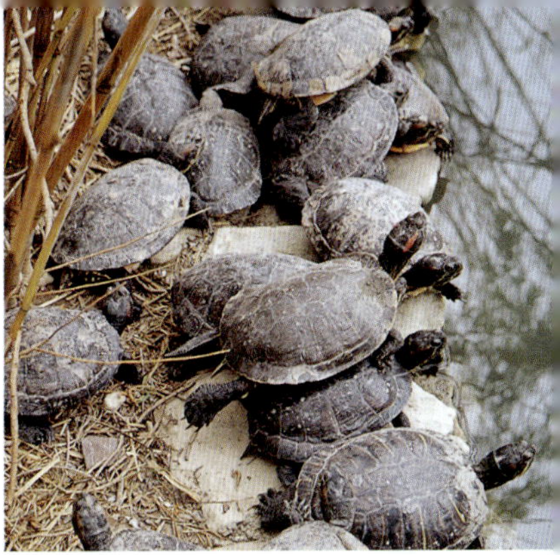

Schwimmen nicht im Etang du Doul: Schildkröten in der Réserve africaine de Sigean.

Vom Parkplatz der Saline in **Peyriac-de-Mer (1)** dem Ufer- und Bretterweg (Chemin des planches) in allgemein nordöstlicher Richtung folgen, bis man rechts abbiegt und auf einem Damm südostwärts durch die Lagune geht. Darauf leitet ein Bretterweg wieder übers Wasser. Der Wanderweg umrundet auf der Nordseite eine Anhöhe (man kann sie auch auf der Südseite umgehen oder gar überschreiten) und zieht über einen Damm zwischen Lagune und Was-

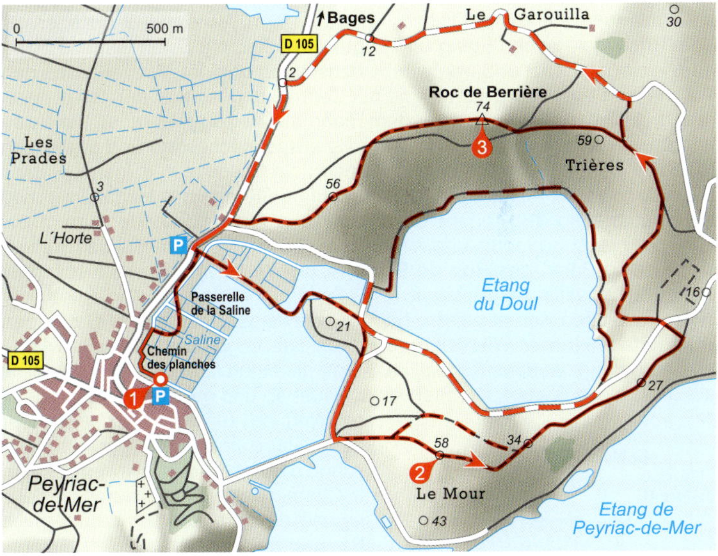

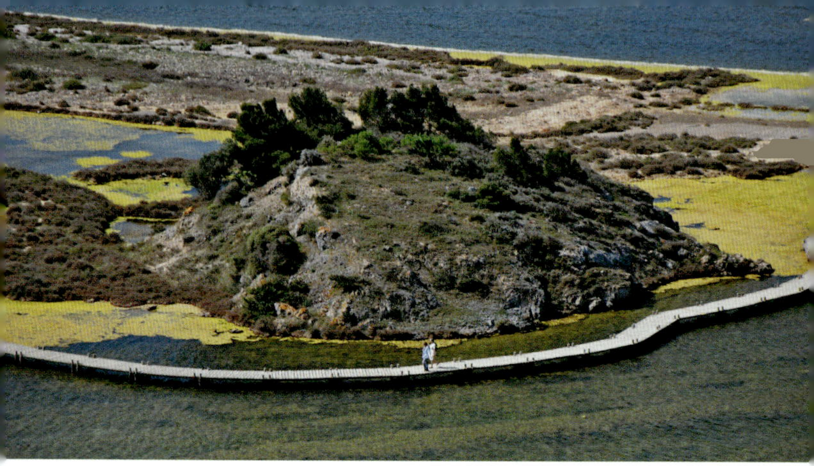

Für Touristen, nicht für Salzarbeiter erbaut: Plankensteg über dem Etang de Peyrac-de-Mer.

serlauf. Am Ende des Dammes beginnt der Aufstieg zum bewaldeten Hügel **Le Mour (2)**, 58 m. Der gelb markierte Sentier umrundet ihn auf der Nordseite; wir überschreiten ihn aber, trotz anfänglicher Hindernisse, auf einem Weg und gelangen auf seiner Ostseite wieder in den Wanderweg, welcher auf dem Rücken zwischen Etang und Lagune verläuft, die Zufahrtsstraße zu einem Weingut kreuzt und nordwärts anzusteigen beginnt. Wir verlassen den Wanderweg bei einer Zisterne (mit der Zahl 12 angeschrieben), wo er nach rechts abbiegt und dann auf der dem Etang du Doul abgewandten Seite weitergeht. Also: links einen schmalen, teils etwas stacheligen und rutschigen Pfad einschlagen, der auf- und absteigend die Seeseite des Trières-Hügels quert. Schließlich rechts haltend hinauf auf den Kamm des Hügels, wo man auf einen breiten Weg kommt; dann nach links. Auf ihm über den Kamm, bei einer Verzweigung rechts und hinauf zum Gipfel; ein Stichpfad zielt zum allerhöchsten Punkt des **Roc de Berrière (3)**, 74 m, mit IGN-Vermessungsstein und fantastischer Weitsicht.

Weiter über den Kamm gehen; bei der Verzweigung bei einem Gatter den linken Pfad nehmen. Er steigt durch stachelige Vegetation ab, steigt wieder an und gelangt zu einer Kanzel, ca. 55 m, die einen faszinierenden Tiefblick auf die Salinen erlaubt. Der Pfad sinkt wieder ab und mündet in einen breiteren Weg, der zum Parkplatz gegenüber dem Stade municipal gelangt. Und schon bald ist der vom Hinweg bekannte Chemin des planches durch die Salzlagune erreicht, der uns zurück nach **Peyriac-de-Mer (1)** begleitet.

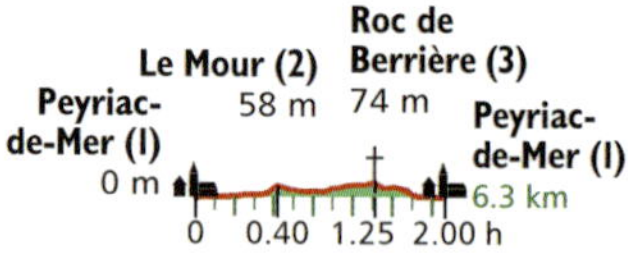

1.40 Std.

Montagne de la Clape, 148 m – Chapelle des Auzils

46

Aussichtsreiche Rundwanderung auf Pilger- und Geheimpfaden bei Gruissan

Eine kurze Tour, die alles von der Montagne de la Clape, dem inselähnlichen Hügel zwischen Narbonne und Gruissan offenbart: der viel besuchte Seefahrerfriedhof und die Kapelle Notre-Dame des Auzils, Ort der Hoffnung und Gebete für die Daheimgebliebenen und die auf dem Meer Arbeitenden; die Canyons mit den Pinienwäldern im Schluchtgrund und den Höhlen; die Hochflächen mit der windgepeitschten Garrigue.

Talort: Gruissan, 0 m; Linie 8 des Citibus von Narbonne, Tel. 04 68 90 18 18.
Ausgangspunkt: Parkplatz beim Cimetière marin, 50 m, nördlich von Gruissan; die Zufahrt zweigt von der Umfahrungsstraße D 332 von Gruissan gut ausgeschildert ab (Straße nach Narbonne-Plage); 2,5 km von der Abzweigung. Man kann auch bereits 500 m nach der Abzweigung starten; nordwestwärts in den Pinienwald unterhalb des Trou de la Crousade; über das Plateau des Caunes oder leichter via Maison Forestière zum Parkplatz beim Cimetière marin.
Höhenunterschied: Knapp 200 m.
Anforderungen: Zwei Passagen beim

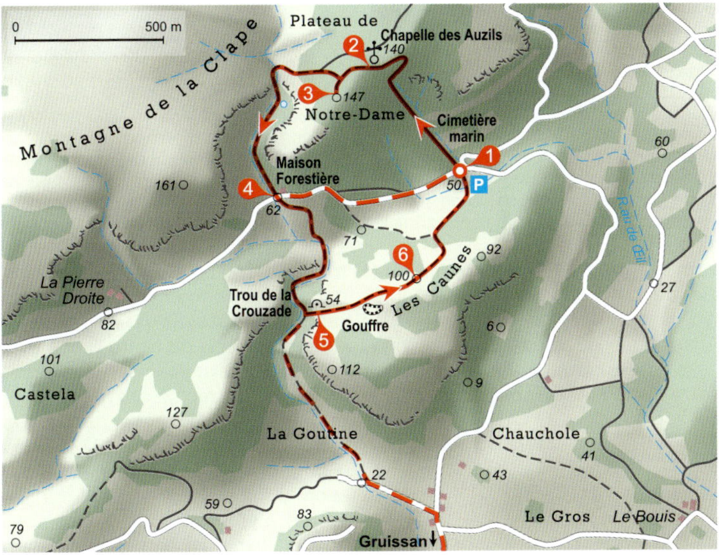

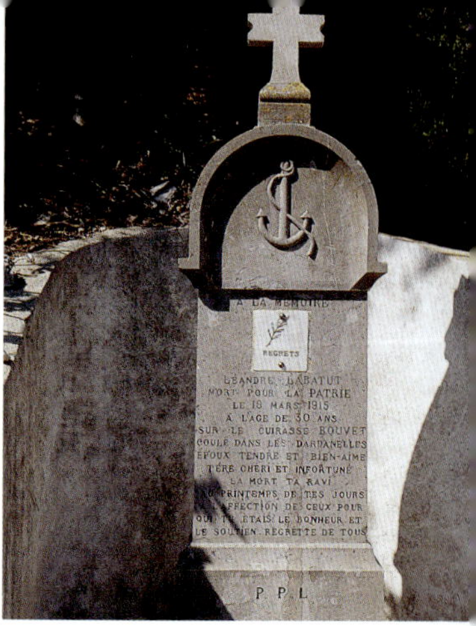

Einer der 26 Grabsteine auf dem Cimetière marin für die auf den Weltmeeren verschollenen Seefahrer von Gruissan: der älteste datiert von 1844.

Abstieg in die obere Schlucht verlangen Trittsicherheit und etwas Schwindelfreiheit. Für den Aufstieg aufs untere Plateau ist ebenfalls Trittsicherheit nötig, für die Querung desselben etwas Orientierungssinn. Nur teilweise markiert.

Beste Jahreszeit: Immer. Seit 1797 jeweils am Ostermontag Wallfahrt zur Kapelle Notre-Dame des Auzils, die erstmals 1223 erwähnt wurde.

Einkehr: Keine.

Unterkunft: Hotels in Gruissan, z. B. le Floride und Le Grand Soleil in Gruissan-Plage, Tel. 04 68 49 04 06. Schöne Zeltplätze an der Küste Richtung Narbonne-Plage, z. B. les Ayguades, Tel. 04 68 49 81 59.

Tipp: Sentier des Goules auf der Île St-Martin südwestl. von Gruissan – eine leichte, gelb markierte Wanderung entlang der Lagune und durch Pinienhaine. Von der Altstadt von Gruissan südwärts über den Canal de Ste-Marie zur Île St-Martin, auf der D 232 2,5 km südwärts und nach rechts zur Domaine de l'Evêque; Parkplatz östlich des Weingutes, das dem Schauspieler Pierre Richard gehört. Südwärts zwischen seichten Gewässern nach vorne ans Ufer des Etang de l'Ayrolle, an ihm entlang westwärts zur Pointe de la Grève, nordwärts hinauf auf eine Anhöhe mit der Cabane de Vide-Gouget und weiter der felsigen Barre de l'Evèque folgen, dann rechts abbiegen und durch ein Piniental zurück zum Start; 1.30 Std., 80 Höhenmeter, 5 km. Faltblätter für Wanderungen rund um Gruissan, erhältlich im Tourismusbüro; eines schlägt eine 4½-stündige Wanderung auf der Montagne de la Clape vor. – Klettertouren auf der Montagne de la Clape mit Fleur de Roc, Tel. 04 68 49 09 00.

Karte: IGN Top 25: 2546 OT Narbonne.

Vom Parkplatz am **Cimetière marin (1)** mit der mehrsprachigen Hinweistafel auf dem breiten Schotterweg durch den Seefahrerfriedhof – unterwegs rechts der botanische Garten – zur **Chapelle des Auzils (2)** mit schöner Aussichtsterrasse. Links daran vorbei auf das Plateau de Notre-Dame und links, südwestwärts, auf einem Weg durch die stachlig-steinige Vegetation; wo ein markierter, aber schlecht erkennbarer Pfad rechts abzweigt, lohnt sich noch der Abstecher nach vorne zum höchsten Punkt, 147 m, des **Plateau de Notre-Dame (3)**; Aussicht auf die Küste und auf der anderen Seite auf den künstlichen blauen Teich, zu dem man auf dem

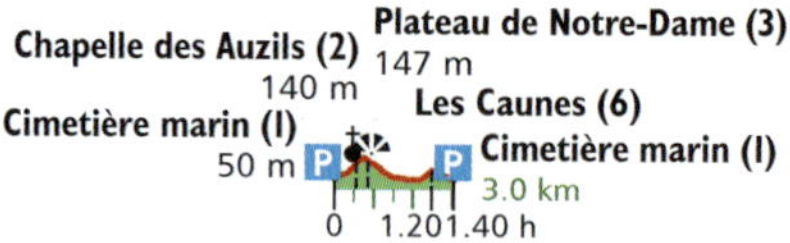

abzweigenden Pfad absteigt, zuerst im Geröll in die Schlucht hinunter, dann ein paar Meter auf glattgewaschenen Felsen. Nach der Wasserfassung nehmen wir den Weg am Bewässerungsteich entlang und geradeaus weiter; man kommt schon bald auf Sträßchen, die zur Straße führen (auf ihr käme man in ca. 15 Minuten zurück zum Parkplatz beim Cimetière marin); man kann die Straße aber auch durch eine Rasenallee erreichen. Nach links zum **Maison Forestière (4)**, 62 m, und gleich rechts einen mit einer Kette gesperrten Weg einschlagen, der südwärts zur nächsten Schlucht führt. Zuerst auf einem in die rechte Felswand gemauerten Weg abwärts, dann durch den Schluchtgrund selbst, teils im Bachbett. Man kommt in den Pinienwald der Combe da la Goutine und sieht links oben eine große Höhle in der Felswand, das **Trou de la Crouzade (5)**. Durch ein Kar in Richtung der Höhle aufsteigen und weiter auf einer Pfadspur links der Felswand und durch die Vegetation aufwärts auf die Hochebene **Les Caunes (6)** zu einem Steinmann, ca. 100 m. Nun nordostwärts ungefähr auf der Kammlinie in undeutlicher Spur über die verbuschte Ebene, wo sich eine 50 m tiefe Schachthöhle (gouffre) versteckt. Man kommt links an der Ruine einer Steinhütte vorbei und gleich darauf zum Waldrand, wo der Pfad deutlicher wird. Schon bald ist eine Schneise mit Stromleitung erreicht; nach links in Richtung der Straße vom Maison Forestière, aber kurz vorher rechts in einen Waldweg, der direkt zum Parkplatz beim **Cimetière marin (1)** leitet.

Künstlicher Teich: Farbkontrast vom Plateau de Notre-Dame.

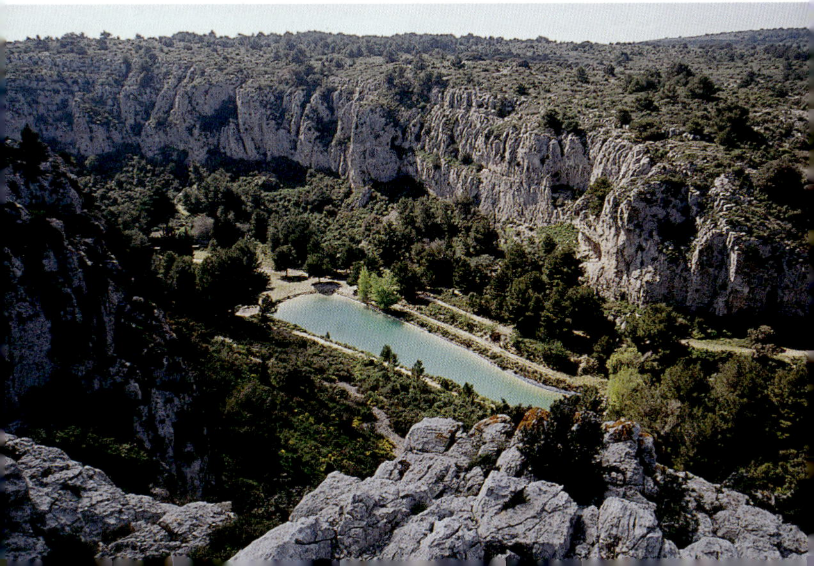

47 Pic du Pied du Poul, 596 m

5.30 Std.

Auf den Spuren der Hirten durch die Garrigue und über Felsen

Roquefort – das ist doch dieser würzige Blauschimmelkäse, der so wunderbar zu Süßwein passt. Aber der Käse stammt nicht aus der kargen Landschaft um Roquefort-des-Corbières, sondern aus Roquefort-sur-Soulzon in den Cevennen, wo die Schafsmilch mit dem Edelpilz geimpft wird und dann als Laibe in Kalksteinhöhlen reift. Solche Höhlen hat es hier auch, einige sind mehrere Hundert Meter tief. Schafe müssen auch da gewesen sein, wie die eindrücklichen Überreste der Hirtenkulturen beweisen, an denen wir auf dem Weg zum Pic du Pied du Poul vorbeiwandern. Die Brotzeit können wir dort oben oder vor dem Refuge de la Serre machen, einer Holzhütte mit Wellblechdach. Dann nehmen wir aus dem Rucksack ein Stück Käse heraus, eine Flasche Corbières, die wir vor Ort gekauft haben, zum Beispiel im Cellier de Roquefort, und dann gibt es da nur noch Wind, Stein und Sonne.

Talort: Port-la-Nouvelle, 3 m; Ortsbeschreibung siehe Tour 44.
Ausgangspunkt: Roquefort-des-Corbières, 51 m; am Ende der D 66, die von der N 9 abzweigt.
Höhenunterschied: 650 m.
Anforderungen: Beim teils weglosen Gang über den Felskamm von Parazels und Plat de la Serre erheischen ein paar Stellen unsere Aufmerksamkeit. Teilweise markiert.
Beste Jahreszeit: Immer, im Hochsommer (zu) heiß. Am schönsten im Frühling, wenn die Garrigue, diese stachlige Strauchheide, duftet und blüht.
Einkehr und Unterkunft: Einkehrmöglichkeit in Roquefort-des-Corbières: Chez le Suisse – la Broche au bois; Chambres d'hôtes: Zénaïde Esprit, Tel. 04 68 48 66 09 oder 06 62 96 70 13; La Maison des Îles, Tel. 04 68 48 20 86. Refuge de la Serre, ca. 440 m: einfach ausgestattete Hütte, 8 Plätze, Decken, Wasser besser mitnehmen. In Port-la-Nouvelle; vgl. Tour 44.
Variante: Vom Bahnhof Port-la-Nouvelle wandern wir auf dem Sentier Cathare in knapp 3 Stunden nach Roquefort-des-Corbières, vorbei an den Windrotoren von Garrigue Haute; vgl. Tour 43.

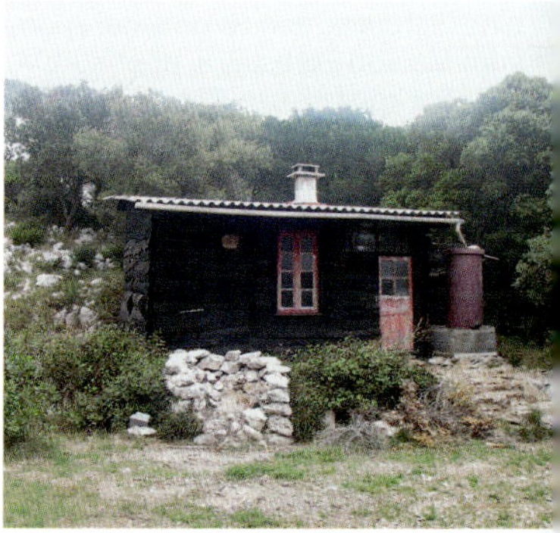

So wohnen Wanderer: Refuge de la Serre.

Tipp: Durchs Dorf bummeln, vielleicht noch die drei Windmühlen oben auf der Krete Plat de Roque besuchen. Wer schon zuhause einen ersten Eindruck erhalten will, gibt www.roquefort-des-corbieres.fr ein.
Karte: IGN Top 25: 2547 OT Durban-Corbières – Leucate.
Kombinationsmöglichkeit: Mit Tour 43.

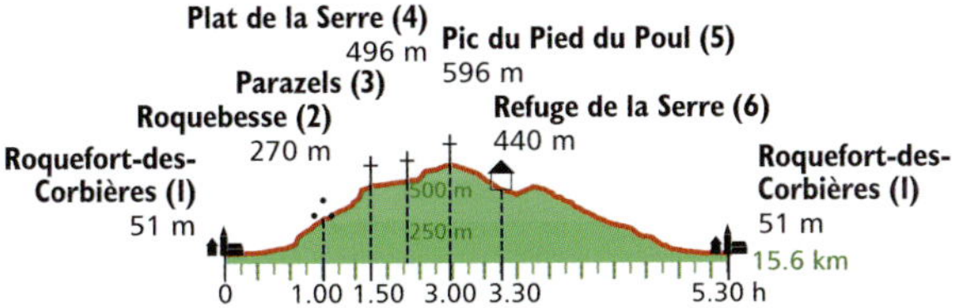

Von **Roquefort-des-Corbières (1)** folgt man einem Sträßchen und dem Sentier Cathare in südwestlicher Richtung. Nach etwa 1 km verlassen wir beide nach links und folgen dem Chemin de la Serre zum Gutshof »Las Cours«. An ihm vorbei weiter südwärts bis etwa 120 m, dann westwärts einen steileren Hang hinauf zum P. 214 m und wieder südwärts zum runden Hügel **Roquebesse (2)**, ca. 270 m, auch Rocosbessos genannt, wo sich die steinernen Überreste der Hirtensiedlung befinden; der Pfad geht allerdings

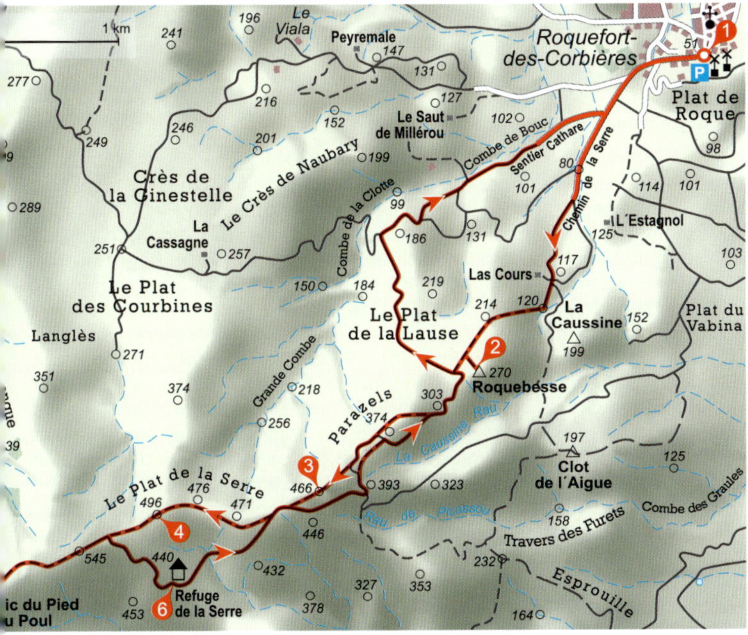

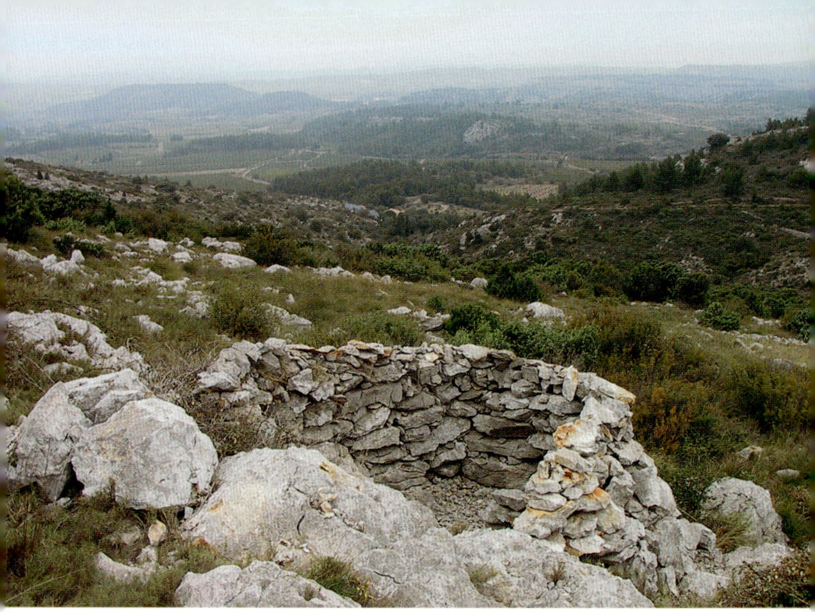

So hausten Hirten: die Ruinen von Roquebesse.

westlich an ihr vorbei, aber der kurze Abstecher von 30 m lohnt sich. Man kommt auf einen Weg, der vom Sentier Cathare über den Plat de la Lause herkommt. Man folgt ihm in allgemein südwestlicher Richtung und verlässt ihn bei P. 303 nach rechts zum felsigen Grat, dem man nun über **Parazels (3)** zu einem Vermessungspunkt, 463 m, und weiter in leichtem Auf und Ab zum höchsten Punkt, 496 m, von **Plat de la Serre (4)** folgt. Immer noch in südwestlicher Richtung und teilweise auf einem Weg gelangen wir schließlich auf den **Pic du Pied du Poul (5)**, 596 m. Die Rückkehr erfolgt bis ca. 500 m auf der gleichen Route; dann aber auf dem Weg, der meist südlich unterhalb des Grates von Plat de la Serre und Parazels (mit kleineren Gegensteigungen) verläuft. Man kommt so am originellen, auf der IGN-Karte nicht eingezeichneten **Refuge de la Serre (6)**, ca. 440 m, vorbei. Natürlich kann dieser Weg auch für den Aufstieg benützt werden, aber der Gang über den teils felsigen Kamm ist schöner (und schwieriger). Schließlich kommt man zurück zur Abzweigung in der Nähe von Roquebesse. Anstatt auf dem schon bekannten Weg ins Dorf zurückzugehen, folgt man in nördlicher Richtung dem Weg über den flachen Plat de la Lause zum Sentier Cathare, der nach **Roquefort-des-Corbières (1)** zurückleitet, zuletzt auf dem vom Hinweg bekannten Sträßchen.

4.15 Std.

Montagne de la Gardiole, 234 m

48

Panoramatour zwischen Montpellier und Sète, Meer und Garrigue, Austern und Wein

Zwischen Montpellier, der dynamischen Hauptstadt des Languedoc–Roussillon und achtgrößten Stadt des Landes, und Sète, dem größten Fischerei- und Handelshafen Frankreichs an der Mittelmeerküste, erhebt sich parallel zur Küste die lang gezogene Montagne de la Gardiole. Wunderbar ruhig ist es dort oben, nur der Wind, die Sonne und der Duft der Garrigue. Dazu der Blick auf die Austernbänke im Bassin de Thau, die Salinen und die Weinberge von Frontignan und Villeneuve-les-Maguelone. En route, mes amis!

Talort: Vic-la-Gardiole, 7 m, an der N 112 zwischen Montpellier und Sète.
Ausgangspunkt: Einmündung der von Vic-la-Gardiole herkommenden Straße D 114 E 3 in die N 112. Haltestelle Camp l'Europe der Buslinie 102 Montpellier Gare Routière SNCF – Sète Gare Routière (am Quai de la République); von Mo bis Sa Parkplatz an der N 112, evtl. noch in der ersten Kehre des Schottersträßchens.
Höhenunterschied: 370 m.
Anforderungen: Technisch leichte Wanderung, nur der Zwischenabstieg vom Roc d'Anduze ist ziemlich steinig; etwas Orientierungsvermögen nötig, da nur teilweise markiert. Eventuell Taschenlampe für die Höhle oberhalb der Zisterne mitnehmen.
Beste Jahreszeit: Immer; im Hochsom-

In der Ferne wartet das geschäftige Sète: auf der Montagne de la Gardiole.

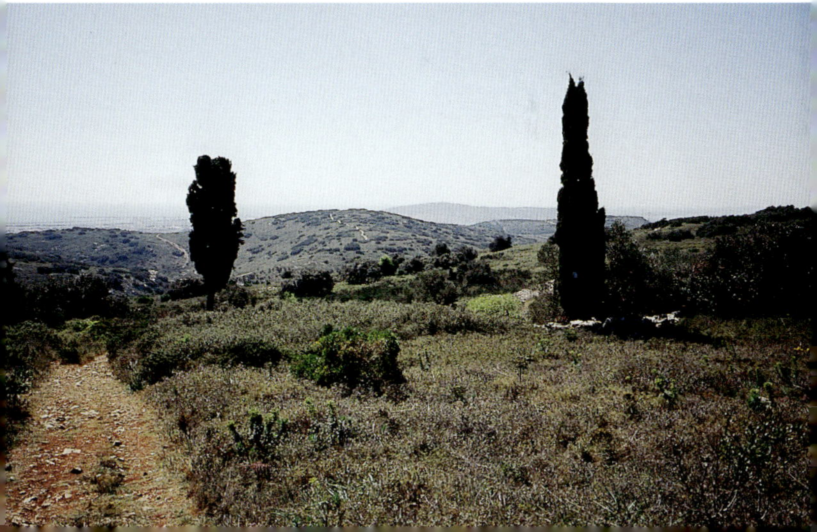

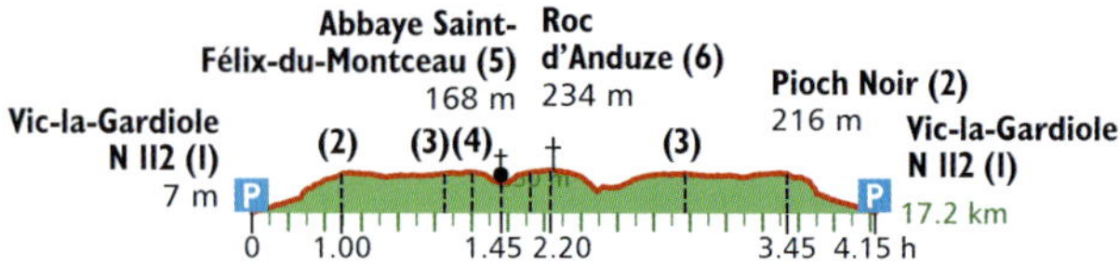

mer (zu) heiß.

Einkehr: Keine.

Unterkunft: In Frontignan-Plage; vgl. Tour 49. In Vic la Gardiole: Hôtel de Balajan, Tel. 04 67 48 13 99; Hôtel la Réserve, Tel. 04 67 80 23 27; Camping l'Europe, Tel. 04 67 78 11 50; Camping le Clos Fleuri, Tel. 04 67 78 15 68.

Variante: Kurze Rundwanderung von der Abbaye Saint-Félix-du-Montceau aus. Zur Ruine des ehemaligen Nonnenklosters des heiligen Felix von Montceau gelangt man von Gigean an der N 113; die schmale Straße zur Abtei (Wegweiser) beginnt bei einer Ampel und führt unter der Autobahn hindurch. 2 Std., 170 Höhenmeter, 6 km.

Tipp: Der Muscat de Frontignan, der am Fuß der Montagne de la Gardiole wächst, gehört zu den bekannten Süßweinen des Languedoc. Degustationsmöglichkeiten unter www.tourisme-frontignan.com.

Karte: IGN Top 25: 2743 ET Montpellier.

Kombinationsmöglichkeit: Mit Tour 49.

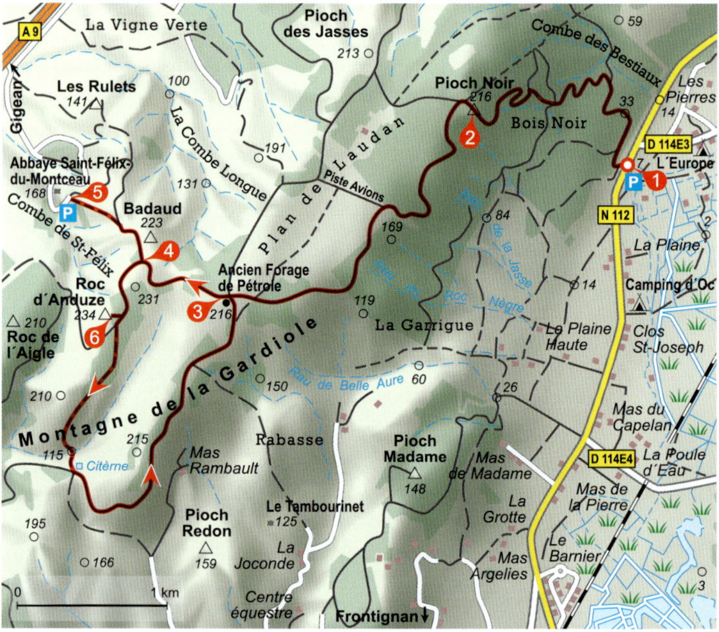

Den Aufstieg auf die Montagne de la Clape ermöglicht das Schottersträßchen, das etwas südlich der Einmündung der D 114 E 3 (mit dem Wegweiser zum Camping l'Europe in Vic-la-Gardiole) in die Schnellstraße **N 112 (1)** abzweigt. Auf dem Sträßchen in Kehren durch den Bois Noir ansteigen; wo links auf der Höhe von ca. 90 m ein horizontaler Weg abzweigt, kann auf einem Pfad direkt durch den Pinienwald aufgestiegen und so eine Kehre abgekürzt werden. Schließlich erreichen wir das Hochplateau der Montagne de la Gardiole bei der Verzweigung von **Pioch Noir (2)**, 216 m. Meerseits auf dem aussichtsreichen Weg am Plateaurand entlang, links an der Piste des Avions vorbei, bis zu einer großen Kreuzung mit den Überresten einer Ölbohrstation, des **Ancien Forage de Pétrole (3)**, 216 m. Geradeaus westwärts über die Hochebene; bei der Wegkreuzung von **Badaud (4)** in der Nähe von Antennen rechts. Auf dem Schotterweg abwärts, bis nach 500 m links ein Weg abzweigt, der durch die Garrigue direkt zur romantischen Ruine der **Abbaye Saint-Félix-du-Montceau (5)**, 168 m, hinunterführt (der Schotterweg leitet nach einigen Kurven auch dorthin). Auf der gleichen Route zurück zur Badaud-Kreuzung und rechts abbiegen. Nach rund 500 m zweigt vom Fahrweg rechts ein Weg ab, der uns zu einem Schuppen bringt, von wo ein Pfad zum **Roc d'Anduze (6)**, 234 m, führt, dem Kulminationspunkt der Montagne de la Gardiole. Zurück auf den Fahrweg; gleich danach, bei einem Steinmann, zweigt links ein erdiger Weg ab, der sich sofort wieder verzweigt; weiter hinab, dann nach rechts zu einem Wasserloch und weiter vorne zu den Überresten einer Steinhütte, die als windgeschützter Brotzeitplatz hergerichtet wurden. Der Weg sinkt durchs Gebüsch und durch eine Mulde südwärts, an Zypressen vorbei und teilweise recht steil, in eine Senke, 110 m, hinab. Nach links hinauf zu einem Fahrweg bei einer Zisterne; oberhalb davon befindet sich eine Höhle, die man mit einer Taschenlampe erkunden kann. Der Fahrweg führt meerseits auf das Plateau und zur Bohrstation zurück. Wie auf dem Hinweg über **Pioch Noir (2)** zurück zur **N 112 (1)** bei Vic-la-Gardiole.

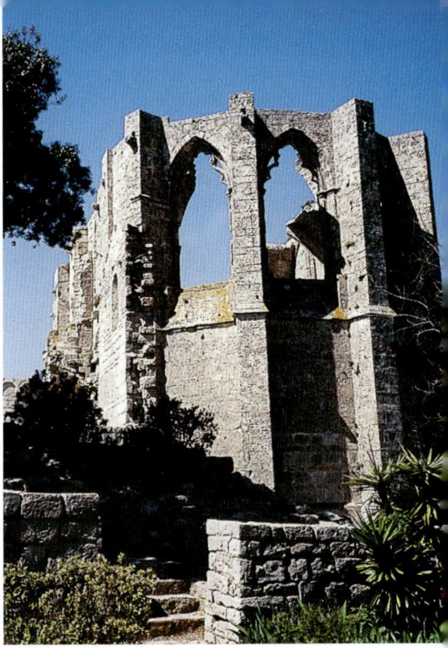

Romantischer Rest eines Nonnenklosters: Abtei St-Félix-du-Montceau.

49 Cathédrale de Maguelone

5.00 Std.

Stundenlang am Strand entlang – und zu einer Kathedrale inmitten des Wassers

Ein schmaler Streifen Land zwischen Meer und Lagune: einfach nur Meereswellen, Muscheln und Möwenschreie. So kilometerlang naturbelassen ist die Küste im Languedoc–Roussillon nirgends wie südwestlich von Palavas-les-Flots, der Badestadt von Montpellier. An Menschenwerk kommen wir auch vorbei, am Start, am Ziel, und zwischendrin bei der Cathédrale de Maguelone aus dem 11. Jahrhundert, errichtet auf einem Eiland mitten in den Etangs, heute Ausflugsort, Konzertlokal und Weingut.

Ausgangspunkt: Frontignan, 2 m, an der Bahn- und Buslinie Montpellier – Sète. Vom 1. Juli bis 31. Juli, Mo bis Sa, fährt der Bus 129 von Frontignan über Frontignan Plage nach Les Aresquiers; Endstation beim Parkplatz südlich der Brücke über den Canal du Rhône à Sète; 5 Kurse täglich; Courriers du Midi, Tel. 04 67 06 03 67.

Endpunkt: Palavas-les-Flots, 2 m; Bus nach Montpellier, auch feiertags. Die 1872 erbaute Bahnlinie gibt's nicht mehr. Der Gare Routière liegt grad neben dem Gare SNCF de Montpellier; Transports de

Luftsprung in der Abendsonne: Der Zeltplatz Les Tamaris ist nebenan.

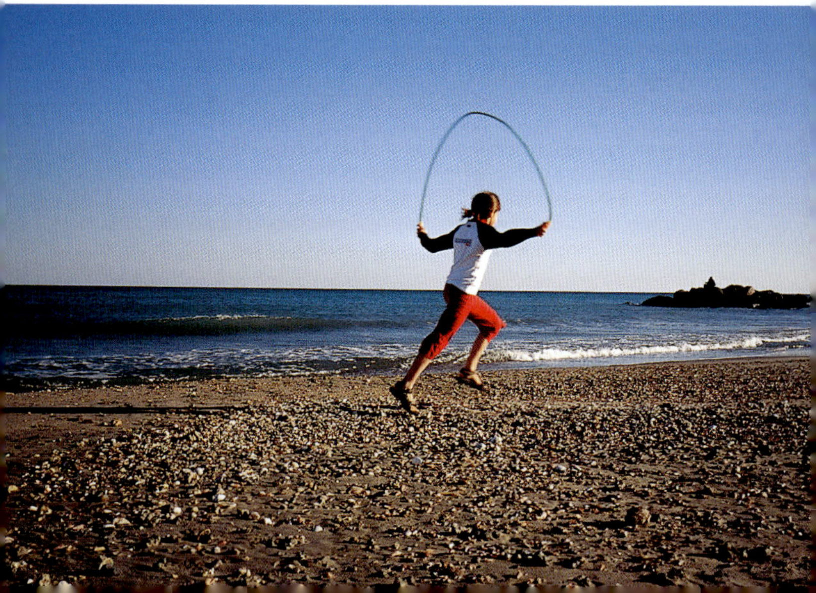

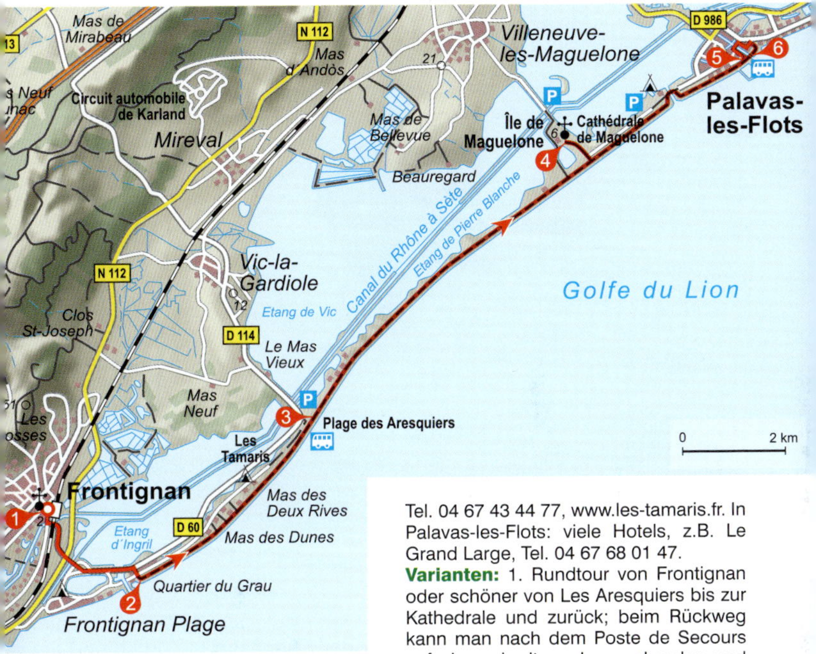

l'Agglomération de Montpellier, Tel. 04 67 22 87 87; Hérault Transport, Tel. 04 34 88 89 99.

Höhenunterschied: Keiner.

Anforderungen: Kondition und Badebekleidung.

Beste Jahreszeit: Immer.

Einkehr: In Frontignan, Frontignan Plage, Maguelone, Palavas-les-Flots.

Unterkunft: In Frontignan Plage: viele Zeltplätze, sehr schön direkt am Meer Camping Les Tamaris ins Les Aresquiers, Tel. 04 67 43 44 77, www.les-tamaris.fr. In Palavas-les-Flots: viele Hotels, z.B. Le Grand Large, Tel. 04 67 68 01 47.

Varianten: 1. Rundtour von Frontignan oder schöner von Les Aresquiers bis zur Kathedrale und zurück; beim Rückweg kann man nach dem Poste de Secours auf einem breiten, dann schmalen und zuletzt überwachsenen Weg auf der Seite des Etang de Pierre Blanche wandern. 2. Von Palavas-les-Flots zur Kathedrale und zurück – der klassische Sonntagsspaziergang.

Tipp: Die Kathedrale ist täglich offen; im Juni findet ein Festival mit klassischer Musik statt. Eine Touristenbahn fährt vom Westende von Palavas-les-Flots zur Kathedrale (Juni bis September).

Karte: IGN Top 25: 2743 ET Montpellier.

Kombinationsmöglichkeit: Mit Tour 48.

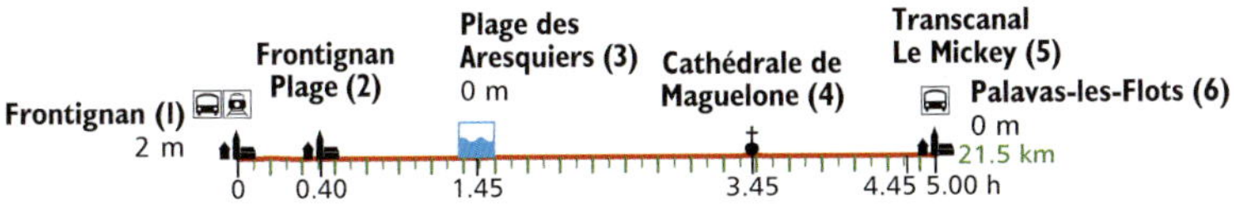

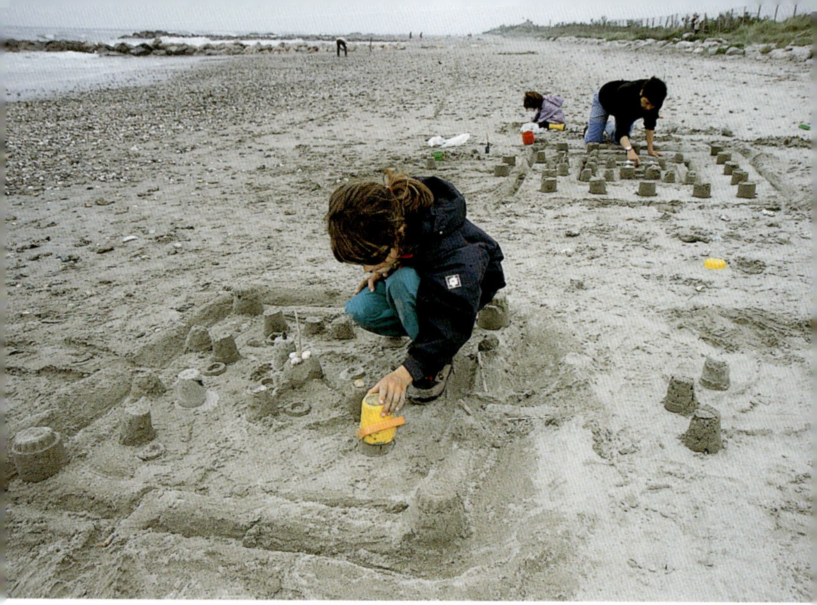

Carcassonne als Sandburg: am Strand von Aresquiers.

Vom Gare SNCF in **Frontignan (1)** auf den Boulevard de la République, über den Canal du Rhône à Sète, unter der Eisenbahnlinie durch und am Stadion entlang. Wo die Straße beginnt anzusteigen, links den Fußweg durch Ginster benützen. Über den viel befahrenen Pont du Ront-Point des Etangs. Auf der Straße zwischen dem Etang des Mouettes und dem Etang d'Ingril nach **Frontignan Plage (2)**. Nach der Brücke über den Wasserarm unmittelbar rechts hinab, über einen Parkplatz, durch eine Gasse zwischen Häuserblocks zum Hafenbecken (mit Kneipe) und nach vorne ans Mittelmeer. 4,5 km entlang der Küste zur **Plage des Aresquiers (3)**, dann 7,5 km weiter entlang dem unverbauten Sand-, Stein- und Muschelstrand bis zur Abzweigung der zweiten (südöstlichen) Zufahrtsstraße nach Maguelone (die erste führt auf dem Südwestufer der Insel vorbei zum Parkplatz beim Canal du Rhône à Sète, am Ende der Stichstraße von Villeneuve-les-Maguelone her). Nach dem unbedingt lohnenden Abstecher zur **Cathédrale de Maguelone (4)** weiter entlang dem Strand, mit einem kurzen Umweg über eine Brücke, nach Palavas-les-Flots. Am Stadtkanal hat man zwei Möglichkeiten, um zum Gare Routière in **Palavas-les-Flots (6)** nordöstlich der Mairie zu gelangen: nach links mit einem Umweg stadteinwärts oder mit dem **Sessellift Transcanal Le Mickey (5)** – nicht einmal schwimmen wäre schöner.

1.30 Std.

Ambrussum – Via Domitia 50

Abschied auf der Römerstraße – neben der modernen Autobahn La Languedocienne

Die 250 km lange Via Domitia, welche aus dem Rhônetal durch das Languedoc-Roussillon bis zu den Pyrenäen führte, ist die älteste Römerstraße Galliens, um 120 v. Chr. erbaut unter Domitius, dem Prokonsul von Narbonne. Zuerst diente sie vor allem militärischen Zwecken, später auch dem Handel. Das Oppidum von Ambrussum war ein wichtiger und befestigter Etappenort am Ufer des Vidourle. Vom ursprünglich elfbogigen Viadukt ist ein Bogen stehen geblieben, der sich hübsch im Wasser spiegelt. Ob man in 2000 Jahren die vierspurige »Via Languedotia« auch so romantisch finden wird?

Talort: Lunel, 20 m, zwischen Nîmes und Montpellier.
Ausgangspunkt: Ambrussum; Ausfahrt 27 auf der A 9 La Languedocienne, Richtung Lunel, bei der Verzweigung nach dem Kreisel südlich der Autobahn rechts und unter der Straße nach Lunel hindurch, dann links und in Richtung der A 9 zurück. Vor der Autobahnunterführung rechts in ein Sträßchen, entlang der A 9 ostwärts fahren, rechts abbiegen und zum Parkplatz bei der Römerbrücke über den Vidourle. Gut 4 km von der Ausfahrt.
Höhenunterschied: Unbedeutend.
Anforderungen: Technisch leichte Tour, orientierungsmäßig aber nicht, da meistens unmarkiert und viele Wege.
Beste Jahreszeit: Immer.
Einkehr: Autobahnraststätte Ambrussum – Via Domitia.

Stehen geblieben: Bogen der Römerbrücke über den Fluss Vidourle.

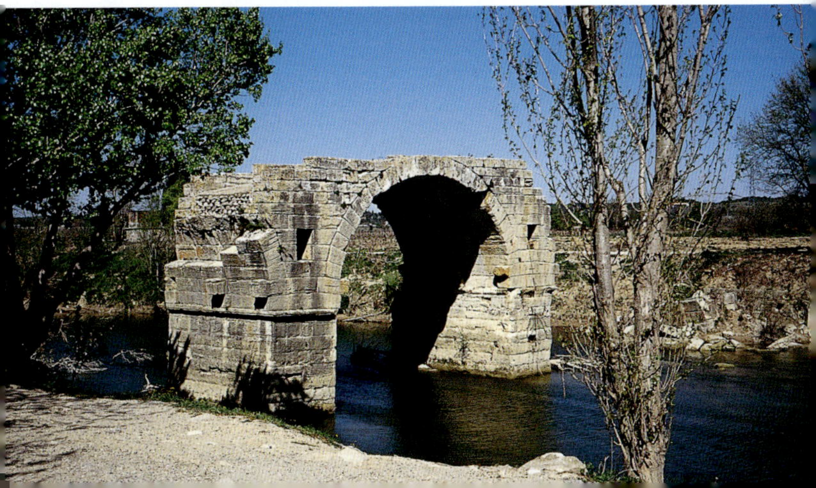

Unterkunft: In Lunel: Hôtel Kyrad, Tel. 04 67 83 11 55. Hotels in Le Grau-du-Roi, wo der Vidourle ins Meer mündet.
Variante: Nur die kleine Rundtour machen: vom Südeingang links hinab zum Fluss und zurück zum Parkplatz; 30 Min.
Tipp: Das Musée Archéologique in Nages 10 km nordöstlich von Ambrussum zeigt Fundstücke; Auskunft Tel. 04 66 35 05 26. Auf der Place de l'Hôtel de Ville in Narbonne wurde ein Stück der Via Domitia freigelegt.
Literatur: Jean-Luc Fiches: Ambrussum – une étape de la voie domitienne; Pierre A. Clément, Alain Peyre: La voie domitienne (beide bei Presses du Languedoc). Guter Überblick: www.viaeromanae.org.
Karte: IGN Top 25: 2843 OT Aigues Mortes – La Grande Motte.

Die Rundwanderung beginnt bei der Nachbildung einer römischen Distanzsäule beim Parkplatz des **Pont romain (1)**. Wir steigen auf dem Weg an, dessen Belag schon bald in das antike Pflaster der Hauptgasse des **Oppidums von Ambrussum (2)** übergeht. Eine erste Abzweigung nach rechts nicht nehmen. Bei der nächsten Verzweigung, bei einem Pfosten, nach rechts und später nochmals nach rechts. Hinauf zur Wehrmauer; schöner Blick übers Land und auf den modernen Verkehrsweg. Südostwärts ein paar Minuten über die Mauer gehen, dann links zu Überresten von Wohngebäuden, deren Grundmauern mit Asphalt konserviert wurden. Ein Weg führt zum Zugangsweg zum Oppidum zurück; hier rechts und zurück auf die gepflas-

Via Domitia in Ambrussum: ältester noch erhaltener Wanderweg im Languedoc-Roussillon.

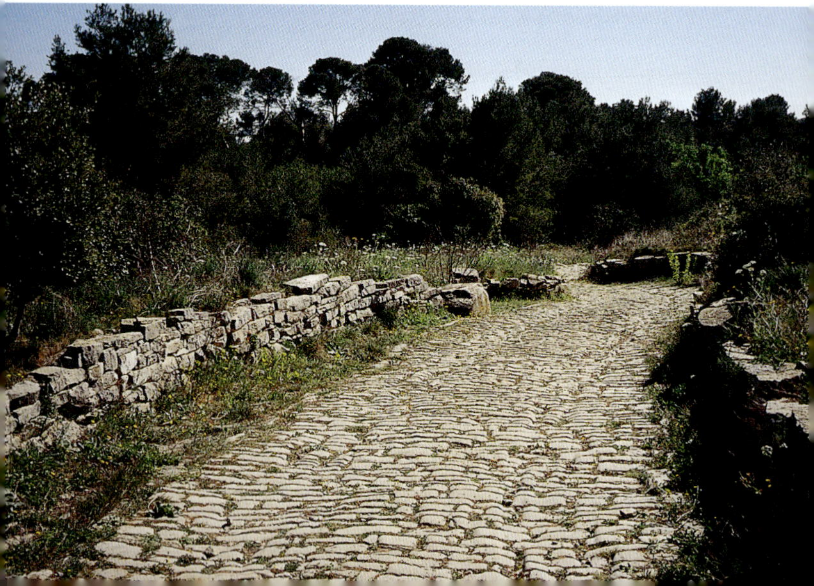

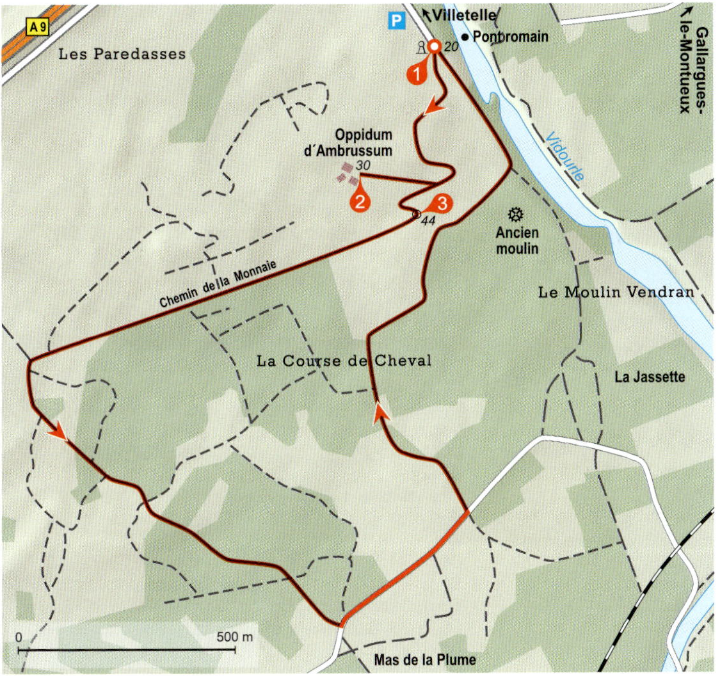

terte Hauptgasse. Auf ihr bis zum Südeingang und dort nach rechts; der Weg folgt einem Feld und steigt leicht an; links in den abzweigenden, als GR markierten **Chemin de la Monnaie (3)** einbiegen; er ist die alte Via Domitia (ihre heutige Nachfolgerin hat ja auch mit Geld zu tun, was uns an den Mautstellen immer wieder bewusst wird). Der von einer Böschung gesäumte Weg zieht ziemlich gerade in grob westlicher Richtung; mehrere Abzweigungen unterwegs. Am Rande eines Pinienwäldchens vorbei bis auf eine breite Naturstraße; hier links, den GR verlassend. Südostwärts durch den Pinienwald bis auf eine Asphaltstraße; nach links. Entlang eines Stier- und Pferdegeheges; wo das Sträßchen eine Rechtskurve beschreibt, nach links zum Gut La Jasette. Auf einem Feldweg zum Fluss Vidourle und an ihm entlang zurück zum Parkplatz am **Pont romain (1)**.

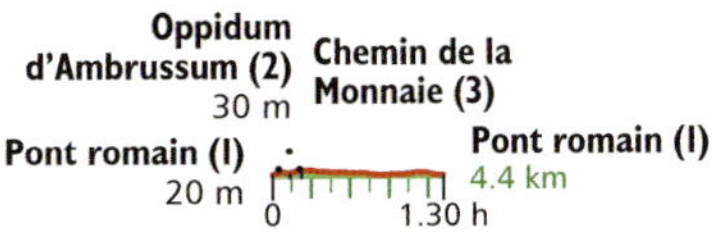

Stichwortverzeichnis

Umschlagbild:
Anna Feller und Pietro Molo steigen aus den Gorges de la Cesse bei Minerve aus (Tour 13).

Bild im Innentitel:
Andrea Feller und Nadja Lüthi (vorne) sowie Eva Feller wandern über den Bretterweg der Saline von Peyrac-de-Mer (Tour 45).

Alle 115 Fotos stammen von Daniel Anker und Jacques Maubé, ausgenommen die Abbildungen der Seiten 104, 106, 112, 125, 127 (Eugen E. Hüsler), 108 (Danielle Besson), 146 (Claudine Dutertre) und 149 (Danielle Rieth).

Kartografie:
50 Wanderkärtchen im Maßstab 1:10.000, 1:12.000, 1:17.000, 1:25.000, 1:50.000, 1:75.000, 1:100.000 und 1:150.000
© Bergverlag Rother GmbH, München
(gezeichnet von Barbara Häring, Gröbenzell)
Zwei Übersichtskarten im Maßstab 1:1.000.000 und 1:2.000.000
© Freytag & Berndt, Wien

4., aktualisierte Auflage 2019

ISBN 978-3-7633-4306-5

Wir freuen uns über jeden Korrekturhinweis zu diesem Wanderführer!
Bitte per E-Mail an: leserzuschrift@rother.de

BERGVERLAG ROTHER · München
D-82041 Oberhaching · Keltenring 17 · Tel. +49 89 608669-0 · www.rother.de